基礎 財務会計

〔第19版〕

五十嵐 邦正 著

森山書店

は　し　が　き

　第 18 版以降において，わが国の会計制度に関して以下の主な動きがあった。令和 2 年 3 月に改正企業会計基準第 31 号「会計上の見積りの開示に関する会計基準」改正企業会計基準第 24 号「会計方針の開示，会計上の変更及び誤謬の訂正に関する会計基準」・改正企業会計基準第 20 号「収益認識に関する会計基準」・改正企業会計基準第 12 号「四半期財務諸表に関する会計基準」が公表された。さらに，令和 3 年 1 月に実務対応報告第 41 号「取締役の報酬等として株式を無償交付する取引に関する当面の取扱い」・改正企業会計基準第 5 号「貸借対照表の純資産の部の表示に関する会計基準」が公表された。

　このような動向をすべて盛り込み，「第 19 版」として改訂した。

　初版の公刊からもうすぐ四半世紀をむかえ，感無量である。多数の類書が存在するなかで長期間にわたり改訂し，市販され続けられるとは正直いって思いもよらなかった。これもひとえにご利用下さった読者の皆様方のお蔭と心から感謝いたす次第である。現代財務会計のエッセンスの理解にこれからも多少なりともお役に立てば筆者の望外の喜びである。

　　　　令和 3 年 12 月

　　　　　　　　　　　　　　　五　十　嵐　邦　　正

は　し　が　き

　今日，会計を取り巻く状況は一層多様化し複雑化してきている。これは，主として企業の外部者を報告対象とする財務会計だけでなく，企業の内部者を報告対象とする管理会計においても同様である。このなかで財務会計においては，実務上も理論上も解決を迫られる論点がますます増え，これが会計学をわかりにくくする一因であると考えられる。

　そこで，何よりも財務会計のアウトラインを要領よくまとめ，学習しやすく工夫したテキストが必要となってくる。もちろん，すでにこの分野には多数にのぼる類書が公刊されている。しかし，たとえば簿記と会計学とがそれぞれ別冊となっていて利用する際に不便であったり，あるいは頁数が多くて途中で息切れしてしまったという話をよく聞く。ということは，はじめて会計学（財務会計）を学ぶ人が，短期間にそのエッセンスを修得しうる書物が意外に少ないように思われる。

　本書を出版するきっかけは，日本大学通信教育部における会計学の講義を非常勤で担当するようになってからである。ここではいろいろなコースがあるが，専攻を異にする学生に対しても，短期集中でわかりやすく能率的に授業を行う必要がある。本書はこの経験を随所に生かし，財務会計の全般に関する領域にわたって簡にして要の内容をめざしている。

　本書の特徴は以下の通りである。

　第1に，極力頁数を抑えて財務会計の内容をコンパクトに整理してある。

　第2に，段階別に学習できるように工夫してある。財務会計の内容を，第1編「財務会計の基礎理論」と第2編「財務会計の発展理論」に分けてあり，学習者のレベルに応じて効率よく学習できる。たとえば，まったくの初心者はま

ず第1編「財務会計の基礎理論」のうちで，Ⅰ「序論」とⅡ「財務諸表作成の前提」を中心に学習すればよい。また，会計学について一通りの知識があれば，その部分を省略し，第1編「財務会計の基礎理論」のうちで，Ⅲ「貸借対照表」から始めるのが効果的である。さらに，より詳しい内容だけに興味があれば，第2編「財務会計の発展理論」だけを学習してもよい。そして，最後のⅫ「財務会計の動向」を参考にして，財務会計のアップ・ツー・デートな問題にも関心をもちながら，次のステップに移っていただきたい。

　第3に，比較的多くの〔設例〕や図表を用いている。また，〔設例〕の計算数値に関してかなり詳しく説明している。特に，130〜131頁で例示した資産および負債の会計処理に関する一覧表は，財務会計の学習に大いに役立つはずであり，繰り返し参照すると便利である。

　第4に，各章末に主な参考文献を掲げ，より一層深い学習あるいはゼミナールの卒業論文の作成に対する便を図っている。

　このテキストを通じて，財務会計のマスターに多少とも役立ち，その領域の関心に対するインパクトを与えることができれば，筆者の望外の喜びである。

　内容上の不備な点や思わぬ誤りに関して，ご批判ならびにご指摘下されば幸いである。

　本書の出版に際して，森山書店の菅田直文代表取締役をはじめ，特に編集部長土屋貞敏氏には細部にわたって，いろいろアドバイスをいただき，大変お世話になった。記して感謝いたす次第である。

平成9年2月

五 十 嵐 邦 正

目　　次

第1編　財務会計の基礎理論

第2編　財務会計の発展理論

第1編　財務会計の基礎理論

I 序 論

§1 財務会計の概要

1 会計の領域とその種類

会計はその対象によって次の2つに大別される。1つは一国全体の経済を対象とした会計である。これをマクロ会計といい，社会会計もしくは国民経済計算ともよばれる。これはまさしく経済学の問題であり，そこでは，国全体のフローとストックに関する計算が重要となる。

これに対して，もう1つは個別経済主体を対象とした会計，すなわちミクロ会計である。このなかには，たとえば家計，学校，病院，宗教法人，地方自治体，各種のサークルなどのように，主として営利を目的とせずに会計が行われているもの（非営利会計）と，個人企業や会社企業，特に株式会社において典型的であるように，営利を目的として会計が行われているもの（営利会計）とがある。前者では主として金銭の収支が中心となるのに対して，後者では営利を目的としているので，金銭の収支以外にいろいろ複雑な問題がある。企業において会計を実践し担当しているのが会計課あるいは経理課（財務部）などの部署である。このように，会計の対象となる範囲はさまざまである。そこで，会計が行われるべき範囲をまず最初に限定する必要がある。本書では，法人格を有する営利企業としての株式会社を中心としている。

会計は，それぞれの会計単位における金銭およびその他の財産の変動とその結果を記録・測定するだけでなく，またそれをさまざまな利害関係者に報告しなければならない。その場合，利害関係者に報告される財務報告書が**財務諸表**

（financial statements）である。この財務諸表やその基礎となる会計帳簿の適正
な作成を通じて，会計担当者もしくは経営者が果たすべき責任を会計責任
（accountability）という。

　会計は，財産の合理的管理，受託責任の明確化，有用な会計情報の提供，そ
してさまざまな利害関係者間（株主と債権者，債権者と経営者，経営者と株
主，旧株主と新株主，経営者と従業員など）の利害調整に伴う財産の適正な配
分などに重要な役割を果たしている。

2　財務会計と管理会計

　企業会計は報告対象の主体によって次の2つに大別される。

　1つは，主に企業が発行する有価証券（株式や社債など）の売買を行う**投資
家**（これには将来にその売買を予定している潜在的投資家をも含む。）や，企
業に資金の貸出をする債権者などの企業外部者を報告対象とした会計である。
これを**財務会計**（financial accounting）という。投資家には個人投資家のほか
に，保険会社，銀行，投資顧問会社などのように，有価証券の売買を主要業務
とする機関（特定）投資家がいる。これらの投資家は，企業が作成し公表する
財務諸表を基に投資意思決定を行うので，財務諸表の果たす役割は大きい。

　このような財務会計に対して，もう1つは経営者や中間管理者などの企業内
部者を報告対象とした会計である。これを**管理会計**（managerial accounting）と
いう。この管理会計には，たとえば設備の投資計画や，外部購入あるいは自己
生産といった種々の意思決定に関する領域と，短期利益計画（予算）や長期利
益計画を中心とした業績管理の領域とがある。

　このうちで財務会計は，さらに法律が会計を規制する領域と，法律と結びつ
いておらず会計独自の理論的な領域（制度化されていない会計）とに分けられ
る。前者を**制度会計**という。

3　制　度　会　計

　制度会計は商法及び会社法会計・金融商品取引法会計・税務会計から成る。

（1） 商法及び会社法会計

　商人が会計を行うにあたって，私法としての商法において守るべきものを規定したのが商法及び会社法会計である。ここでは商人すべてが遵守すべき商業帳簿に関する規定（商法第19条）と，株主の有限責任を前提とした株式会社が特に遵守すべき会社法上の規定がある。

　前者の商業帳簿規定に関して，2005年7月に改正された商法では，商人の会計は一般に公正妥当と認められる会計の慣行に従うものとされ（改正商法第19条1項），商人に関する営業に用いられている財産については，法務省令の定めるところに従い，適時に正確な商業帳簿（会計帳簿および貸借対照表）を作成しなければならない（商法第19条2項）。

　後者の会社法上の規定に関していえば，株主の有限責任を前提とする株式会社においては，会社が倒産すると，もっぱら会社の財産しか拠り所のない債権者は不測の損害をこうむる可能性が高い。そこで，会社法は，この債権者保護の見地から，その規定のなかで株主の配当に関して厳しい規制を行い，この債権者と株主との利害関係の調整を図ってきている。具体的には剰余金の配当について規定を設けている。2005年に制定された会社法の詳しい会計規定に関しては，法務省令による「会社計算規則」のなかで剰余金の配当額や分配可能額について詳細に定められている。

　会社法では，第5章の「計算等」（第431条～第465条）において計算規定が

（注） 新会社法の制定に伴い，会社及び株式会社の種類は以下のようになった。

1　会社の種類

	無限責任社員	無限責任社員及び有限責任社員	有限責任社員
人的組織会社	合名会社	合資会社	合同会社
	持　　分　　会　　社		
物的組織会社	―	―	株式会社

2   株式会社の種類

A   取締役会を設置する場合

	公開会社（株式の譲渡制限をしていない会社）	株式譲渡制限会社（非公開会社）
大会社（資本金が5億円以上または負債合計が200億円以上の会社）	会　計　監〔イ〕	査　人〔ロ〕
大会社以外の会社	〔ハ〕	〔ニ〕

①　すべての株式会社は株主総会及び取締役を設置しなければならない。

②　公開会社は取締役会を設置しなければならない。

③　公開会社以外の会社には取締役会の設置は任意である。但し，監査役会設置会社及び委員会設置会社（指名委員会・監査委員会・報酬委員会）は取締役会を設置しなければならない。

④　取締役会の設置が強制される公開会社及び取締役会を設置している非公開会社では，監査役（監査役会を含む）または三委員会を設置しなければならない。この場合，大会社以外の会社で非公開会社は会計参与を設置することができる。

⑤　大会社は会計監査人を設置しなければならない。この場合には，監査役（監査役会を含む）または三委員会のいずれかを設置しなければならない。

B   取締役会を設置しない場合

取締役会を設置しないときには，大会社及び大会社以外の会社は監査役，会計参与及び会計監査人を任意に設置できるが，監査役会及び三委員会を設置できない。

⑥　社外取締役の機能を活用する観点から，定款の定めで，その過半数が社外取締役で構成される監査等委員会設置会社も新たに可能となる。

設けられている。なお，この会社法では株式会社の会計も又，一般に公正妥当と認められる企業会計の慣行に従うことが明文化された（会社法第431条）。

（2）　金融商品取引法会計

　投資家保護を目的とした会計が金融商品取引法会計である。企業の外部者たる投資家は，企業の財務データを基礎として有価証券の売買に関する意思決定を行うので，その意思決定に役立つ有用な情報を提供する必要がある。そこで，旧証券取引法及びそれをさらに充実・発展させた金融商品取引法（平成18年6月制定）は企業の財務情報に関する適正な開示を義務づけている。これを**開示制度**ないし**ディスクロージャー**（disclosure）**制度**という。

　証券取引所に上場されている有価証券及び政令で定める有価証券を発行している企業は，毎決算期ごとに**有価証券報告書**（連結財務諸表および財務諸表）と，四半期報告書の提出義務がある会社以外の会社については半期報告書（中間財務諸表）を内閣総理大臣に提出しなければならない（金融商品取引法第24条および第24条の5）。その際にその実質的な作成基準となるのが一般に公正妥当と認められる企業会計の基準，すなわち**“企業会計原則”**及び企業会計審議会・企業会計基準委員会が公表した会計基準である。この財務諸表は，会社と特別の利害関係のない公認会計士または監査法人によって，一般に公正妥当と認められる監査基準にしたがって監査されねばならず，当該会社は監査報告書において監査証明を受けなければならない（金融商品取引法第193条の2）。

　2008年以降からは四半期財務業績の概況の開示に代えて新たに上場会社等に対しては3ヶ月ごとの①四半期報告書の開示が義務づけられる（金融商品取引法第24条の4の7）。また，有価証券報告書の記載内容が適正であることを示した②確認書の提出（金融商品取引法第24条の4の2）と，さらにエンロン事件やワールドコム事件に端を発し不正経理の防止を目的として2002年に制定されたアメリカの企業改革法（サーベンス・オクスレー法；SOX法）の影響を受けて，経営者が内部統制の有効性を評価した，③内部統制報告書の提出も有価証券報告書と併せて義務づけられる（金融商品取引法第24条の4の4）。

(3) 税 務 会 計

　法人形態としての企業に対して課せられるのが法人税である。これは，企業の課税所得に対して一定の税率を乗じて算定される。税務会計の中心課題は，企業の適正な課税所得の算定である。ここでは特に課税の公平性を期するために，法人税法をはじめ，それを補完する法人税法施行令，法人税施行規則，法人税取扱通達など詳細な規定が定められている。

　わが国では，企業の課税所得は，確定した会社法上の決算，つまり株主総会で報告または承認された利益を基準として課税される。これを確定決算主義という。言い換えれば，会社法において計上された費用および収益の金額が基準となり，それを税法独自の計算基準から修正して，事業年度末から 2 ヵ月以内に各法人は確定申告書を税務署長に提出すると同時に，その税額を納付しなければならない。税法では，課税所得は**益金**と**損金**との差額によって算出される。おおむね益金は会計上の収益に，また損金は会計上の費用に類似するが，同一ではない。両者の間には，その範囲および計上される期間に差異が生じる。

> **(注)**　会計上の収益または費用と税法上の益金または損金との範囲の違いを恒久的差異といい，また両者の期間帰属の違いを期間的差異という。たとえば，前者に該当する受取配当金は，会計上，会社を株主から独立した存在とみる立場（法人実在説）からは，収益に計上される。これに対して，税法上，会社を株主の集合体とみる立場（法人擬制説）からは，二重課税の排除を目的として益金に含められない。後者に該当する貸倒引当金は，会計上において回収可能性の面から設定する。一方，税法上では貸倒引当金の損金計上に上限が定められているので，両者の間で期間的不一致が生じうる。
>
> 　なお，法人擬制説では法人税は所得税の前取りと性格づけられる。

4　制度化されていない会計

　このような制度会計に対して，わが国ではまだ制度化されていない会計がある。たとえば個別物価や一般物価の変動を考慮した，いわゆる物価変動会計 (inflation accounting) (第2編のⅪ参照) をはじめ，公害問題に端を発し企業の社会的責任を重視した社会責任会計 (corporate social accounting)，環境に対する企業の取り組み方を問題とした環境会計，物的資源や財務的資源と同様に人材を重要な資源と捉えた人間資産会計 (human asset accounting) などがある。会計学はそれらの理論的な解決に直面しているといえる。

　これまでに述べた会計の領域を図示すると，次のようになる。なお，まだ制度化されていない会計と管理会計をあわせて情報会計という。そこでは，特に会計情報の有用性が強調される。

　第1編の財務会計の基礎理論では，主に制度会計のうちで，特に会社法会計および金融商品取引法会計にかかわる領域について説明する。

§2　財務会計の基礎的前提

1　会　計　公　準

　財務会計においては，その基礎をなす前提が存在する。それは，財務会計の理論を構築するうえでの下部構造を形成するものである。これを**会計公準** (accounting assumptions) という。この会計公準には次の3つがある。すなわち，会計単位 (accounting entity あるいは accounting unit)，会計期間 (accounting period)，貨幣的測定 (monetary measurement) の各公準である。

(1)　会　計　単　位

　会計を行うにあたっては，既述のようにまず最初に，会計の対象となる範囲を限定する必要がある。これが**会計単位**という公準である。一般に法人格をもつ私的企業が会計単位である。これを**企業実体**（business entity）という。第1編では，これを前提として説明を加える。また，同一企業の内部においても，主として経営管理上の目的から，いろいろな会計単位がある。たとえば，支店，営業所，事業部，各プロジェクトも会計単位となりうる。このほかに，法律的には法人格が異なっても，経済的には単一経済体とみなしうる範囲を会計単位とする場合がある。これが，第2編のⅦで取り上げる連結財務諸表（consolidated financial statements）である。

（2）会 計 期 間

　今日の会計では継続企業（going concern）を前提としたうえで，人為的な一定の期間ごとに会計を行うのが**会計期間**という公準である。もし企業が継続せずに解散すると仮定すれば，それほど大きな問題はない。企業の解散時に返済すべき負債と，その返済手段として役立つ換金性ある資産総額とを比較し，その結果，最終的な残余が生じれば，これを所有者に分配すればよい。

　ところが，企業の継続を予定し，そこにおける会計計算を問題とするときには，問題は複雑となる。人為的な一定の会計期間（通常は1年）を設定して企業の財務内容（具体的には経営成績や財政状態）を把握しなければならない以上，そこには主観的な判断や見積，さらにいろいろな仮定を置く必要が生じるからである。その意味で，会計期間は会計上の重要な下部構造の1つをなす。後述するように，決算においてさまざまな会計処理が必要となるのは，まさにそれを示している。

（3）貨 幣 的 測 定

　会計上，**貨幣的測定**という公準は，当然ともいうべき仮定である。貨幣的測定，すなわち金額計算によって利害関係者に対して重要な財務データが提供されるからである。もちろん，その場合において物量計算も必要である。会計上，この物量計算が貨幣的測定の前提となる項目も少なくないからである。それは，特に財産管理のうえできわめて不可欠である。しかし，最終的には貨幣

的測定が必要であり，物量計算は金額計算の補助手段にすぎない。

このような貨幣的測定に関して，測定尺度たるその貨幣自体の価値は一般に安定しており，たとえ変動するにしても，無視しうる程度のものにすぎないと仮定されている。なお，貨幣価値の変動を考慮した会計については，第2編のⅪで説明する。

この3つの会計公準は，会計実務に存在する仮定ともいうべきもので，説明的あるいは存在論的な会計理論の下部構造を形成する。

これに対立する会計公準も考えられる。それは，けっして説明的あるいは存在論的会計理論ではなく，規範的ないし，あるべき会計理論を構築するうえでの前提ともいうべき会計公準である。これは一般に要請的公準（postulates）ないし当為的公準とよばれる。たとえば，会計情報の面を重視すると，有用性（relevance）がその要請的公準となる。

2　会計主体論

1で触れたように，ある特定の会計単位が定まり，会計を行うべき範囲を限定した場合，次に問題となるのは，その会計単位に対してどのような立場から接近し，会計処理するかという点である。これがいわゆる会計主体論である。

（1）所有主理論

所有主理論（proprietorship theory）は，その企業の資産を出資者もしくは所有者の立場に立って会計を行う考え方である。つまり，企業の資産は事実上所有者に帰属するものであり，負債もまた所有者が負っているものと解するわけである。したがって，この所有主理論は，所有主に属する財産の確定とその変動の把握が中心課題となる。つまり，資産－負債＝資本という**資本等式**（Kapitalgleichung）が重視される。この内容については後述する。この所有主理論は，所有と経営がまだ分離していない個人企業などに適用される。

（2）企業主体理論

企業主体理論（entity theory）は，企業の所有者から独立した企業それ自体の立場を重視し，その立場から会計を行う考え方である。したがって，企業それ

自体が権利および義務の主体となることができ，企業は所有者から切り離された資産を保有し，また負債の義務を負う点にその特徴がある。この企業主体理論では，所有者から独立した企業の立場を強調するので，負債は資本と同様に，企業にとっての資本源泉の一部として他人資本と解されるか，あるいは資本と同じく総資産に対する請求権たる**持分** (equity) の一種として解される。つまり，前者は資産＝他人資本＋自己資本，また後者は資産＝持分という式が成り立つ。いずれも**貸借対照表等式** (Bilanzgleichung) がその基礎となる。この内容については後述する。これは，所有と経営が分離した大規模の株式会社に当てはまる。

(3)　代　理　人　理　論

　代理人理論 (agency theory) は，企業自体が権利および義務の主体となりうることを認めるが，しかし企業はあくまで所有者の代理機関であると解する考え方である。したがって，企業の運営を所有者から事実上任されている経営者は，委託・受託関係に基づいて所有者のために行動すると考えられる。この代理人理論は総じて所有主理論の系統に属するとみることができる。それ故に，そこで重視される会計等式はやはり資本等式である。

　なお，最近ではこの代理人理論の新たな展開が提唱されている。すなわち，経営者はたしかに所有者たる株主と委託・受託関係にあるが，しかし従来のように，株主のためだけに行動するものではなくて，経営者も依頼人たる株主の利益を犠牲にして自己の利益の極大化を図るととらえるのである。その結果，会計報告（および監査）は，経営者の行動を監視する（モニタリング）制度と解される。この意味での代理人理論が最近では重視されてきている。

　この３つが代表的なものである。このほかにも企業を社会的な制度ととらえ，それはさまざまな利害関係者による利害調整としての役割を有すると解するのが企業体理論 (enterprise theory) である。ここでは付加価値 (value added) 概念に基づく成果分配的側面が強調される。また，企業を特定の人格と結びつけずに，むしろ非人格的な集合体とみなし，資産および持分を総括する資金

（fund）という面から会計に接近する考え方が資金理論（fund theory）である。これは営利組織のみならず，非営利組織の会計にも適用可能である。

　これらのさまざまな会計主体論は，主に会計上の資本と利益の区別を考えるうえで重要である。また，それぞれの会計主体論は必ずしも特定の資産評価を予定しているわけではない。たとえば，所有主理論は原価評価とも結びつくし，あるいは時価評価とも結びつきうる。この点は，企業主体理論等についても同様である。

§3　財務諸表の種類

　企業の外部者に対する報告を中心とした財務会計においては，一会計期間中（わが国の大企業では，通常4月1日から翌年の3月31日までの1年を会計期間とする場合が多い。）に生じた金銭，その他の財産の変動とその結果を利害関係者に明瞭に報告・表示するための手段が，すでに述べた財務諸表である。この財務諸表に基づいて利害関係者は，有価証券の売買や資金の貸出などに関する自らの意思決定を行うことができる。財務諸表という表現からわかるように，1つの報告書（財務表）ではなく，それは複数以上ある。この財務諸表の内容は，会計を規制する制度によって多少異なる。

1　企業会計原則に基づく財務諸表
企業会計原則において作成すべき財務諸表は次の通りである。

　　　　　　　　｜損益計算書
　　　　　　　　｜貸借対照表
　　財務諸表　｛
　　　　　　　　｜財務諸表附属明細表
　　　　　　　　｜利益処分計算書

　損益計算書および貸借対照表については，次の§4で簡単に説明する。財務諸表附属明細表（schedules of financial statements）は，損益計算書および貸借対照表の項目のうちで会計上重要な情報について，より詳細に示した報告書であ

る。利益処分計算書は，旧商法上重要な株主総会において決定された処分の対象となる利益（あるいは損失の処理）を表示するための報告書である。

2　財務諸表等規則に基づく財務諸表

財務諸表の様式や用語などに関して詳細に規定したのが，内閣府令で定めた「財務諸表等の用語，様式及び作成方法に関する規則」（以下，財務諸表等規則という。）である。これに基づく財務諸表は次の通りである。

$$
財務諸表 \left\{
\begin{array}{l}
貸借対照表 \\
損益計算書 \\
株主資本等変動計算書 \\
キャッシュ・フロー計算書 \\
附属明細表
\end{array}
\right.
$$

基本財務諸表となったキャッシュ・フロー計算書に加えて，従来の利益処分計算書又は損失処理計算書に代えて株主資本等変動計算書が新たに登場した。この点を別とすると，その内容は企業会計原則とほぼ同様であるが，順序が多少異なる。

なお，平成23年度からは，上場企業の連結財務諸表に対して国際的な会計基準との対応から，従来の損益計算書を発展させて，①連結損益及び包括利益計算書（1計算書方式）または②連結損益計算書及び連結包括利益計算書（2計算書方式）のいずれかの方式が選択適用される。

3　会社法に基づく計算書類等

商法は，すべての商人に関して会計帳簿と貸借対照表からなる商業帳簿の作成を義務づけており，さらに会社法は株式会社について各事業年度に係る計算書類及び事業報告並びにこれらの附属明細書の作成も義務づけている。なお，事業報告及び附属明細書をも含める場合には計算書類等という（ただし，会社法施行規則第2条3項の計算関係書類には事業報告及び事業報告の附属明細書は含められていない。）。

作成義務
あるもの
- すべての商人：商業帳簿（会計帳簿・貸借対照表）
- 株式会社 ：計算書類
  - 貸借対照表
  - 損益計算書
  - 株主資本等変動計算書
  - 個別注記表
  - 事業報告
  - 附属明細書

計算書類等

　旧商法の"利益の処分又は損失の処理に関する議案"に代えて，株主資本変動計算書と個別注記表とが新たに制度化された。この個別注記表は主として重要な会計事項を内容とする。事業報告（従来は営業報告書と呼ばれ，計算書類に含められていた。）は，株式会社の状況に関する重要な事項をその内容としたものである。計算書類の附属明細書には，有形固定資産及び無形固定資産や，引当金の明細を内容としたものである。なお，旧商法では附属明細書で記載された，取締役の任務遂行との関係で，特に重要な事項については，新会社法では株式会社が公開会社のときに事業報告のなかで示されることになった。

　この計算書類等の記載または記録の方法，法務省令で定めたのが会社法施行規則（これは事業報告について第117条から第133条で規定する。）及び会社計算規則（これは，貸借対照表及び損益計算書などの計算書類について第57条から第116条において規定する。）である。

　ここからもわかるように，財務諸表の中核をなすのは，貸借対照表（balance sheet：これを略してB/Sという。）と損益計算書（profit and loss statement：これを略してP/L，あるいはincome statement：これを略してI/Sという。）である。この２つの財務諸表は，いわば会計学上の両輪を形成するのであり，その解明はきわめて重要である。本書では，この２つを主に考察の対象とする。

　なお，キャッシュ・フロー計算書や，株主資本等変動計算書・附属明細表などについては，Ⅴ　その他の財務諸表のなかで詳しく触れる。

§4　貸借対照表と損益計算書の概要

1　貸 借 対 照 表

　貸借対照表は，ある一定時点（通常は会計期間の期末）において，企業のある種の状態を表示するものである。企業会計原則では，それを**財政状態**，また会社法では，それは財産の状況と表現している。その実質的内容についてはⅢで述べることにし，ここではその概要について簡単に触れておく。

　貸借対照表の語源はラテン語の bilanx であり，これは釣り合っている天秤の皿を意味する。つまり，それは平均表としての性格を有する。

　貸借対照表の一方の側には，現金預金・受取手形・売掛金（うりかけきん）・貸付金・有価証券・商品・建物・土地・特許権など，企業が保有する有形・無形の財貨で利益獲得に貢献するものが計上される。これらを**資産**（asset）という。

　もう一方の側には，まず，支払手形・買掛金（かいかけきん）・借入金・社債・前受金など，企業が金銭を支払うべき義務や，用役を提供すべき義務が計上される。このような企業の義務を**負債**（liability）という。次に，営業活動を行う前提として株主が払い込んだ元手（もとで）としての資本金と，その運用によって得られた果実としての利益もまた計上され，この両者を**資本**（capital）という。これは事業主に帰属する正味財産であり，わが国の会計制度では新たに純資産と呼ばれるようになった。株主の有限責任を前提とする株式会社においては，この純資産部分について法規制があり，その内容はかなり複雑である。

　このような資産と負債・資本の関係を左右対照（勘定式）で一覧表に示したのが貸借対照表である。そこでは常に資産＝負債＋資本が成り立つ。これを貸借対照表等式という。貸借対照表の左側を積極（Aktiva），右側を消極（Passiva）という場合もある。

　また，貸借対照表について財産（Vermögen）概念を用いると，資産は**積極財産**（Aktivvermögen），負債は**消極財産**（Passivvermögen），そして資本は**純財産**（Reinvermögen）となる。この純財産は，純資産と同じである。ここでは，負債

もしくは消極財産は資産もしくは積極財産のマイナスとみなされ，資産－負債＝資本（純資産）が成り立つ。これを資本等式という。

貸借対照表

| 資　　　産 | 負　　　債 |
| | 資　　　本
（純資産） |

2　損　益　計　算　書

損益計算書は，一期間中における企業の業績もしくは社外に分配できる利益（処分可能利益），すなわち期間損益計算の結果を表示したものである。企業会計原則では，損益計算書は企業の**経営成績**を示し，また会社法では損益の状況を示すとしている。一期間中に営業活動によって生じた資本の増加と資本の減少とを対比させて，その結果として正味の資本増加（**当期純利益**：net income）または資本減少（**当期純損失**：net loss）を一覧表に示したのが，損益計算書である。

　財貨および用役の提供などの営業活動によって生じる資本増加を**収益**（revenue）という。これには，たとえば商製品の販売による売上，用役の提供による受取手数料，有価証券売却益，受取利息などがある。また，この収益を獲得するのに犠牲となった財貨および用役の消費額を**費用**（expense）といい，これは資本減少を伴う。これには，たとえば売り上げられた商製品の原価を示す売上原価，広告宣伝費，販売費，支払利息，固定資産売却損などがある。収益のうちで，主たる事業目的から生じる収益および費用（営業損益）は，企業の経営成績（業績）を正しく示すために総額（gross）で示され，両者を相殺しない。これに対して，財務活動のように主たる事業目的に付随する活動から生じる収益および費用（営業外損益），さらにその他に臨時的に発生する収益および費用（特別損益）については，当該活動の結果として実質的に得られたり，あるいは失われた正味現金額が重要となるために，両者の差額を純額（net）で示す。

　この損益計算書を左右対照方式（勘定式）で示せば，次の通りである。もし費用が収益より多い場合には，当期純損失は右側に示される。

損益計算書

費　　用	収　　　　益
当期純利益	

　なお，資産・費用が左側，負債・資本（純資産）・収益が右側となるのは，後述する複式簿記の記帳原則による。

　これが貸借対照表および損益計算書の概要である。

　今日では，財務諸表の中核となる貸借対照表および損益計算書の作成には，簿記に基づく会計帳簿が不可欠である。この会計帳簿に基づいて財務諸表が作成されるわけである。したがって，貸借対照表および損益計算書をよりよく理解するためには，あらかじめ複式簿記（double-entry bookkeeping）を中心とした記帳手続について学習しておく必要がある。

　そこで，IIにおいて財務諸表作成上必要な複式簿記について説明する。

参　考　文　献

1　財務会計全般に関するもの：
　山下勝治『会計学一般理論』（決定版）千倉書房，1986年。
　飯野利夫『財務会計論』（三訂版）同文舘，1994年。
　伊藤邦雄『新・現代会計入門』（第4版），日本経済新聞社，2020年。
　中村忠『新稿現代会計学』（九訂版）白桃書房，2005年。
　武田隆二『最新財務諸表論』（第11版）中央経済社，2008年。
　中村忠『新訂株式会社会計の基礎』白桃書房，1996年。
　醍醐聰『会計学講義』（第4版）東京大学出版会，2008年。
　醍醐聰編『新版財務会計ガイダンス』中央経済社，2000年。
　桜井久勝『財務会計講義』（第22版），中央経済社，2021年。

広瀬義州『財務会計』(第13版)，中央経済社，2015年。

大日方隆『アドバンスト財務会計』(第 2 版)，中央経済社，2013年。

佐藤信彦他編『スタンダードテキスト財務会計論』(Ⅰ，Ⅱ) 第13版，中央経済社，2020年。

五十嵐邦正『家計簿と会社の会計』森山書店，2012年。

2　財務会計の領域について，さらに詳しく論じたもの:

(1)　財務会計全般

リトルトン著，片野一郎訳『リトルトン会計発達史』同文館，1952年。

ペイトン・リトルトン著，中島省吾訳『新版会社会計基準序説』森山書店，1958年。

黒澤清『近代会計学』(改訂増補版) 春秋社，1965年。

新井清光『会計公準論』(増補版) 中央経済社，1978年。

中村忠『新版財務会計論』白桃書房，1997年。

安藤英義編『会計フレームワークと会計基準』中央経済社，1996年。

安藤英義『簿記会計の研究』中央経済社，2001年。

安藤英義編『会計における責任概念の歴史』中央経済社，2018年。

P．ワルトン編，久野光朗監訳『欧州比較国際会計史論』同文館，1997年。

斎藤静樹編『会計基準の基礎概念』中央経済社，2002年。

斉藤静樹『会計基準の研究』(増補改訂版) 中央経済社，2013年。

(2)　制度会計

安藤英義『新版商法会計制度論』白桃書房，1997年。

武田昌輔『会計・商法と課税所得』森山書店，1994年。

伊藤邦雄『会計制度のダイナミズム』岩波書店，1996年。

武田隆二『法人税法精説』森山書店，2004年。

弥永真生『商法計算規定と企業会計』中央経済社，2000年。

神田秀樹・武井一浩編『新しい株式制度』有斐閣，2002年。

中村忠『制度会計の基礎知識』税務研究会出版局，2003年。

弥永真生『コンメンタール会社計算規則・商法施行規則』第 2 版，商事法務，2009年。

片木晴彦『新しい企業会計法の考え方』中央経済社，2003年。

秋坂朝則『設例と仕訳でわかる会社計算規則』税務研究会出版局，2007年。

郡谷大輔・和久友子編『会社法の計算詳解』第 2 版，中央経済社，2008年。

稲葉威雄『会社法の解明』第 2 版，中央経済社，2010年。

五十嵐邦正『会計制度改革の視座』千倉書房，2014年。

五十嵐邦正『会計制度の論点』森山書店，2020年。

II　財務諸表作成の前提
——複式簿記の体系——

§1　複式簿記の意義と取引の種類

　企業は事業目的に即した経営活動を営んでいる。日常的に生じるさまざまな経済的事象を秩序よく系統的に記録するのが**複式簿記**である。この複式簿記は，具体的には資産・負債・資本・収益・費用に変動をもたらす経済的事象を**取引**（transaction）（**簿記上の取引**という。）として常に二面的にとらえ，それを通じて帳簿組織全体に自己検証機能を有するシステムである。

　貸借対照表等式，すなわち資産＝負債＋資本において，この資本を期中の営業活動によって増加させるのが収益であり，それを減少させるのが費用である。したがって，貸借対照表等式は次のように変化する。

　資産＝負債＋｛資本＋（収益－費用）｝ この右辺の費用を左辺に移行すると，資産＋費用＝負債＋資本＋収益が成り立つ。

　その結果，次の組合せの取引が考えられる。なお，簿記では左側を**借方**といい，右側を**貸方**といい，常に貸借が一致する（**貸借一致の原則**）。

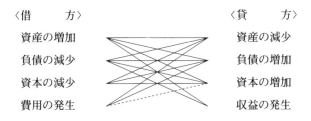

<table>
<tr><td>〈借　　方〉</td><td>〈貸　　方〉</td></tr>
<tr><td>資産の増加</td><td>資産の減少</td></tr>
<tr><td>負債の減少</td><td>負債の増加</td></tr>
<tr><td>資本の減少</td><td>資本の増加</td></tr>
<tr><td>費用の発生</td><td>収益の発生</td></tr>
</table>

　形式的には16通りあるが，実際に存在するのは13通りである（但し，ストッ

ク・オプションは国際的には費用の発生と資本（払込資本）の増加と解されている。）。この各取引を次に例示する**勘定**（account）による形式を用いて記録する（これを**仕訳**：journalizing という。）のが複式簿記である。

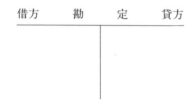

借方　　　　勘　　　定　　　貸方

§2　複式簿記の仕組み

そこで，次に，財務諸表作成の前提としての複式簿記の仕組みを理解するために，例を用いて説明する。

〔設例〕

1　期首の貸借対照表と期中取引

ある個人企業の期首における貸借対照表と期中取引（便宜上，①から④までとする。）は次の通りであった。（ただし，会計期間は4月1日から翌年の3月31日までとする。）

貸借対照表（期首）（単位：円）

現金	100	買掛金	150
売掛金	200	借入金	250
商品	300	資本金	700
備品	500		
	1,100		1,100

〈期中取引〉

①　商品180円を掛けで仕入れた。

　　（借方）　　仕　　入　180　　（貸方）　　買掛金　180

> **(注)**　この取引によって，実際には資産としての商品が増加してい
> るが，簿記上では当期に仕入れた商品は当期中に販売されると
> 仮定して，販売された商品の売上原価（費用）を示す仕入勘定
> で処理する。このほかに，仕入時に商品勘定の借方に記入し，
> 販売時に商品の減少分を売上原価勘定の借方に振り替える実務
> 上の処理もある。

② 売掛代金のうち，50円を現金で回収した。

　　（借方）現　　金　　50　　　　（貸方）売掛金　　　50

> **(注)**　これは，一方で資産としての現金の増加と，他方で資産とし
> ての売掛金の減少を伴う取引である。

③ 商品を売価750円で掛けで販売した。

　　（借方）売掛金　　　750　　　　（貸方）売　上　　　750

> **(注)**　商品の販売によって収益（売上）が発生し，それと同時に得
> 意先に対する代金請求権（売掛金）が増加する。なお，この販
> 売時点で実際には収益を得るために犠牲にされた商品の資産減
> 少，すなわち費用（売上原価）が発生するが，これについて
> は，仕入時点で記入済みである。もし，すべての商品が販売さ
> れずに期末に売残りがあれば，期末時点（決算）で，販売され
> た商品に対応する売上原価を仕入勘定が正しく示すように修正
> する。

④ 給料20円と，支払利息30円を現金で支払った。

　　（借方）給　　料　　20　　　　（貸方）現　　金　　50
　　　　　　支払利息　　30

> **(注)**　これは，労働用役（サービス）の提供および資金の借入に伴
> って，給料および支払利息という費用がそれぞれ発生すると同
> 時に，資産としての現金の減少が生じた取引である。

簿記上，前期からの勘定の繰越と，当期中に生じた取引を，以下に示す**仕訳帳**（取引を発生順に記録する帳簿で，原始記録簿とよばれる。）にまず記入してから，次にそれを**元帳**（勘定科目ごとに分けて記録する帳簿で，正式には**総勘定元帳**という。）における各勘定に記入する。これを転記という。

(注) 仕訳帳と元帳を主要簿という。この主要簿のほかに補助簿（現金出納帳などのように特定の取引の明細を記録した補助記入帳と，得意先元帳などのように元帳勘定の明細を記録した補助元帳とがある。）もある。

仕　訳　帳　　　　1

日付	摘　　　要	元丁	借　方	貸　方
4/1	（現　　金）	1	100	
	（売 掛 金）	2	200	
	（繰越商品）	3	300	
	（備　　品）	4	500	
	（買 掛 金）	5		150
	（借 入 金）	6		250
	（資 本 金）	7		700
①	（仕　　入）	8	180	
	（買 掛 金）	5		180
②	（現　　金）	1	50	
	（売 掛 金）	2		50
③	（売 掛 金）	2	750	
	（売　　上）	9		750
④	（給　　料）	10	20	
	（支払利息）	11	30	
	（現　　金）	1		50
			2,130	2,130

(注) 仕訳帳の元丁欄には，元帳における各勘定のページ数（元丁）が，また元帳の仕丁欄には仕訳帳のページ数がそれぞれ記入される。これは，仕訳帳と元帳との照合に役立つ。期首（4月1日）に行われる前期からの勘定残高の引継ぎに関する仕訳を開始仕訳という。

元　　　帳

現　金　　　　　1

日付	摘要	仕丁	借方	日付	摘要	仕丁	貸方
4/1	前期繰越	1	100	④	諸口	1	50
②	売掛金	〃	50				

(注) 摘要欄には，相手の勘定科目を記入する。それが複数あるときには，諸口を用いる。

　　なお，売掛金以下の勘定では，簡略化した勘定の様式（Tフォーム）を用いて例示するため，仕丁欄は省略してある。

売　掛　金　　　　2

4/1 前期繰越 200	② 現金	50
③ 売上 750		

繰越商品　　　　3

4/1 前期繰越 300	

備　品　　　　4

4/1 前期繰越 500	

買　掛　金　　　　5

	4/1 前期繰越 150
	① 仕入 180

借　入　金　　　　6

	4/1 前期繰越 250

資　本　金　　　　7

	4/1 前期繰越 700

仕　入　　　　8

① 買掛金 180	

売　上　　　　9

	③ 売掛金 750

給　料　　　　10

④ 現金 20	

支払利息　　　　11

④ 現金 30	

2　試算表の作成

すでに示した元帳上の各勘定結果を集計して作成されるのが**試算表**（trial

balance）である。これには各勘定の貸借を総額で示した**合計試算表**と，各勘定の貸借を差し引いてその純額で示した**残高試算表**がある。

合計試算表				**残高試算表**			
現金	150	現金	50	現金	100	買掛金	330
売掛金	950	売掛金	50	売掛金	900	借入金	250
繰越商品	300	買掛金	330	繰越商品	300	資本金	700
備品	500	借入金	250	備品	500	売上	750
仕入	180	資本金	700	仕入	180		
給料	20	売上	750	給料	20		
支払利息	30			支払利息	30		
	2,130		2,130		2,030		2,030

この合計試算表の借方および貸方の合計額（2,130）は，仕訳帳の合計額に一致する。

3　棚卸表の作成と決算整理仕訳

残高試算表で示されている勘定記録のなかには，期末において事実上の金額と異なるものがある。たとえば，次のような場合である。

1) 帳簿上の現金残高（帳簿上，当然存在しなければならない金額で，これを当在高（Sollbestand）という。）が，その実際の有高（これを実在高（Istbestand）という。）と一致しない場合である。そのときには，その勘定記録を修正する必要がある。

2) 当期に仕入れた商品（期首にあった商品を含む。）がすべて販売されずに売残りとなるときにも，勘定の記録を正しく訂正せねばならない。

3) 売掛金については，その代金の回収不能に備えて貸し倒れの見積額（貸倒引当金）を計上する必要がある。

4) 備品はその利用に伴い減耗するので，減価したとみなされる部分を費用として把握しなければならない。これを**減価償却費**（depreciation）という。

5) 借入金に対して支払った利息の期間が当期の会計期間と一致しなければ，それについて正しく調整する必要がある。

このような理由から，残高試算表の勘定記録を期末時点で正しく修正するための会計手続が不可欠となる。このために重要となるのが，以下に示す実地棚卸による**棚卸表**（inventory sheet）の作成である。

棚 卸 表

勘 定 科 目	摘　　　　　要	内　訳	金　額
現　　　　金	期末残高	100	
	現金過不足	5	95
繰 越 商 品	A 商品　10個　＠￥8		80
売　掛　金	期末残高	900	
	貸倒見積額	10	890
備　　　　品	営業用備品一式　　　取得原価	500	
	減価償却費	60	440
前 払 利 息			15

この棚卸表に基づいて行われるのが**決算整理**である。したがって，この決算整理の段階を経るまでは，残高試算表の勘定記録は必ずしも確定したものではない。資産と費用の区別だけでなく，負債・資本・収益の区別もまだ明確ではないからである。

たとえば，次の1）から5）までの事項が実地棚卸に基づいて作成された棚卸表によって判明したと仮定すると，以下に示す**決算整理（修正）仕訳**が決算日（期末）の3月31日になされる。

〈棚卸表に基づく修正仕訳〉

1）現金の実際有高が95円である。

　　　（借方）雑損失　　　　　5　　　　（貸方）現　　金　　　　5

> **(注)** 現金の帳簿残高と実際有高との差額の原因が明らかになれば，当該勘定に振り替え，もしそれがわからなければ，雑損失（または雑収入）という費用（または収益）として処理する。

2)　期末における売れ残りの商品は80円である。

　　　（借方）仕　　　入　　　300　　　（貸方）繰越商品　　　　　300

　　　（借方）繰越商品　　　　80　　　（貸方）仕　　　入　　　　80

> **(注)**　上段の仕訳は，期首に存在していた商品もやはり当期に販
> 売されると仮定して，仕入勘定に振り替えるためのものであ
> る。これに対して，下段の仕訳は，期首商品（300）と当期
> に仕入れた商品（180）がすべて販売されずに売れ残った結
> 果，仕入勘定に過大に計上された分（80）だけ修正するため
> の仕訳である。このように，簿記上では商品の売買損益の算
> 定にあたって，繰越商品・仕入・売上の3つの勘定を用いて
> 処理する。これを商品勘定の三分割法という。

3)　売掛金の残高に対して，10円の貸倒引当金を設定する。

　　　（借方）貸倒引当損　　　10　　　（貸方）貸倒引当金　　　　10
　　　　　　（貸倒引当金繰入）

> **(注)**　売掛金の代金回収不能分は見積であるため，売掛金から直
> 接マイナスせずに，間接的に貸倒引当金を計上する。

4)　備品について，減価償却費60円を計上する。

　　　（借方）減価償却費　　　60　　　（貸方）減価償却累計額　　60

> **(注)**　貸方の減価償却累計額は，備品に関する評価減を直接的に
> 備品勘定から控除せずに，間接的に示したものである。

5)　利息の支払った期間は，当期の4月1日から次期の3月31日までの2年
　間分であり，その結果，次期（4月1日から3月31日まで）の利息に相
　当する部分（15円）（1年分）を繰り延べる。

　　　（借方）前払利息　　　　15　　　（貸方）支払利息　　　　　15

> **(注)**　これは次のような図を考えると，わかりやすい。

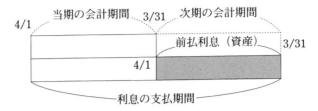

当期の会計期間　3/31　次期の会計期間
4/1
前払利息（資産）　3/31
4/1
利息の支払期間

　つまり，利息の支払（支出）期間と，当期の費用に属する期間との食違い（不一致）が生じたことがわかる。これを調整し，次期に費用化させるために，一時的に（経過的に）当期末で資産化されるのが前払利息である。また，これとは逆のケースもある。すなわち，借入金に対する利息の支払が期末時点までにまだなされていないときには，未払利息という負債を計上しなければならない。

　これと同じ関係は，収入と収益の間にも生じうる。たとえば下図の受取家賃で考えれば，当期に属する分よりも多くの家賃を受取っているときには，前受家賃という負債を，また受取るべき家賃をまだ受取っていないときには，未収家賃という請求権をそれぞれ計上しなければならない。

　このような利息や家賃などのように，支出と費用，収入と収益との期間的ずれから一時的に生じる各種の項目を**経過勘定**という。これは単に簿記だけでなく，貸借対照表に計上される項目の基本的な考え方を理解するときに重要である。

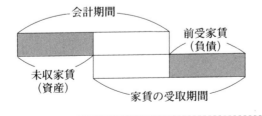

会計期間
前受家賃（負債）
未収家賃（資産）
家賃の受取期間

　そして，簿記上ではこのような経過勘定は翌期に費用化または収益化される

ので，すでに示した仕訳の反対仕訳を翌期首に行うのが普通である。これを再振替仕訳という。たとえば，すでに触れた前払利息について，これを翌期首に次のように行う。

　　　　（借方）支払利息　　　　　15　　　　（貸方）前払利息　　　　　15

　これらの決算整理仕訳は，次のように仕訳帳に記録してから，元帳勘定に転記される。

仕 訳 帳　　　　　　　2

日付	摘　　　　　要	元丁	借　　方	貸　　方
			2,130	2,130
3/31	（雑　損　失）	12	5	
	（現　　金）	1		5
〃	（仕　　入）	8	300	
	（繰 越 商 品）	3		300
〃	（繰 越 商 品）	3	80	
	（仕　　入）	8		80
〃	（貸倒引当損）	13	10	
	（貸倒引当金）	14		10
〃	（減価償却費）	15	60	
	（減価償却累計額）	16		60
〃	（前 払 利 息）	17	15	
	（支 払 利 息）	11		15
			470	470

4　決算振替仕訳と帳簿の締め切り

　この結果，このような決算整理事項を考慮して，当期の収益または費用に属する勘定が**損益勘定**に，またそれ以外の勘定が**残高勘定**にそれぞれ振り替えられる。仕訳帳を通じて帳簿を締め切るための仕訳を**決算振替仕訳**という。これは，（3）の仕訳帳において決算整理仕訳に引き続いて記入される。これを元帳に転記することによって，元帳上の各勘定は貸借の金額が一致し，締め切られる。

仕　訳　帳　　　　　　　　3

日付	摘　　　　　　要	元丁	借　　方	貸　　方
〰〰	〰〰〰〰〰〰〰〰〰	〰	〰〰	〰〰
			470	470
〃	（損　　　益）	18	510	
	（仕　　入）	8		400
	（給　　料）	10		20
	（支 払 利 息）	11		15
	（雑 損 失）	12		5
	（貸倒引当損）	13		10
	（減価償却費）	15		60
〃	（売　　上）	9	750	
	（損　　益）	18		750
〃	（損　　益）	18	240	
	（資 本 金）	7		240
〃	（残　　高）	19	1,590	
	（現　　金）	1		95
	（売 掛 金）	2		900
	（繰 越 商 品）	3		80
	（備　　品）	4		500
	（前 払 利 息）	17		15
〃	（買 掛 金）	5	330	
	（借 入 金）	6	250	
	（資 本 金）	7	940	
	（貸倒引当金）	14	10	
	（減価償却累計額）	17	60	
	（残　　高）	19		1,590
			4,680	4,680

　　なお，損益勘定の貸方残高（240）は営業活動による資本増加を示しており，
資本金勘定の貸方に振り替えられる。

　　元帳上の諸勘定は，以下に示すように，締め切られる。

元　帳

現　金　　1

4/1 前期繰越	100	④ 諸口	50
② 売掛金	50	3/31 雑損失	5
		〃 残高	95
	150		150

売　掛　金　　2

4/1 前期繰越	200	② 現金	50
③ 売上	750	3/31 残高	900
	950		950

繰　越　商　品　　3

4/1 前期繰越	300	3/31 仕入	300
3/31 仕入	80	〃 残高	80
	380		380

備　　品　　4

4/1 前期繰越	500	3/31 残高	500

買　掛　金　　5

3/31 残高	330	4/1 前期繰越	150
		① 仕入	180
	330		330

借　入　金　　6

3/31 残高	250	4/1 前期繰越	250

資　本　金　　7

3/31 残高	940	4/1 前期繰越	700
		3/31 損益	240
	940		940

仕　　入　　8

① 買掛金	180	3/31 繰越商品	80
3/31 繰越商品	300	〃 損益	400
	480		480

売　　上　　9

3/31 損益	750	③ 売掛金	750

給　　料　　10

④ 現金	20	3/31 損益	20

支　払　利　息　　11

④ 現金	30	3/31 前払利息	15
		〃 損益	15
	30		30

雑　損　失　　12

3/31 現金	5	3/31 損益	5

貸倒引当損　　13

3/31 貸倒引当金	10	3/31 損益	10

貸倒引当金　　14

3/31 残高	10	3/31 貸倒引当損	10

減価償却費　　15

3/31 減価償却累計額	60	3/31 損益	60

減価償却累計額　　16

3/31 残高	60	3/31 減価償却費	60

前払利息　　17

3/31 支払利息	15	3/31 残高	15

　ただし，損益勘定と残高勘定は，次の精算表のなかで例示してある。

　このように，損益勘定および残高勘定への決算振替仕訳を仕訳帳に記入し，それを元帳に転記して帳簿を締め切る方法を大陸式決算法（帳簿締切法）という。これに対して，損益勘定への決算振替仕訳は示すが，しかし残高勘定への決算振替仕訳を省略し，元帳上の資産・負債・資本に属する各勘定ごとに次期繰越高を算出して帳簿を締め切る方法を英米式決算法（帳簿締切法）という。この場合には，帳簿記録全体の正確性を検証するために，資産・負債・資本に属する勘定残高を集めた繰越試算表の作成が必要となる。

5　精　算　表

　さて，会計学との関連で重要なのが損益勘定と残高勘定である。これらの勘定は，決算整理前の残高試算表について棚卸表に基づいて決算整理を行い，その結果得られる決算整理後の試算表を，費用・収益に属する勘定と，資産・負債・資本に属する勘定とに2つに分解したものである。なお，次頁で例示する損益勘定と残高勘定においては，決算整理仕訳で示したように，当期純利益の金額（240）を資本金勘定に振り替えておらず，便宜上“当期純利益”と表示してある。ここからわかるのは，損益勘定と残高勘定とにおける当期純損益の金額の一致である。

　決算整理前残高試算表の借方を A，決算整理後残高試算表の借方を A'，損益勘定の借方を a_1，残高勘定の借方を a_2 とし，また同じく決算整理前残高試算表の貸方を B，また決算整理後残高試算表の貸方を B'，損益勘定の貸方を b_1，残高勘定の貸方を b_2 とすれば，次の式が成り立つ。

$$A \text{———（棚卸表による決算整理）} \longrightarrow A' = a_1 + a_2$$
$$B \text{———（棚卸表による決算整理）} \longrightarrow B' = b_1 + b_2$$

決算整理前残高試算表

借方		貸方	
現金	100	買掛金	330
売掛金	900	借入金	250
繰越商品	300	資本金	700
備品	500	売上	750
仕入	180		
給料	20		
支払利息	30		
	2,030		2,030

〈棚卸表〉〈決算整理〉

決算整理後残高試算表

借方		貸方	
現金	95	買掛金	330
売掛金	900	借入金	250
繰越商品	80	資本金	700
備品	500	売上	750
仕入	400	貸倒引当金	10
給料	20	減価償却累計額	60
支払利息	15		
雑損失	5		
貸倒引当損	10		
減価償却費	60		
前払利息	15		
	2,100		2,100

損　益

借方		貸方	
仕入	400	売上	750
給料	20		
支払利息	15		
雑損失	5		
貸倒引当損	10		
減価償却費	60		
当期純利益	240		
	750		750

残　高

借方		貸方	
現金	95	買掛金	330
売掛金	900	借入金	250
繰越商品	80	資本金	700
備品	500	貸倒引当金	10
前払利息	15	減価償却累計額	60
		当期純利益	240
	1,590		1,590

これを図示すれば次の通りである。

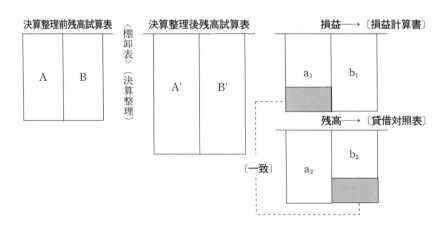

　簿記において，この関係を一覧表に示したのが**精算表**（working sheet）である。通常，ここでは残高試算表・整理記入・損益計算書・貸借対照表の4つの欄それぞれ借方および貸方があるから，合計8つの欄をもつ8欄精算表が一般的である。ここでの残高試算表欄は決算整理前残高試算表を意味し，8欄精算表ではないが，決算整理後残高試算表は10欄精算表では設けられる。それは簿記の仕組みを理解するときには重要である。この精算表は主要簿でもなく補助簿でもないので，わが国では簿記一巡手続の外にあるものと位置づけられている。

精　算　表

〔単位：円〕

勘定科目	残高試算表 借方	残高試算表 貸方	整理記入 借方	整理記入 貸方	損益計算書 借方	損益計算書 貸方	貸借対照表 借方	貸借対照表 貸方
現　　　　　金	100			1) 5			95	
売　　掛　　金	900						900	
繰　越　商　品	300		2) 80	2) 300			80	
備　　　　　品	500						500	
買　　掛　　金		330						330
借　　入　　金		250						250
資　　本　　金		700						700
売　　　　　上		750				750		
仕　　　　　入	180		2) 300	2) 80	400			
給　　　　　料	20				20			
支　払　利　息	30			5) 15	15			
	2,030	2,030						
雑　　損　　失			1) 5		5			
貸倒引当損			3) 10		10			
貸倒引当金				3) 10				10
減価償却費			4) 60		60			
減価償却累計額				4) 60				60
前　払　利　息			5) 15				15	
当 期 純 利 益					240			240
			470	470	750	750	1,590	1,590

〔金額的一致〕

（補注）　精算表は work（working）sheet と呼ばれるが，19世紀の中頃にはアメ
リカでは grand balance sheet あるいは balance sheet と呼ばれていた時期も
ある。設けられる欄も今の一般的な 8 欄精算表（決算整理前残高試算表・整
理記入・損益計算書・貸借対照表）とは異なり， 6 欄精算表や13欄精算表も
ある。また整理記入欄が複式記入ではなくて棚卸欄として単式記入されてい
たり，なかには損益計算書欄よりも貸借対照表欄が先行するタイプもあり，
多種多様である。ドイツ語圏の精算表は，期末の実地棚卸をベースとした財
産目録を重視する伝統から，財産目録欄もしくは貸借対照表欄が損益計算書
欄よりも先行する。つまり，資産負債の実在高と当在高との差額として損益
を計上する財産法もしくは資産負債アプローチに適合するタイプの精算表が
ある。しかも，精算表に期首貸借対照表・期中取引・決算整理前合計残高試
算表を結合した経営概観精算表（Hauptabschlußübersicht）は，現行ドイツ
税務上の課税所得計算に関する申告書の代用ともなる。19世紀以降のフラン
スの精算表は一般的な多欄式精算表を決算整理前の合計欄及び残高欄と決算
整理後の合計欄及び残高欄とに二区分した分割精算表としての特徴を有する。
前者は従来の決算整理前合計残高試算表である。後者の合計欄は決算整理後
合計試算表（但し，損益勘定から資本勘定への振替はすでに行われている。）
を意味し，この最終合計額と仕訳帳の合計額とが照合される。後者の残高欄
は財産目録（もしくは貸借対照表）に収容される項目となり，その項目及び
金額と財産目録との確認もできる仕組みとなっている。
　　わが国の通説では，一般に集合損益勘定と決算残高勘定を用いた帳簿締切
法を大陸式といい，集合損益勘定のみによる帳簿締切法を英米式という。し
かし，19世紀のイギリス及びアメリカでは大陸式が一般的であり，またフラ
ンス・ドイツ・オーストリアの一部では英米式に類似するタイプもみられる。
但し，そのタイプの"英米式"は通説のそれと全く同一ではなく，そこでは
繰越試算表の作成は不必要である。元帳上の各残高に関して財産目録ですで
に把握されている財産の実在高との確認を前提とするからである。したがっ
て，歴史的な文献から見ると，わが国の通説による大陸式及び英米式という
帳簿締切法の説明は，妥当ではない。また，集合損益勘定は名目勘定である
ため，この締め切りが一般に決算残高勘定の締め切りよりも先行するけれど
も，文献のなかには決算残高勘定を先に締め切り，その後で集合損益勘定を
締め切る方法もある。これは，収益費用アプローチと対照的な資産負債アプ
ローチに適合する締切法ともいえる。

§3 貸借対照表と損益計算書の作成

残高勘定および損益勘定が，それぞれ貸借対照表および損益計算書の原型となることは，すでに述べた通りである。しかし，貸借対照表および損益計算書は，企業の外部報告書である。したがって，残高勘定および損益勘定を，財務報告書としての貸借対照表および損益計算書に組み替えるための作業が必要である。ここでは簡単にそれについて説明する。

1 貸借対照表の作成

まず，貸借対照表の様式については，以下の A で例示した左右対照方式による勘定式のほかに，次頁の B で例示した報告式とがある。

次に，貸借対照表に計上される項目を分類しなければならない。今日の一般的な分類基準は，企業の短期的な支払能力を判定する目的に基づく**流動・固定の区分**である。これに基づいて資産は**流動資産**（current asset）と**固定資産**（fixed asset）に，また負債は**流動負債**（current liability）と**固定負債**（fixed liability）にそれぞれ分類される。ここで，短期的に現金化すると予想される資産が流動資産であり，長期間にわたって使用したり，あるいは投資する資産が固定資産である。短期的に支払期限が到来したり，あるいは役務の提供が到来する負債が流動負債であり，長期的に支払期限が到来する負債が固定負債である。

さらに，そのように分類された項目をどのような順序で配列していくかが問題となる。これには流動性の高い項目から配列する流動性配列法と，その逆に固定性の高い項目から配列する固定性配列法があり，前者が一般的である。

〔設例〕について，勘定式および報告式それぞれの様式で貸借対照表を作成すると，次の通りである。

A 勘定式による貸借対照表

貸 借 対 照 表　　（平成×年 3 月31日現在）

資産の部			負債の部		
I　流動資産			I　流動負債		
現金		95	買掛金		330
売掛金	900		II　固定負債		
貸倒引当金　※1)	10	890	長期借入金		250
商品		80	負債合計		580
前払費用		15	資本（純資産）の部		
流動資産合計		1,080	I　資本金		700
II　固定資産			II　当期純利益　※3)		240
備品		500	資本合計		940
減価償却累計額　※2)		60			
固定資産合計		440			
資産合計		1,520	負債資本合計		1,520

※ 1)　貸倒引当金は残高勘定では貸方に示されていたが，それは本来，売
　　　掛金のマイナス（これを評価勘定という。）としての性格をもつため，
　　　貸借対照表では売掛金から控除して示される。

※ 2)　貸倒引当金と同様に，この減価償却累計額も備品の評価勘定である
　　　ため，その取得原価から控除され，その純額が貸借対照表の資産合計
　　　に加えられる。

※ 3)　個人企業の場合には，当期純利益は資本金勘定に加算して示される
　　　のが普通である。その場合には当期純利益は明記されず，資本金はト
　　　ータルの940で示される。ここでは，損益計算書との関係で，一応，
　　　当期純利益を明記してある。

B　報告式による貸借対照表

貸 借 対 照 表

平成×年 3 月31日
資産の部

I　流動資産			
現金		95	
売掛金	900		
貸倒引当金	10	890	
商品		80	
前払費用		15	
流動資産合計			1,080
II　固定資産			
備品		500	
減価償却累計額		60	
固定資産合計			440
資産合計			1,520

負債の部

```
Ⅰ  流動負債
      買掛金                    330
Ⅱ  固定負債
      長期借入金               250
          負債合計                        580
```

資本（純資産）の部

```
Ⅰ  資本金                      700
Ⅱ  当期純利益                  240
          資本合計                        940
          負債資本合計                  1,520
```

2 損益計算書の作成

損益計算書の様式については，報告式が一般的である。その際に利益の発生原因を明確にとらえるために，損益は区分表示される。

企業の事業目的に即した損益で，企業本来の短期的な業績を示したのが**経常損益**である。これには，主たる営業活動から生じる**営業損益**と，それに付随する副次的な営業活動から生じる**営業外損益**とがある。さらに前者からは，売上高と売上原価との差額を示す**売上総利益**と，この売上総利益から販売費および一般管理費を控除した**営業利益**とが明示される。

この経常損益から区別されるのが**特別損益**である。この主なものは，経常的でなく臨時的に発生した臨時損益である。この特別損益は企業の短期的な業績を示す経常損益から除外されるが，企業の処分可能利益の算定には含められねばならない。

いま，〔設例〕に関する報告式の損益計算書を次頁に例示する。ここでは営業外収益と特別損益はないので，経常損益と当期純利益の金額は一致する。

以上が，複式簿記に基づく貸借対照表および損益計算書の作成方法の手順と手続である。〔設例〕ではきわめて単純な個人企業のケースについて明示した。株式会社では特に資本の部が複雑であり，また実際には棚卸表に収容すべき決算整理事項がかなり多くなる。しかし，基本原理の違いは両者の間にはない。

損 益 計 算 書

自平成×年 4 月 1 日　至平成×年 3 月 31 日

I　売上高		750
II　売上原価		
1　商品期首棚卸高	300	
2　当期商品仕入高	180	
合計	480	
3　商品期末棚卸高	80	400
売上総利益		350
III　販売費及び一般管理費		
1　給料	20	
2　貸倒引当損	10	
3　減価償却費	60	90
営業利益		260
IV　営業外費用		
1　支払利息	15	
2　雑損失	5	20
当期純利益（経常利益）		240

参 考 文 献

1　簿記全般に関するもの：

片野一郎『新簿記精説』（上・下）同文舘，1973年。

沼田嘉穂『簿記教科書』（5訂新版）同文舘，1992年。

中村忠『現代簿記』（新版第4版）白桃書房，2007年。

大藪俊哉『簿記の計算と理論』税務研究会出版局，1995年。

中村忠『簿記の考え方・学び方』（五訂版）税務経理協会，2006年。

武田隆二『簿記』（I・II・III）（第5版）税務経理協会，2009年。

中村忠・大藪俊哉『対談・簿記の問題点をさぐる』（改訂版）税務経理協会，
　　　1997年。

横山和夫『詳解企業簿記会計』中央経済社，2007年。

大藪俊哉編『簿記テキスト』（第4版）中央経済社，2007年。

2　簿記の領域に関して，さらに詳しく論じたもの：

畠中福一『勘定學説研究』森山書店，1942年。

黒澤清『改訂簿記原理』森山書店，1951年。

シェーラー著，安平昭二訳『複式簿記の基礎理論』中央経済社，1969年。

安平昭二『簿記理論研究序説』千倉書房，1979年。

久野秀男『英米(加)古典簿記書の発展史的研究』学習院大学研究叢書 5 ，1979年。

久野光朗『アメリカ簿記史』同文舘，1985年。

III　貸借対照表

§1　貸借対照表の様式と分類基準

1　貸借対照表の作成方法

　すでに述べたように，今日の貸借対照表は複式簿記を基礎として作成される。このように貸借対照表を帳簿記録から作成する方法を誘導法という。これに対して，帳簿記録によらず，個々の資産（負債を含む。）を実地棚卸した結果，資産の数量および金額を詳細に示す財産目録に基づいて貸借対照表を作成する方法を棚卸法という。もっとも，誘導法においても実地棚卸は必要である。棚卸資産などの特定の項目に関してそれが不可欠であり，それを収容した一覧表が，すでに触れた棚卸表である。また，棚卸法においても同じく帳簿記録が必要な場合がある。たとえば，期中における資本の増減については，少なくとも記録しておかねばならない。

　今日では，この2つの方法のうちで誘導法が一般的である。なお，財産目録は企業の清算・破産や，会社更生・民事再生などの特別な場合を除くと，通常の決算の場合には作成されない。しかし，この財産目録は，資産および負債の実在高の把握による財産管理の面や，貸借対照表には記載されないストック情報の開示の面などから，通常の決算のときにも重要である。

2　貸借対照表の様式

　制度会計上の詳細な貸借対照表様式の概要について例示する。

（1）　企業会計原則に基づく貸借対照表

貸 借 対 照 表
平成×年×月×日

資産の部
I　流動資産　　　　　　　　　　　　　　　　×××
II　固定資産
　　1　有形固定資産　　　　　　　×××
　　2　無形固定資産　　　　　　　×××
　　3　投資その他の資産　　　　　×××　×××
III　繰延資産　　　　　　　　　　　　　　　×××
　　　　　　　資産合計　　　　　　　　　　×××

負債の部
I　流動負債　　　　　　　　　　　　　　　　×××
II　固定負債　　　　　　　　　　　　　　　　×××
　　　　　　　負債合計　　　　　　　　　　×××

資本の部
I　資本金　　　　　　　　　　　　　　×××
II　剰余金
　　1　資本準備金　　　　　　　　×××
　　2　利益準備金　　　　　　　　×××　×××
　　3　その他の剰余金
　　　　任意積立金　　　　　　　　×××
　　　　当期未処分利益　　　　　　×××　×××
　　　　　　　資本合計　　　　　　　　　　×××
　　　　　　　負債資本合計　　　　　　　　×××

（2）　財務諸表等規則に基づく貸借対照表

貸 借 対 照 表
平成×年×月×日

資産の部
I　流動資産　　　　　　　　　　　　　　　　×××
II　固定資産
　　1　有形固定資産　　　　　　　×××
　　2　無形固定資産　　　　　　　×××
　　3　投資その他の資産　　　　　×××　×××
III　繰延資産　　　　　　　　　　　　　　　×××
　　　　　　　資産合計　　　　　　　　　　×××

負債の部
I　流動負債　　　　　　　　　　　　　　　　×××
II　固定負債　　　　　　　　　　　　　　　　×××
　　　　　　　負債合計　　　　　　　　　　×××

```
              純資産の部
   I   株主資本
      1  資本金                      ×××
      2  資本剰余金
        (1)  資本準備金              ×××
        (2)  その他資本剰余金        ×××    ×××
              資本剰余金合計                ×××
      3  利益剰余金
        (1)  利益準備金              ×××
        (2)  その他利益剰余金
              ××積立金             ×××
              繰越利益剰余金         ×××    ×××
              利益剰余金合計                ×××
      4  自己株式（控除）                  △×××
              株主資本合計                  ×××
   II  評価・換算差額等＊
      1  その他有価証券評価差額金①         ×××
      2  繰延ヘッジ損益                    ×××
      3  土地再評価差額金②                ×××
              評価・換算差額等合計          ×××
   III 株式引受権                         ×××
   IV  新株予約権                         ×××
              純資産合計                    ×××
              負債純資産合計                ×××
```

＊　連結貸借対照表では，これをその他の包括利益累計額と表示し，このなかに為替換算調整勘定及び退職給付に係る調整累計額が加わる。株式引受権及び新株予約権の後に，非支配株主持分も示す。

（3）　会社計算規則に基づく貸借対照表

貸 借 対 照 表　　（平成×年×月×日現在）

（資産の部）		（負債の部）	
流動資産	×××	流動負債	×××
固定資産		固定負債	×××
1　有形固定資産	×××	（純資産の部）	
2　無形固定資産	×××	I 株主資本	
3　投資その他の資産	×××	A 資本金	×××
繰延資産	×××	B 資本剰余金	
		1　資本準備金	×××
		2　その他資本剰余金	×××
		C 利益剰余金	
		1　利益準備金	×××
		2　その他利益剰余金	×××

		D 自己株式（控除）	△×××
	Ⅱ	評価・換算差額等＊	
	1	その他有価証券評価差額金①	×××
	2	繰延ヘッジ損益	×××
	3	土地再評価差額金②	
	Ⅲ	株式引受権	×××
	Ⅳ	新株予約権	×××
合計	×××	合計	×××

＊連結貸借対照表ではその他の包括利益累計額として表示する。

（注）　①　これは，その他有価証券の時価とその取得原価との評価差額である。

　　　　②　これは，土地再評価法による事業用土地の再評価差額とその帳簿価額との差額であり，平成10年から平成14年まで時限立法として適用された。

3　様式の比較

以上3つの貸借対照表様式を比較すると，次の通りである。

第1に，資産の分類は同一である。第2に，負債は三者とも流動負債と固定負債に大別される。旧商法では，さらに「引当金」の部を設けることができ，法令の規定により負債の部に計上される引当金または準備金で，他の部に記載することが適当でないときには，引当金の部の設置が必要だったが，会社計算規則では，この「引当金」の部は廃止された。

第3に，企業会計原則では資本の部が資本金と剰余金に大別され，剰余金は資本準備金・利益準備金・その他の剰余金に細分される。財務諸表等規則および会社計算規則では，資本の部は純資産の部と呼ばれ，Ⅰ株主資本，Ⅱ評価・換算差額等，Ⅲ株式引受権，Ⅳ新株予約権に大別される。さらに，Ⅰの株主資本は，資本金・資本剰余金・利益剰余金・自己株式（控除）に細分される。旧商法では剰余金を株主に対する配当規制面から捉えていたが，会社計算規則では財務諸表等規則と同様に剰余金の発生原因の面による分類を前提とする。

§2　貸借対照表の分類基準

1　流動・固定の区分基準

　Ⅱの§3で述べたように，貸借対照表は企業の短期的な支払能力を判定する目的から流動・固定の区分に基づいて分類され，しかも流動性配列法にしたがうのが一般的である。まず，流動・固定の区分については，2つの考え方がある。1つは正常営業循環基準（normal operating cycle basis）であり，もう1つは1年基準あるいは**ワン・イヤー・ルール**（one year rule）である。

　正常営業循環基準は，製造業を例にとると，企業が原料を掛け（ないし手形など）で購入してから，仕掛品・製品という製造過程を経て，その製品が掛け（または手形など）で販売され，そしてその代金を回収する一連の営業サイクルを想定し，この正常な営業サイクルにかかわる資産および負債を流動資産または流動負債ととらえる基準である。そのため，企業の主目的たる営業取引によって発生する債権および債務は流動資産または流動負債となる。棚卸資産も流動資産に属する（企業会計原則・注解16）。なお，この正常営業循環基準に関しては，営業サイクルとの関連性に着目する考え方のほかに，営業循環の正常な期間を重視し，この期間が事実上1年を超えた場合でも正常なものである限り，流動資産または流動負債とみなすという解釈もある。この解釈では，正常営業循環の期間が1年以下の場合には1年基準が適用される。

　1年基準は，代金の回収または支払期限が1年以内に到来するものを流動資産または流動負債とする基準である。これが適用されるのは，正常な営業循環に属さない破産債権や更生債権，貸付金や借入金，企業の主目的以外で発生する未収金や未払金，1年以内に期限が到来する預金や郵便貯金などである。

流動項目	中心基準：正常営業循環基準		企業の主目的たる営業取引によって生じた債権・債務（受取手形，売掛金，支払手形，買掛金など）・棚卸資産
	補完的基準：	1年基準　：	正常な営業循環に属さない債権で1年以内に回収されるもの（破産債権，更生債権など） 営業取引以外で生じた債権・債務で1年以内に回収されるもの（短期貸付金，短期借入金，未収金，未払金など）
		所有目的　：	短期的な利殖目的（市場性ある有価証券）

　有価証券については，例外的にその所有目的から流動資産と固定資産に分類

される。すなわち，市場性ある（証券市場で流通する）有価証券で短期的な利殖目的から一時的に所有するものは流動資産であり，証券市場で流通せず，あるいは他の企業を支配したり長期的な利殖目的から所有する有価証券は固定資産（投資その他の資産）となる。流動項目の分類基準は，前頁の通りである。

　なお，固定資産の残存耐用年数が１年以下になってもその簿価は短期的な支払能力の財源ではないので，固定資産のままで計上する。長期借入金の支払期限が１年以内となると，それを固定負債から流動負債に振り替える。

　流動・固定の区分は正常営業循環基準を主としつつ，これを補完するのが１年基準である。

2　流動・固定の区分と配列法

（1）　流動性配列法

　配列の仕方については，**流動性配列法**が一般的である。その理由は，特に流動資産と流動負債とを先頭に置くことによって，企業の短期的な支払能力の判定に重点を置くためである。すなわち，流動負債を填補（てんぽ）しうるだけの流動資産が十分に存在しているかどうかを一義的に重視するからである。

　この点に関連して，すでに触れたように，流動項目を決定する基準は一元的でない。そのため，そこからの財務分析上の判断も自ずから制約される。また，流動資産による流動負債の填補を問題とする場合，流動資産を構成する棚卸資産は，原則としてその過去の支出額に基づいて評価され（原価主義），その将来の収入額で評価されているわけではない。したがって，その評価方法はただちに流動負債の返済に対する支払手段として役立つとはいえず，その原価評価によって支払能力の判定は制約される。特に，商品の購入価格が異なるときに，払い出された商品の単価決定に際して，後から仕入れた商品が先に払い出されたと仮定する後入先出法（あといれさきだしほう）を採用する場合がそうである。この方法では，商品の価格が上昇するときには，貸借対照表に計上される商品の金額が最近に購入されたものではなく，当期以前に購入された金額になる場合が多い。したがって，それは短期的な支払能力の判定にはほとんど意味のないものとなりう

る。この点から，短期的な支払能力を判定するにあたって，まだ制度化されては いないが，少なくとも流動資産を，すぐに債務弁済に利用できる当座資産 （quick asset）と棚卸資産とに細分することが必要である。

　なお，繰延資産は本来，固定資産の性質に類似するけれども，それとは違って一般に担保価値もしくは換金価値をもたないために，資産の確実性の面で固定資産から区別して計上される。

（2）　固定性配列法

　流動性配列法と対照的なのが**固定性配列法**である。固定性の高い項目を先に配置するこの固定性配列法は，主としてドイツにおいて伝統的であり，わが国でも電力およびガス業界などでも一部において採用されている。ただ，両者の間でその内容は若干異なる。ドイツでは貸借対照表の消極側について資本，固定負債，流動負債の順となっているのに対して，わが国では固定負債，流動負債，純資産（かつては資本）の順となっている。わが国では，負債を資本または純資産よりも先に配置することを前提とし，負債内部でのみ固定性の高い項目を先に掲げるという，やや変則的な固定性配列法である。

ドイツにおける固定性配列法		わが国の固定性配列法	
固定資産	資本	固定資産	固定負債
	固定負債	流動資産	流動負債
流動資産	流動負債	繰延資産	純資産（かつては資本）

　この固定性配列法は，固定資産の比重が高い電力やガスの業界などに採用されるといわれるが，その理論性は説明されていない。固定性配列法は，ドイツの場合に典型的なように，固定資産と資本，あるいは固定資産と資本・固定負債などの長期的資本とを対比させることによって，企業における基本的な財務構造の健全性を重視する配列法である。すなわち，固定資産が，自己資本ないし企業が調達した長期資本によって賄われているかどうか，また短期的に運用しうる資産が，同じく短期的に調達した資本によって賄われているのかが，その分析の中心である。したがって，調達資本と運用資本との関係を通じて企業の基本的な財務構造の健全性や，その結果として，それが流動性に与える影響

を分析するのに役立つのが固定性配列法であるといえよう。

§3　貸借対照表の能力と評価

1　貸借対照表の能力

(1)　貸借対照表の見方

　貸借対照表能力（Bilanzfähigkeit）とは，いかなる性質を有する項目が貸借対照表に計上されるのか，つまり貸借対照表に計上すべき項目の要件に関する問題である。言い換えれば，それは，貸借対照表上の資産化あるいは負債化しうる項目の範囲を決定する事柄といってよい。

　この問題を考えるうえできわめて重要なのが，貸借対照表をどのようにとらえるかである。これは，すなわち貸借対照表の見方ないし貸借対照表の目的である。これについては，次の2つの見方が対立する。貸借対照表について，ある種の状態表示機能を強調するのが**静態論**（statische Bilanzauffassung）とよばれる会計思考である。これに対して，貸借対照表の利益計算的側面を重視するのが**動態論**（dynamische Bilanzauffassung）とよばれる会計思考である。

　静態論のなかには，企業の解散を前提とし，解散時に返済されねばならない負債と，それの塡補手段として役立つ換金価値を有する資産だけとが貸借対照表能力をもつという考え方が，かつて存在していた。この考え方はたしかに完全に否定されているが，これだけが静態論のすべてではない。企業の継続を前提とした財産表示の観点から，貸借対照表能力を問題とする静態論もある。たとえば，そこでは換金価値がなくとも，経済的な財貨を表すのれんのごとき項目が資産として計上されるし，また法的債務性がなくとも，経済的な義務を示す引当金が負債として計上される。

　動態論の典型であるシュマーレンバッハ（E. Schmalenbach）の考え方によれば，収益および費用を計算表示する損益計算書が最も重要である。その結果，貸借対照表はこの損益計算に役立つ補助手段としての性質を有する。その基本的な考え方を示したのが以下の貸借対照表である。つまり，貸借対照表に計上

される項目は，一方では収益費用計算と収入支出計算との期間的不一致に基づいて，次期以降の損益計算に役立つ項目が計上される。これには収益・未収入，支出・未費用，費用・未支出，収入・未収益といった各項目が属する。他方では，収入支出計算自体のなかで期間的にまだ完了していない項目も計上される。これには支出・未収入や収入・未支出といった各項目が属する。貸借対照表はこのような未解決項目の集計表と性格づけられる。この彼の見解は，貸借対照表項目の金額決定に関して，今日でもなお重要な考え方を示唆している。

貸 借 対 照 表

収益・未収入（受取手形・売掛金など）	費用・未支出（買掛金・未払費用・引当金など）
支出・未費用（商品・製品・備品など）	収入・未収益（前受金・前受収益など）
支出・未収入（貸付金など）	収入・未支出（借入金・資本金など）
現金	

> **(注)**　この彼による初期の学説では，貸借対照表のなかに利益が示されないため，貸借は一致せず，また現金の解釈にも大きな問題点があった。そこで，その問題点を克服するために，動態論が新たに展開された。その基本的な考え方は，貸借対照表それ自体が利益を直接的に計算する手段と解するものである。これによると，貸借対照表の借方側は現金および将来の収入額を，また貸方側は将来の支出額をそれぞれ示し，その差額が利益を示す。

　以下，貸借対照表能力を論じるうえで重要な資産および負債の概念について述べる。

（2）資 産 概 念

　資産をどのように捉えるかは，静態論および動態論をはじめ，種々の見地から検討されている。
　すでに触れたように，法律的会計思考を中心としたかつての静態論，すなわ

ち旧静態論（alte statische Bilanzauffassung）の一つの見解では，企業の解散を仮
定した場合の債務弁済に役立つ換金価値のあるものだけが資産と解された。し
かし，これは現在では否定されている。企業の継続が前提だからである。

　今日では，主としてドイツを中心に貸借対照表の理論的側面から資産概念に
接近する方法（これを計算構造的接近とよぶ。）と，主としてアメリカを中心
に個々の資産に共通する属性を帰納的に導き出して資産概念に接近する方法
（これを属性的接近とよぶ。）との2つの方向がある。

　A　計算構造的接近に基づく資産概念

　計算構造的側面から資産を規定する場合，資産を一元的にとらえるか，ある
いは二元的にとらえるかによって，さらに区別される。

　一元的にとらえる見解には次のものがある。1つは資産を本来的に費用たる
性質を有するものとしてとらえる見解（シュマーレンバッハ）である（①）。
これは現金の説明に難点がある。2つめは資産を広義の現金在高として解する
見解である（②）。この考え方では，棚卸資産や固定資産のように，それが物
的形態をとっていても，本質的にはそれぞれ広義の現金を具体化していると解
される。3つめは資産を名目資本たる貨幣の運用形態ないし具現形態としてと
らえる見解である（③）。この見解は②ときわめて類似する。ただ，この③は
貸借対照表の状態表示的側面を重視し，経営経済的会計思考を中心とした新静
態論（neue statische Bilanzauffassung）で主に主張されるのに対して，②は主に
貸借対照表の利益計算的側面を重視する動態論で主張される点に違いがある。

　これに対して，資産二元論は，資産の費用性と現金性とを，いわば折衷した
見解である（④）。つまり，そこでは売掛金や貸付金などのように，本来的に
貨幣性を有するものを貨幣性資産（monetary asset）といい，それ以外の性質を
有するものを非貨幣性資産（nonmonetary asset）という。後者は，さらに棚卸
資産や固定資産のように，費用化が予定されている項目（費用性資産）と，投
資や出資金のように，費用化が予定されていない項目とに細分化される。

　B　属性的接近に基づく資産概念

　この計算構造的接近に基づく資産概念と対照的なのが属性的接近に基づく資

産概念である。これは資産を用役潜在性（service potential）ないし将来の経済
的便益（probable economic benefit）とみなす見解である（⑤）。この考え方は，
資産に属する各項目の共通点を抽出して資産概念を規定したものである。

　以上を整理すると，次のようになる。

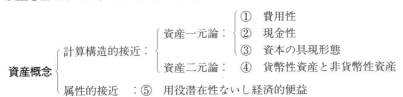

資産概念 ─ 計算構造的接近 ─ 資産一元論：① 費用性／② 現金性／③ 資本の具現形態
　　　　　　　　　　　　　　資産二元論：④ 貨幣性資産と非貨幣性資産
　　　　 ─ 属性的接近　：⑤ 用役潜在性ないし経済的便益

後述する今日の資産評価の説明には，④の見解が，また貸借対照表における
資産全体の説明には，②または③や，⑤がそれぞれ重視される。

（3）　負　債　概　念

　会計上，一般に財貨（特に金銭）または用役の提供に関する義務ないし責務
を負債という。たとえば，支払手形・買掛金・借入金・社債などが金銭を支払
う義務であり，また前受金・前受収益などが用役を提供すべき義務の典型であ
る。アメリカでは，すでに述べた将来の経済的便益という資産概念（⑤）に対
応して，負債はこの将来の経済的便益の犠牲とみなされる。

　たとえば支払手形，買掛金，借入金などのように，会計上の負債は法律上の
債務と一致する場合が多い。しかし，両者は必ずしも同一ではない。

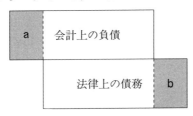

a　会計上の負債

法律上の債務　b

　上図においてaは会計上の負債ではあるが，法律上の債務ではない部分を示
す。これに属するのが，対外的な義務を示さずに，企業自体にとっての経済的
負債を示す各種の引当金である。たとえば，修繕引当金・法的債務性のない損
害補償損失引当金や債務保証損失引当金，また前受収益などである。

　これに対して，bは法律上の債務ではあるが，会計上負債とはならない部分

である。これにはまず種々の法的な契約の締結に伴う債務がある。たとえば，ある商品の売買契約を締結した場合，買い手は当該商品の引渡しを請求しうる権利（反対給付）を有すると同時に，代金の支払義務（給付）が生じる。しかし，買い手と売り手のどちらか一方が，財貨の引渡あるいは代金の支払などの契約の一部を履行しないかぎり，両当事者ともその契約締結に伴う権利（反対給付）と義務（給付）は等価（イコール）の関係にある。そこで，契約の締結に伴う債権および債務は純資産に影響しないので，これを貸借対照表に計上しない（これをオフバランスという。）のが普通である。このような取引を未履行契約（executory contract）ないし未決取引という。

　また，他人の債務保証をしたときや，係争事件の賠償義務などに関して，それに関する求償権と遡求義務とが等価であれば，まだ現実に発生した債務ではなく，単に将来に現実化する可能性のある債務にすぎない。これを偶発債務（cotingent liability）という。したがって，この偶発債務はまだ会計上の負債に計上されず，その事実を貸借対照表欄外の脚注に示す。

　ただ，未履行契約にせよあるいは偶発債務にせよ，義務（給付）と権利（反対給付）とのイコールの関係が成立せず，前者が後者を上回るときには，両者の差額について偶発損失引当金を設定する。

> **(注)**　最近では，特に未履行契約に関して，給付＝反対給付の関係が成立したり，あるいは反対給付が給付を上回るときにも，それをオフバランスとせずに，未履行契約が企業の財務内容に重要な影響を及ぼすために，そのオンバランス化（両者の差額を資産または負債として計上するのが一般的である。）の方向が主張されている。

　負債は一般に契約等によりその金額が確定しているが，引当金のように，まだ確定しておらず，見積りにすぎない不確定のものもある。

　なお，資産と負債との差額を示す純資産については，特にその計上に関する問題はない。両者が決定されると，純資産は自動的に規定されるからである。

ただ，純資産のうちで株主資本の内部に関しては，いわゆる資本と利益の区別を中心とした資本会計という領域がある。また，すでに触れたように，負債と株主資本を持分として一元的に捉え，資産に対する請求権とみなす考え方もある。この考え方では，負債は債権者持分 (creditor's equity)，資本は株主持分 (owner's equity) と解される。

2 貸借対照表の評価基準

このような資産および負債について，いかなる金額を付すのかが，貸借対照表の評価問題である。

(1) 資産の評価方法

まず最初に資産評価方法について取り上げる。これにはさまざまな方法がある。

企業のなかに流入する資産を，その獲得のために流出する現金支出額で測定する方法（これをインプット・バリューによる評価方法という。）と，企業から流出する資産を企業のなかに流入する現金収入額で測定する方法（これをアウトプット・バリューによる評価方法という。）とがある。

前者のインプット・バリュー系統の評価には，さらに現金流出額の内容をどのように捉えるかによって，次の3つの方法がある。1つは，文字どおり当該資産を取得するのに実際に要した支出，すなわち**歴史的原価** (historical cost) で測定する方法である。一般にこれは**原価主義**と呼ばれる。2つめは，当該資産と同一のものを新たに購入したと仮定した場合に要するであろう支出額，すなわち再調達原価 (replacement cost) で測定する方法である。3つめは，将来に支出せねばならない金額を適当な利子率を用いて現時点に割り引いた金額，すなわち割引将来原価 (discounted future cost) で測定する方法である。

後者のアウトプット・バリュー系統の評価にも3つの方法がある。1つは，企業の解散を前提として強制的な清算価額 (liquidation value) で測定する方法である。2つめは，当該資産を正常な状態で売却した場合に得られる正味現金収入額，すなわち正味実現可能価額 (net realizable value) もしくは正味売却価

額で測定する方法である。その際には販売価格から，販売までに生じる諸費用の見積額を差し引く。3つめは，当該資産から得られる収入額を，適当な利子率を用いて現在価値（present value）に割り引く方法，すなわち割引キャッシュ・フロー（discounted cash flow）による測定方法である。

　再調達原価以下の種々の評価方法は，市場もしくはそれに準ずるものを中心としており，**時価主義**と呼ばれ，原価主義に対立する。

> **（注）** 割引将来原価および割引キャッシュ・フローによる測定方法
> は，適当な利子率を用いて現在価値に割り引くため，それは厳
> 密にはいわゆる市場価格によって決定されるものではないが，
> それに準じたものと考えることができる。

　また，実務上ではこれらの測定方法のほかに，**低価基準**（cost or market, whichever is lower）と呼ばれる伝統的な評価の仕方がある。これは原価と時価とを比較し，いずれか低いほうを評価額とする方法である。

　資産の評価方法をまとめると，次の通りである。

資産の評価方法
- A　インプット・バリュー（現金支出額）
  - ①　歴史的原価 ---------------------- 〔原価主義〕
  - ②　再調達原価 ----------------------
  - ③　割引将来原価 --------------------
- B　アウトプット・バリュー（現金収入額）　　〔時価主義〕
  - ①　清算価額 ------------------------
  - ②　正味実現可能価額 ----------------
  - ③　割引キャッシュ・フロー ----------
- C　低価基準

　いろいろな資産評価のなかで制度会計の中心をなすのは，原価主義と低価基準である。その理由は，制度会計では損益計算に関して処分可能な利益の算定に重点を置くためである。もっとも，原価主義といっても，文字どおり資産を購入するときに企業が実際に支出した金額を重視する考え方（これを測定対価

主義ともいう。）と，当該資産を公正な取引形態で取得する場合に有するはず
の金額に注目する考え方とがある。通常の場合，両者は一致するが，しかし贈
与による取得（低廉あるいは高価による取得もそうである。）などでは，両者
は異なる。前者では支出がないためにゼロで評価されるのに対して，後者では
公正な評価額（時価）で評価される。企業会計原則は後者の立場を支持してい
る（企業会計原則・第三貸借対照表原則・五・F）（これについては，72ページ参照）。

　一般に原価主義会計では，売掛金や貸付金などを典型とする貨幣性資産は回
収可能額で，また非貨幣性資産のうちで商品や建物などを典型とする費用性資
産は，支出額を中心に評価される。

　なお，時価主義的思考が全く排除されているわけではない。低価基準には時
価主義が一部現われているし，またタイムリーな会計情報の提供という見地か
ら，最近では売却目的の市場性ある有価証券や先物・オプション取引などのデ
リバティブ取引については，時価評価が適用される。

　すでに触れた静態論は時価主義，また動態論は原価主義と結合するといわれ
る。たしかにそのような一般的傾向は否定できないが，しかしその見解は厳密
には妥当でない。原価主義を前提とした静態論あるいは時価主義を基調とした
動態論も考えられるからである。

（2）　負債の評価方法

　負債については，資産に比べてそれほど測定上の問題は少ない。その評価方
法の1つめは，負債を将来の要支払額で測定する方法である。これが一般的方
法である。2つめは，過去に受け取った収入額で測定する方法である。前受金
や前受収益がこの例である。3つめは，要支払額について適当な利子率を用い
て現時点に割り引いて評価する方法である。これは資産除去債務，退職給付引
当金及びリース債務などに適用される。

　なお，金銭債権の取得原価と債権金額とが異なり，あるいは金銭債務の収入
額と債務額とが異なり，その差額がいずれも金利の調整という性格をもつとき
には，償却原価法で評価する。

§4 流 動 資 産

1 当 座 資 産

流動資産のうちで比較的に短期間に現金に転換する資産を**当座資産**という。これには現金，預金，受取手形，売掛金，短期貸付金，未収金，売買目的有価証券などがある。

(1) 現 金・預 金

会計上，現金には通貨のほかに他人振り出しの小切手，送金小切手，郵便為替証書などのように，すぐに現金化しうるものも含まれる。

預金には普通預金，当座預金，通知預金，別段預金，納税準備預金，郵便貯金，積立貯金，外貨預金などがある。

(2) 受取手形・売掛金・未収金・短期貸付金

主たる営業目的から生じた受取手形および売掛金，商製品の販売以外から生じた未収金や短期貸付金などの金銭債権は，債権金額または取得価額から貸倒見積額を控除した回収可能額で評価される。

貸倒の見積に際しては，期末の債権総額に対して過去の経験率に基づいて貸倒見積額を計上する方法と，当期に売り上げた債権に対して貸倒見積額を計上する方法がある。一般に貸倒見積額については実務上業種によって定められた税法上の基準を用いることが多いが，期末債権の実際の回収可能性を検討して貸倒引当金を設定するのが望ましい。

> **(注)** この貸倒引当金については，「金融商品に係る会計基準」により，債務者の財政状態および経営成績を考慮して次のように計上することが制度化された。
>
> a 債務者の財政状態および経営成績に特に問題がない一般債権の貸倒見積に際して，期末債権総額から過去の貸倒実績率に基づいて設定する。

　　b　債務者の財政状態および経営成績が悪化し，元本の回収
　　　または利息の受取ができない可能性がある貸倒懸念債権
　　　については，①　担保の処分見込額および保証による回
　　　収見込額を考慮して貸倒見積額を設定するか，あるいは
　　　②　元利金のキャッシュ・フローの予想額を当初の約定
　　　利子率で割り引いた金額と帳簿価額の差額を貸倒見積額
　　　として設定する。
　　c　破産更生債権およびこれらに準ずる債権については，債
　　　権金額から担保や保証による回収見込額を減額した残額
　　　を貸倒見積額として設定する。

　貸倒引当金の簿記上の処理については，①　前期末に予想していたよりも当
期に生じた貸倒が少ないために，見積りの誤りによって残ってしまった貸倒引
当金を当期の利益に戻し入れ，あらためて当期に設定すべき金額を計上する洗
替法と，②　当期末に残っている貸倒引当金と当期末に設定すべきそれとの差
額分だけを修正する差額補充法（正しくは差額修正法）とがある。

〔設例 1 〕

　当期末の貸倒引当金残高は 3 万円であった。当期末に設定すべき貸倒引
当金は期末に存在する受取債権（受取手形および売掛金）の合計100万円
の 4 ％である。

①　洗替法：
　（借）貸倒引当金　　30,000　　（貸）貸倒引当金戻入（益）　　30,000
　　　　貸倒引当損　　40,000　　　　　貸倒引当金　　　　　　　40,000
　　　（貸倒引当金繰入）
②　差額補充法：
　（借）貸倒引当損　　10,000　　（貸）貸倒引当金　　　　　　　10,000
　利息を天引きした金銭の貸付け，割引による手形の取得などのように，その
債権金額よりも低い価額でそれを取得した場合または高い価額で取得し，その

差額が金利の調整と認められる場合には，当該差額に相当する金額を弁済期まで毎期一定の方法で貸借対照表価額に加減することができる。このような会計処理を償却原価法という。この利息の配分方法には利息法と定額法とがある。

〔設例2〕

　2年後に支払日が到来する債権金額200万円の手形を180万円で取得し，1年後に決算をむかえた。

---

① 利息法：

　将来キャッシュ・フローの現在価値が取得価額と一致する割引率（実効利子率）を次の算式で計算する。200万円÷$(1+r)^2$＝180万円　∴r≒0.054

| 取得時点 | （借）短期貸付金 | 1,800,000 | （貸）現　　金 | 1,800,000 |
| 期末時点 | （借）短期貸付金 | 97,200 | （貸）受取利息 | 97,200※ |

　　※　180万円×0.054＝97,200円

② 定額法（200万円と180万円の差額の半額を利息計上）：

| 取得時点 | （借）短期貸付金 | 1,800,000 | （貸）現　　金 | 1,800,000 |
| 期末時点 | （借）短期貸付金 | 100,000 | （貸）受取利息 | 100,000 |

（3）有 価 証 券

　商法上，有価証券とは財産権を表すものをいう。

　そのうちで小切手や手形などの貨幣証券と，貨物引換証や船荷証券などの物品証券は会計上の有価証券から除かれる。

$$
\text{商法上の有価証券}
\begin{cases}
\text{貨幣証券} \\
\text{物品証券} \\
\text{資本証券} \cdots\cdots \boxed{\text{会計上の有価証券}}
\end{cases}
$$

　会計上の有価証券に該当するのは，資本提供者が配当あるいは利子などを請求しうる権利を示すものだけに限られる。主なものには，国債，地方債，社債券，証券投資信託または貸付信託の受益証券，コマーシャル・ペーパー（これは，企業が短期の資金調達のために証券を発行する無担保の約束手形をさし，それを取得したときには有価証券となる。）などがある。会計上，有価証券の

うちで当座資産に属するのは，売買目的有価証券および1年内に満期の到来する有価証券をいう。譲渡性預金は有価証券ではないが市場が存在するので，会計上有価証券として取扱う。運用を目的とする金銭信託も原則として同様である。

売買目的有価証券は，時価の変動による利益の獲得を目的として保有される。会計上この売買目的有価証券については，投資家の有用な会計情報の提供面や，企業の財務活動に関する成果を業績評価に反映させる面から，従来の原価評価に代えて新たに時価で評価されると同時に，その評価差額は当期の損益に含められる。その結果，これまでは帳簿に示されなかった含み損または含み益（これらは時価と原価の差額である。）が当期の損益に計上される。このため，含み益を利用した利益捻出，いわゆる益出しを回避することができる。

旧商法では主に債権者保護の見地から，株主に対する配当規制との関係で，有価証券を原則として購入代価に買入手数料などの付随費用を加えたその取得原価で評価することを原則としていた。ただし，旧証券取引法会計では売買目的有価証券が時価で評価される関係で，旧商法もその調整から時価評価を容認したが，時価が原価を上回るときには，株主に対する配当可能利益から除外し，配当規制していた（旧商法施行規則第32条2項）。しかし，この配当規制は会社法の制定に伴い廃止され，評価差益も分配可能額に含められることになった。

金融商品取引法の規制を受ける上場会社では，すべて売買目的有価証券は時価評価が適用されていたが，その規制を受けない中小会社等に関しても会社法の制定に伴い，原則的に同様の処理が適用される。その理由は，第1に株式会社の会計は一般に公正妥当と認められる企業会計の慣行に従うものとされ（会社法第431条），従来の旧商法第32条2項に規定されていた企業会計の慣行を斟酌すべきとする表現よりも強くなっている点である。なお，現行商法も会社法規定と同様に商人の会計は，一般に公正妥当と認められる会計の慣行に従うとされる（商法第19条）。第2に，会社計算規則第3条において，会社の会計について一般に公正妥当と認められる企業会計の基準その他の企業会計の慣行をしん酌しなければならないと規定している点である。第3に，平成24年2月に公表さ

れた「中小企業の会計に関する基本要領」でも，売買目的有価証券は時価評価される点である。第4に，旧商法施行規則第27条から第33条まで規定されていた伝統的な資産の種類別評価に代えて，会社計算規則第5条及び第6条において，資産及び負債の評価に関する一般規定が設けられている点である。

2 棚 卸 資 産

（1） 棚卸資産の範囲

棚卸資産を構成するのは，① 商品・半製品・製品などのように，販売を目的として保有したり，② 製造中の財貨または用役，原料や消耗品などのように，販売目的の財貨または用役を生産するために短期的に消費されるべきもの，③ 一般的事務用消耗品や荷造用品のように，販売活動および一般管理活動において短期間に消費されるべき財貨などである。この棚卸資産は有形の財貨だけでなく，加工の委託の場合のように無形の用役もなりうる。不動産会社が保有する土地・建物，また証券会社等が保有する有価証券は，販売目的の資産であるため，いずれも棚卸資産となる。

（2） 取得原価の決定

棚卸資産の取得原価は購入の場合と生産の場合とに分ける必要がある。購入の場合には，当該棚卸資産の購入代価と，その購入に要した付随費用を加えたものが棚卸資産の取得原価である。付随費用には，それに直接必要となった外部副費（たとえば引取運賃や関税など）と，その購入にかかるさまざまな事務用諸経費などの内部副費とがある。このうちで内部副費は把握がむずかしく，その配賦には困難が伴う場合が多いので，実務上は金額が比較的大きい外部副費のみを取得原価に算入するのが一般的である。

生産の場合には，その生産に要した正常な実際製造原価（原料費・労務費・経費の合計）で計上される。したがって，これと，予定原価ないし標準原価との間で生じる原価差異は，それが合理的に僅少な場合を除き，売上原価と期末生産品原価に配分される必要がある。

（3） 期末評価額の決定

① 評価の第1段階

商品は期中に単価の異なる購入とその販売が繰り返されるため，期末の評価
額を決定する手続きはやや複雑である。まず，払い出された商品の数量と，払
い出された商品の単価をそれぞれ決定しなければならない。

　A　払出数量の決定

まず第1に，月末あるいは期末に払い出された商品の数量を確定する必要が
ある。これには次の2つの方法がある。1つは商品の出入りに即してその変動結
果を商品有高帳に記録しておき，その出庫量の記録から払い出された商品を把
握する方法である。これを**継続記録法**（perpetual inventory method）という。も
う1つの方法は，商品の入庫量はその受け入れのつど同じく記録しておくが，
出庫量を記録せず，月末もしくは期末に商品の実地棚卸を行った結果，実際に存
在する数量を確定してから，逆に当該期間に出庫した数量を逆算し推定する方
法である。これを**棚卸計算法**（inventory method）もしくは**定期棚卸法**という。
この方法によると，当該期間中に生じうる目減りや盗難による減少分が正しく
把握されないため，財産管理の面からは継続記録法との併用が望ましい。

　B　払出単価の決定

　（イ）　先入先出法・後入先出法・平均法

また，仕入単価が異なるときに，払い出された商品の単価をどのように決定
するかも重要である。会計上これについては財貨の流れに関するある種の仮定
を置く。先に仕入れた商品は先に払い出されたと仮定するのが**先入先出法**
（first-in, first-out method；FIFO）である。また，必ずしも一般的な財貨の流れと
は合致しないが，これとは逆に，後に仕入れた商品は先に払い出されたと仮定
するのが**後入先出法**（last-in, first-out method；LIFO）である。さらに，当該期
間中に仕入れた商品の単価について平均的単価を想定する平均法もある。この
平均法には，異なった仕入単価を受け入れるつど，平均単価を算出して商品の
単価を計算し直す移動平均法（moving average cost method）と，期首残高と一定
期間（たとえば1ヶ月あるいは1期間）に仕入れた商品の合計金額を，その合
計数量で除して平均単価を算出する総平均法（periodic average method）あるい

は加重平均法とがある。この総平均法では当該期間が経過していないと，払い
出された商品の単価を計算できない。なお，単なる単価のみを平均しただけ
で，数量を考慮しない単純平均法は合理的ではない。この単価に払い出された
数量を乗じた金額と，同じく期末に存在する数量にこの単価を乗じた金額との
合計が，期首の金額と当該期間に仕入れた金額との合計に一致しなくなるから
である。

　いま，先入先出法・後入先出法・移動平均法・総平均法によるそれぞれの商
品有高帳を例示すると，下記の通りである。

　この計算例が示すように，商品の仕入価格が上昇する傾向にある場合には，
とくに先入先出法と後入先出法を比較すると，商品の期末評価額において
12,000円（182,000円－170,000円）の差が生じる。これは，具体的には期首にあ
った3個分の単価が1個あたり10,000円から13,000円に1個あたり3,000円だ
け上昇した分（3個×3,000円＝9,000円）と，当月仕入分のうちで単価12,500
円が1個あたり13,000円に500円だけ上昇した分（6個×500円＝3,000円）と

商　品　有　高　帳
品名　A　　　　　　　　　　（先入先出法）

日付	摘　要	受入 数量	単価	金額	払出 数量	単価	金額	残高 数量	単価	金額
7/1	前月繰越	3	10,000	30,000				3	10,000	30,000
7/2	長崎商店	10	12,500	125,000				3	10,000	30,000
								10	12,500	125,000
7/5	青森商店				3	10,000	30,000			
					1	12,500	12,500	9	12,500	112,500
7/10	京都支店	20	13,000	260,000				9	12,500	112,500
								20	13,000	260,000
7/12	京都支店返品				5	13,000	65,000	9	12,500	112,500
								15	13,000	195,000
7/18	福島商店				9	12,500	112,500			
					1	13,000	13,000	14	13,000	182,000
7/31	次月繰越				14	13,000	182,000			
		33		415,000	33		415,000			

商　品　有　高　帳

品名　A　　　　　　　　　　　　　　　　　　（後入先出法）

日付	摘　　要	受　　入			払　　出			残　　高		
		数量	単価	金　額	数量	単価	金　額	数量	単価	金　額
7/1	前月繰越	3	10,000	30,000				3	10,000	30,000
7/2	長崎商店	10	12,500	125,000				3	10,000	30,000
								10	12,500	125,000
7/5	青森商店				4	12,500	50,000	3	10,000	30,000
								6	12,500	75,000
7/10	京都支店	20	13,000	260,000				3	10,000	30,000
								6	12,500	75,000
								20	13,000	260,000
7/12	京都支店返品				5	13,000	65,000	3	10,000	30,000
								6	12,500	75,000
								15	13,000	195,000
7/18	福島商店				10	13,000	130,000	3	10,000	30,000
								6	12,500	75,000
								5	13,000	65,000
7/31	次月繰越				3	10,000	30,000			
					6	12,500	75,000			
					5	13,000	65,000			
		33		415,000	33		415,000			

商　品　有　高　帳

品名　A　　　　　　　　　　　　　　　　　　（移動平均法）

日付	摘　　要	受　　入			払　　出			残　　高		
		数量	単価	金　額	数量	単価	金　額	数量	単価	金　額
7/1	前月繰越	3	10,000	30,000				3	10,000	30,000
7/2	長崎商店	10	12,500	125,000				13	11,923 (注1)	155,000
7/5	青森商店				4	11,923	47,692	9	11,923	107,308
7/10	京都支店	20	13,000	260,000				29	12,666 (注2)	367,308
7/12	京都支店返品				5	13,000	65,000	24	12,596 (注3)	302,308
7/18	福島商店				10	12,596	125,960	14	12,596	176,348
7/31	次月繰越				14	12,596	176,348			
		33		415,000	33		415,000			

（注1）　155,000円÷13個≒11,923円

（注2）　367,308円÷29個≒12,666円

（注3）　302,308円÷24個≒12,596円

品名　A　　　　　　　　　　　　　　　　（総平均法）

日付	摘　要	受　　入			払　　出			残　　高		
		数量	単価	金額	数量	単価	金額	数量	単価	金額
7/1	前月繰越	3	10,000	30,000				3	10,000	30,000
7/2	長崎商店	10	12,500	125,000				13		155,000
7/5	青森商店				4	12,500(注)	50,000	9		105,000
7/10	京都支店	20	13,000	260,000				29		365,000
7/12	京都支店返品				5	13,000	65,000	24		300,000
7/18	福島商店				10	12,500	125,000	14	12,500	175,000
7/31	次月繰越				14	12,500	175,000			
		33		415,000	33		415,000			

（注）　平均原価は7/12の返品を除いて次のように計算する。

$$\frac{30,000円 + 125,000円 + (260,000円 - 65,000円)}{3個 + 10個 + (20個 - 5個)} = 12,500円$$

の合計（9,000円＋3,000円＝12,000円）に等しい。このように，仕入単価の上昇分が先入先出法の場合には期末商品の評価額に含まれる。これを棚卸資産利益（もしくは在庫評価益）（inventory profit）という。後入先出法を用いると，価格上昇期にこの棚卸資産利益を期末商品の評価額および期間利益から排除することができる。

　ここでは先入先出法と後入先出法について，払出のつど記録する方法を前提とした。これらに関して一定期間（たとえば月ごとあるいは1会計期間）を前提とした方法も考えられる。その結果，総平均法だけは棚卸計算法とだけ，また移動平均法は継続記録法としかそれぞれ結びつかないが，先入先出法と後入先出法は両者とも結合しうる。

（ロ）　個別法・売価還元法等

　これらの方法以外に，個々の商品ごとの単価を記録したものを用いる個別法がある。しかし，その記録方法は品数がきわめて少ないものにしか適用できない。そのほかに，この方法にはその払い出された商品の判断に際して主観的恣意性が介入しやすく，利益操作の可能性がある。また，払い出された商品の単価そのものを決定するものとしては，商品の売価からその商品の原価率に基づいて原価を算定する売価還元原価法や，企業にとっての恒常的に保持すべき数

量を想定し，この基準量との関係でこれを下回る分については再調達原価で，また上回る分については適当な原価（たとえば後入先出法による単価など）でそれぞれ評価する基準棚卸法（base-stock method）などがある。

〔設例 3 〕

　次の資料に基づいて売価還元原価法による期末棚卸高および売上原価を計算する。

期首商品棚卸高：（原価）20,000円，（売価）30,000円

期末商品棚卸高：（売価）60,000円

当期商品純仕入高：（原価）200,000円

当期仕入商品の最初に付した利益率：仕入原価の40％

値上額：25,000円，　値下額：5,000円

　次の計算によって原価率を算出する。

$$原価率＝\frac{20,000円＋200,000円}{30,000円＋200,000円＋（200,000円×40％）＋25,000円－5,000円}$$

$$≒66.67％$$

期末棚卸高：60,000円×66.7％＝40,020円

売上原価：20,000円＋200,000円－40,020円＝179,980円

　なお，売価還元低価法は，売価還元原価法の原価率における分母の値下額（および値下取消額）を考慮しないで原価率を計算する方法である。

　特殊な評価方法としては，最終仕入商品の取得原価で期末商品原価を算定する最終取得（仕入）原価法や，副産物・農鉱産品等の特殊な棚卸資産に関して，修正売価（売価からアフターコストを差し引いた正味実現可能価額または売価からアフターコストおよび正常利益を差し引いた価額）で期末の評価額を決定する修正売価法もある。これらは棚卸計算法と結びつく方法である。

　（ハ）　現行制度で適用可能な方法

　平成20年9月に設定された企業会計基準第9号「棚卸資産の評価に関する会計基準」では国際的な会計基準へのコンバージェンスの観点から①個別法（個別性の強い棚卸資産に適用），②先入先出法，③平均原価法，④売価還元法の

なかから評価方法を選択し，後入先出法の適用ができない。しかし，ドイツで
は評価の簡便処理または棚卸資産利益の排除から後入先出法を選択適用でき
る。

　② 　評価の第2段階

　棚卸資産の期末評価額を決定するためには，その実際の在高（実在高）を把
握し，それに基づいて第1段階での数値を正しく修正する必要がある。実地棚
卸による決算の修正手続がこれである。それにはいくつかの手続きがある。

　　A 　棚卸減耗損の把握

　まず，棚卸資産に関する帳簿棚卸数量とその実地棚卸数量との間に差異が生
じる場合，その差額に単価を乗じて棚卸減耗損を計上しなければならない。こ
れは，原価性を有する（収益を得るのに不可避的に生じた費用で，収益との直
接的な対応関係をもつ。）ときには，売上原価に算入し，原価性がないときに
は営業外費用または特別損失に計上する。

　　B 　収益性の低下に伴う評価減

　（イ） 　従 来 の 考 え 方

　すでに触れた棚卸減耗損のほかに棚卸資産の評価減については，これまで原
因別に把握してきた。その結果，次のような原因が区別されてきた。

　第1は，棚卸資産自体に損傷や品質低下などの原因により物質的欠陥が生じ
た場合である。第2は，棚卸資産の物質的な欠陥はないが，陳腐化等によって
経済的欠陥が生じた場合である。第3は，時価が著しく下落し，回復すると認
められない場合である。第4は，一時的に原価よりも時価が下落し，いわゆる
低価基準を適用する場合である。たしかにそれぞれの発生原因が異なるので，
その区別はそれなりの理由がある。

　（ロ） 　現行基準の考え方

　平成18年に設定された「棚卸資産の評価に関する会計基準」は，評価減につ
いて新しい考え方を示した。それによると，第1の品質低下及び第2の陳腐化
による評価損と第4の低価法評価損は発生原因は相違するが，しかしそれらは
いずれも正味売却価額が下落することに伴い，収益性の低下という面からは共

通性がある。そこで，この収益性の観点から両者を統一的に把握するという考え方が示された。棚卸資産について収益性の低下により投資額の回収が見込めなくなったときには，取得原価基準のもとで回収可能性を重視して帳簿価額を切り下げて，将来に損失を繰り延べない処理が不可欠である。その結果，低価基準は従来のように企業が選択適用できるような性質のものではなく，むしろその強制適用が原則となる。

　その場合，帳簿価額の切り下げに用いられるのが正味売却価額である。これは売却市場の時価から見積追加製造原価及び見積販売直接経費を控除したものである。通常の販売目的で保有する棚卸資産は原則として取得原価で評価するが，その正味売却価額が取得原価を下回るときには正味売却価額で評価する。その差額については，収益性の低下による場合には販売活動上不可避的に発生したので，売上高と対応する売上原価として処理する。その結果，従来のように売上原価以外の営業外費用等に計上することはできなくなった。ただし，収益性の低下による簿価切下額が臨時の事象に起因し，かつ金額が多額である場合には，例外的に特別損失にそれを計上する。原材料等の簿価切下額のうちで製造に密接に関連して発生したものについては，製造原価として処理する。

　その結果，正味売却価額を帳簿価額の切り下げに用いるため，低価基準において適用される時価もこれをベースとする。これに伴い，棚卸資産に関する将来費用の妥当性から再調達原価（ただし，正味売却価額マイナス正常利益≦再調達原価≦正味売却価額の場合に限る。）で評価する方法は原則として認められなくなった。

　売却市場における市場価格が存在しないときには，合理的に算定された価額を売価とみなす。営業循環過程からはずれた棚卸資産について合理的な価額の算定が困難なときには正味売却価額に代えて収益性の低下の事実を反映する方法（例えば帳簿価額を処分見込価額まで切り下げる。）や，原材料等のように購買市場による再調達原価のほうが把握しやすく，それが正味売却価額と連動するときには継続適用を条件に再調達原価で評価できる。

　第3の評価減，すなわちこれまで強制評価減と呼ばれていたものについて

は，収益性の低下とは直接的に関連しないときには，その処理は認められない。期末時点で，著しく正味売却価額が帳簿価額よりも下落しても，期末に見込まれた将来販売時点の正味売却価額が帳簿価額よりも下落しないときには，正味売却価額の下落が収益性の低下と結びつかないからである。ただ，このケースはきわめて限定的とみなされる。なお，会社法では旧商法と同様に時価が著しく下落し，回復の見込みのないときには，取得原価を時価まで引き下げねばならない（会社計算規則第5条3項）。

　棚卸資産に関する投資の成果は通常，個別品目単位で収益性の低下を判断するのが原則である。ただし，複数の棚卸資産の一括りとした単位で行うことも投資の成果の適切に示すときには適当と認められる。

　売価還元法を適用しているときに期末の正味売却価額が帳簿価額を下回るときには，正味売却価額で評価する。ただし，値下額等が売価合計額に適切に反映している場合には，値下額及び値下取消額を除外した原価率，つまり売価還元低価法による帳簿価額は収益性の低下による簿価切下額とみなす。

　(ハ)　洗替え法と切放し法

　簿価切下額の方法には従来から洗替え法と切放し法とがある。収益性の低下を重視すると，正味売却価額が回復したときには簿価切下額を戻し入れるという考え方が生じる。また，正味売却価額が回復した場合に簿価切下額を戻し入れると，固定資産の減損との整合性がなくなるので，切放し法が妥当である。というのは，減損会計では一度費用処理した金額を戻し入れるのは適切ではないからである。収益性の低下の要因を物理的な劣化面と経済的な劣化面とに区別できる企業では，物理的劣化による場合には一般に時価の反騰はありえないので切放し法を，また経済的劣化による場合には時価の反騰がありうるので洗替え法をそれぞれ要因別に採用できる。もっとも，これまで実務では両者が認められてきた経緯から，最終的にはどちらの方法も選択適用できることになった。ただし，一度採用した方法は継続して適用する必要がある。

　トレーディング目的で保有する棚卸資産については，市場価格で評価し，帳簿価額との評価差額は当期の損益に計上する。

〔設例4〕

　次の資料に基づき，決算整理に必要な仕訳を示す。ただし，棚卸減耗損
は売上原価に算入しない（原価性がない）ものとする。
期首商品棚卸高：30,000円
期末商品帳簿棚卸高：50個　@800円（原価）
期末商品実地棚卸高：45個，このうちで品質低下した商品は5個で，その
　　　　　　　　　　時価は@300円であり，またそれ以外の商品40個の
　　　　　　　　　　時価は@700円である。

　（借）仕　　　入　　　　　30,000　　（貸）繰越商品　　　　30,000
　　　　繰越商品　　　　　40,000 1)　　　　仕　　　入　　　40,000 5)
　　　　棚卸減耗損　　　　　4,000 2)　　　　繰越商品　　　　10,500 6)
　　　　商品評価損（品質低下）2,500 3)
　　　　商品評価損（低価基準）4,000 4)
　（借）仕　　　入　　　　　 6,500　　（貸）商品評価損　　　 6,500

1)：　50個×800円＝40,000円　　　　2)：　（50個－45個）×800円＝4,000円
3)：　5個×(800円－300円)＝2,500円　4)：　40個×(800円－700円)＝4,000円

　もし，棚卸減耗損を売上原価に算入すると，1)の繰越商品および5)の仕入
の金額はともに36,000円となり，また6)の繰越商品の金額は6,500円となる。
　棚卸資産の減耗損・評価損に関する会計処理を整理したのが次の表である。

減耗損・評価損 ＼ 表示区分		売上原価	販売費・一般管理費	営業外費用	特別損失
棚卸減耗損	原価性あり	○（商品）（製造は製造原価）	○	—	—
	原価性なし	—	—	○	○（多額かまたは異常性）
品質低下・陳腐化に伴う評価損及び低価基準による評価損		○（製造は製造原価）	—	—	○（臨時の事象でかつ多額）

　　(注)　棚卸資産は本来売却を目的とするので，時価（売却価格）

評価が原則であるという見解が有力視されている。これに従うと，市場が確実でなかったり客観的でない場合に限って，原価評価がその例外となる。また，時価が原価を下回るときに適用される低価基準が適用され，そこでの時価は売却価格と解される。

3　その他の流動資産

当座資産や棚卸資産以外で流動資産に属するものには，収益・費用と収入・支出の期間的ずれから一時的に貸借対照表に計上される経過勘定としての前払費用や未収収益，さらに前渡金，仮払金などがある。

§5　固　定　資　産

1　固定資産の種類と範囲

固定資産は，一般に流動資産と対照的に，主として使用あるいは利用して費用化するか，長期間にわたって外部に投資する資産である。通常，固定資産は次の3つ，①　建物・備品・車両・土地などの有形固定資産，②　特許権・実用新案権・商標権など主に法律上の独占的な利用が保証されているものや，合併および買収時に被合併会社または被買収会社の純資産と合併額または買収額との差額として生じるのれんなどの無形固定資産，③　投資有価証券・関係会社株式，さらに長期前払費用などの投資その他の資産からなる。

なお，この固定資産のなかには，たとえその法的な所有権を有してなくても，経済的にみて固定資産の購入と事実上みなしうるリース（ファイナンス・リース）もまた含まれる。これについては，第2編のⅩで触れる。

2　有形固定資産
（1）　取得原価の決定

固定資産に関する取得原価の決定は，その取得形態によって異なる。

① 購入の場合：このケースでは，固定資産の取得原価は，棚卸資産と同様にその購入代価に付随費用を加算して算出される。この付随費用には，たとえば買入手数料・運送費・据付費・試運転費などがある。

〔設例1〕

機械500万円を購入し，その引取運賃10万円のほかに据付費25万円，試運転費15万円がかかり，また購入代価に対する値引20万円を受け，残額について小切手を振り出して支払った。

　（借）機　　械　　　5,300,000　　　（貸）当座預金　　　5,300,000

（注）　値引額は固定資産の取得原価からマイナスする。

なお，固定資産の取得に要した借入金利子は，原則として原価に算入しない。

② 固定資産を自家建設した場合：このケースでは，適正な原価計算基準による実際製造原価がその取得原価となる。

ただし，建設に要したことが明確な借入資本利子で，かつ稼働前の期間に属するものは，費用収益対応の原則から取得原価に算入することが例外的に認められる。その場合には，固定資産の利用に応じて減価償却の手続を通じて徐々に費用化される。

（注）　借入金の利子を原価に算入するのであれば，自己資本の利子も理論的には原価に算入すべきである。しかし，自己資本利子を計上する場合，その計算に関して主観的要素が含まれる。したがって，利子を原価に含めるよりも，むしろ利子を原価に算入しないほうが客観的かつ理論的である。資本構成のいかん（どの部分が自己資本によって，あるいはその他の部分が他人資本によって賄われているか）によって，資産の取得原価の決定が左右されないからである。アメリカでは，利子要素を原価から除く考え方が一般的である。

〔設例2〕

　材料600万円，労務費500万円，その他の経費700万円を自家消費して営業所を建設した。

　（借）建　　　物　　18,000,000　　（貸）材料費　　6,000,000
　　　　　　　　　　　　　　　　　　　　　労務費　　5,000,000
　　　　　　　　　　　　　　　　　　　　　経　費　　7,000,000

　③　現物出資として固定資産を受け入れる場合：このケースでは，出資者に対して交付された株式の発行価額がその取得原価となる。通常，その決定に際してまず当該固定資産の公正な評価額を決定する必要がある。

〔設例3〕

　土地（時価5,000万円）の提供を受け，これに対して1株あたり5万円の株式1,000株を発行して交付した。

　（借）土　　　地　　50,000,000　　（貸）資本金　　50,000,000

　④　交換の場合：特に同一種類の固定資産を同一用途で交換したケースでは，使用の連続性を重視して，交換に供された自己資産の適正な簿価を取得原価とする。したがって，この処理によると，交換によって損益は発生しない。

〔設例4〕

　保有している備品（取得原価150万円，減価償却累計額50万円）と交換に，同じ目的に使用する同種の備品（時価80万円）を取得した。

　（借）備品減価償却累計額　500,000　（貸）（旧）備　　品　1,500,000
　　　（新）備　　品　1,000,000

　　（注）　この場合には，交換によって損益は発生しない。

それ以外の交換のケース，たとえば自己所有の株式ないし社債などと固定資

産を交換するケースでは，当該有価証券の時価または適正な簿価を取得原価と
する。ここでは，資産利用の連続性がないので，有価証券の時価を取得原価と
みるのが妥当である。つまり，有価証券を一度売却したと仮定し，それによっ
て得られるはずの現金でその固定資産を購入したとみるわけである。

〔設例 5 〕

　保有する市場性ある株式（簿価140万円，時価200万円）と交換に，機械
（簿価300万円）を取得した。

（借）機　　　械　　　　2,000,000　（貸）有価証券　　　　1,400,000
　　　　　　　　　　　　　　　　　　　　　有価証券売却益　　 600,000

> **(注)**　この仕訳は次の 2 つの取引に分解するとわかりやすい。
> 　（借）現　　金　2,000,000　（貸）有価証券　　　　1,400,000
> 　　　　　　　　　　　　　　　　　有価証券売却益　　 600,000
> 　（借）機　　械　2,000,000　（貸）現　　　金　　　2,000,000

⑤　贈与の場合：このケースにおいて，資産の取得に実際に要した金額をそ
の原価とみなす一般的な考え方（測定対価主義）に従えば，当該固定資産の取得
に要した支出額はないので，理論上はゼロで評価するという考え方が成り立つ。
　このほかに，当該固定資産の公正な評価額（時価など）を取得原価とする考
え方もある。その理由は，当該資産が営業活動で利用され収益獲得活動に貢献
するので，それを公正な評価額で資産化することによって，企業における適正
な資本利益率の算定が可能となるからである。また，それが徐々に減価償却を
通じて費用化していく償却性固定資産であれば，その公正な評価額による資産
計上は，企業にとっての適切な費用計算，ひいては適正な期間損益計算にも通
じる結果をもたらす。

〔設例 6 〕

建物（時価2,000万円）について無償による贈与を受けた。

（借）建　　物　　20,000,000　　　　（貸）受贈益　　　20,000,000

　貸方の受贈益2,000万円の性質については，株主が払い込んだ資本（払込資本）だけでなく，それに準ずるものも広く含めた拠出資本（contributed capital）とみる考え方と，利益とみる考え方とがある。制度上，株主が払い込んだものだけが資本であると解する立場から，それは利益とみなされる。

（注）　圧縮記帳

　　企業が国家から国庫補助金等で取得した固定資産については，その金額を当該固定資産の取得原価から控除することができる。この処理を圧縮記帳という。この制度は，税法が財政政策の一環として課税の繰延を図る目的から実施しているものである。これは，結果的に贈与分を利益とみる見解に通じる。

〔設例7〕

①　国庫補助金500万円の交付を受けた。
②　補助金の目的にかなった機械を1,000万円（耐用年数10年，残存価額10%，定額法）で取得した。

　A　直接減額方式の場合

①　（借）現　　　金　　5,000,000　　　（貸）国庫補助金　　5,000,000
②　（借）機　　　械　 10,000,000　　　（貸）現　　　金　 10,000,000
　　　　機械圧縮損　　 5,000,000　　　　　機　　　械　　5,000,000

　この方法では，国庫補助金が税法上の益金に算入されるとともに，機械圧縮損が同時に損金に計上され，その結果，課税所得にただちに影響しない。しかし，当該機械の取得原価は500万円だけ圧縮されるので，毎期の減価償却費は45万円（(500万円－50万円)÷10年）となる。このため，取得原価を1,000万円として計算する場合の減価償却費90万円（(1,000万円－100万円)÷10年）に比べて毎期の減価償却費が45万円だけ少なく計上される。その結果，その金額だけ利益が多く計上され，徐々に課税される。

　　B　引当金方式の場合

① Aの①と同じ

②　（借）機　　　械　　10,000,000（貸）現　　　　金　　10,000,000
　　　　　　機械圧縮引当金繰入　5,000,000　　　　　機械圧縮引当金　5,000,000

　この方式では，取得原価1,000万円に基づいて減価償却費が毎期90万円計上されるので，毎期45万円ずつ次の仕訳で圧縮引当金を利益に戻し入れる必要がある。

　　（借）機械圧縮引当金　450,000　　　　（貸）機械圧縮引当金戻入益　450,000
　ただし，この方式で示される圧縮引当金は会計上の引当金とはいえないので，必ずしも適当な処理ではない。

　　C　利益処分方式の場合

　この方法は，利益処分の確定した時点において利益または剰余金の処分による積立金として次の仕訳で積み立て，これを申告書に記載して課税所得額を減額する方法（申告調整方式）である。

　　（借）繰越利益剰余金　5,000,000　　　　（貸）機械圧縮積立金　5,000,000
　この利益処分方式においても取得原価1,000万円に基づいて減価償却費が計上されるので，毎期45万円ずつ圧縮積立金を利益に戻し入れる必要がある。

　　（借）機械圧縮積立金　450,000　　　　（貸）機械圧縮積立金取崩額　450,000
　税法で認められている各種の圧縮記帳のうちで，譲渡資産と受入資産との間に連続性がある場合には直接減額方式でよいが，その他の贈与型や売買型（特定資産の買換えなど）の圧縮記帳については，利益処分方式が望ましい。

　企業会計原則では，国庫補助金等で取得した資産については，それに相当する金額の取得原価から控除することが認められている。その場合，貸借対照表上では取得原価から国庫補助金等を控除するか，あるいは控除した残額のみを記載し，当該国庫補助金の金額を注記することができる。

（2）　資本的支出と収益的支出

　固定資産の取得後においても種々の支出が必要となる。修繕費に典型的なように，単なる固定資産の維持に必要な支出で当期の損益計算に費用化される支

出を収益的支出（revenue expenditure）という。これに対して，改良や改築に典型的なように，固定資産の耐用年数が延長したり，あるいは固定資産の性能が向上する場合がある。そのときには，その支出額は当該固定資産の原価に算入され，次期以降の損益計算に徐々に，以下で述べる減価償却という手続を通じて費用化される。このような支出を資本的支出（capital expenditure）という。収益的支出と資本的支出の区別は，実務上困難な場合が少なくない。

〔設例8〕

　建物の改修を行い，150万円を小切手を振り出して支払った。この改修費のうちで120万円は耐用年数の延長と見込まれ改良費として処理し，そのほかは修繕費と処理することにした。

（借）建　　　物　　1,200,000　　　（貸）当座預金　　1,500,000
　　　修 繕 費　　　300,000

（3）減　価　償　却

　土地や投資有価証券などの一部を除き，固定資産は使用その他の原因で減価する。固定資産におけるこの価値減少の把握手続を減価償却という。一般に，減価償却は適正な損益計算の見地から行われるのであり，固定資産を正しく評価するという財産計算の見地から行われるのではない。そこでは，減価償却は固定資産に支出された金額を一定の期間に配分する手続を意味する。それを**原価配分の原則**（principle of cost allocation）あるいは**費用配分の原則**という。この基本的考え方を図示すると，次の通りである。

　いま，毎期の減価償却費をそれぞれa，b，c，d，e，fとし，ある固定資産の取得原価をXとすると，常に次の等式が成り立つ。

a＋b＋c＋d＋e＋f＝X

> **(注)**　ただし，ここでは固定資産の残存価額はないものとする。も
> しそれがあれば，その分だけ取得原価からマイナスする。ま
> た，各期間の減価償却費の金額は，必ずしも同額である必要は
> なく，一定の合理的な方法で配分されていればよい。

①　減価原因と発生態様

　固定資産の減価原因には，その物理的な面と経済的な面がある。前者には，使用もしくは時の経過に伴う減価，災害・事故などの偶発的な減価原因とがある。後者の典型が，新技術の発明をはじめ，その他の事情から当該固定資産を使用し続けることが経済的にみて妥当ではない陳腐化や，生産方法の変更などにより当該固定資産を利用することが合理的でなくなった不適応化である。

　減価は，その発生態様によって規則的に毎期行われるものと，臨時的に行われるものとに区別される。使用または時の経過に基づく減価が前者に相当し，偶発的な減価は後者に相当する。

> **(注)**　減価償却と同じように，固定資産の費用を把握する方法では
> あるが，それから明確に区別されねばならない方法がある。
> 　その1つが取替法である。これは，当該固定資産の取替えが
> 生じた時点で，旧資産の取得原価ではなくて新規資産の取得原
> 価をもって費用に計上する方法である。したがって，旧資産の
> 帳簿価額がそのまま貸借対照表に計上される。この取替法は，
> 同種の物品が多数集まって一つの全体を構成する軌道・信号機
> などの場合にのみ例外的に適用されるにすぎない。この方法に
> よると，常に一定数量の固定資産の保持が可能となるので，そ
> れは物的資本の維持に役立つ。
> 　この取替法から区別されるのが廃棄法である。これは当該固
> 定資産を使用する間には一切の費用を計上せず，それが除却さ

れた時点で，その取得原価を全額費用化する方法である。適正
な期間損益計算の見地に基づいて，各期間の合理的な支出の配
分（原価配分）をめざす減価償却はこの廃棄法から発展した。

② 減価償却の計算方法

　固定資産における減価償却を行うためには，その計算要素として**取得原価・残存価額**（salvage value）・**耐用年数**（useful life）の３つが不可欠である。残存価額は，当該固定資産が利用できなくなった時点で有する処分価値である。普通はプラスの値となるが，場合によっては建物などのように取り壊しにかなりのコストがかかり，マイナスの値となりうる（この場合には除却処分に際して必要となる将来のコストについて，後述する資産除去債務を設定しなければならない。）。耐用年数は，固定資産の使用しうる期間もしくは利用価値を有する年数をさす。この決定には，社会的に平均的な耐用年数を中心とした一般的耐用年数と，個々の資産の状況を加味した個別的耐用年数とがある。税法では課税の公平性から前者が，会計上では適正な期間計算の立場から後者が重視される。

　残存価額と耐用年数はいずれも見積が必要である。

　減価償却費を計上するにあたって，主に期間を配分基準とした方法と，給付量を基準とした方法とがある。

　A　期間を基準とした配分方法

　期間を基準とした配分には，次の方法が一般的である。

　定額法は毎期同一額を負担させる方法である。

　いま，ある備品の取得原価を100,000円，残存価額10,000円，耐用年数５年と仮定したとき，定額法では毎期の減価償却費は，

　（100,000円－10,000円）÷５年＝18,000円である。

　定率法は，毎期一定の率を用いて減価償却を行う方法である。定率法における一定の償却率は次の方法で算出される。

$$償却率 = 1 - \sqrt[耐用年数]{\frac{残存価額}{取得原価}}$$

すでに示した例では，償却率は $1 - \sqrt[5]{\dfrac{10,000}{100,000}} \fallingdotseq 0.369$ となる。毎期の減価

償却費は期首の帳簿価額（未償却残高）にこの償却率を乗じて算出される。

> 第 1 年度：100,000円×0.369 ＝36,900円

> 第 2 年度：(100,000円－36,900円)×0.369＝23,284円

以下，同様に計算する。

・・・・級数法は数学上の級数を用いて減価償却費を計算する方法である。つまり，耐用年数までの合計を分母とし，耐用年数までの到来年数を分子とした金額に，帳簿価額を乗じて減価償却費を計算する。

> 第 1 年度：$(100,000円－10,000円) \times \dfrac{5}{1+2+3+4+5} = 30,000円$

> 第 2 年度： $\quad 90,000円 \quad\quad \times \quad \dfrac{4}{15} \quad = 24,000円$

以下，同様に計算する。

各償却方法の結果を一覧表とすると，次のようになる。

	1 年度	2 年度	3 年度	4 年度	5 年度	合計
定額法	18,000円	18,000	18,000	18,000	18,000	90,000円
定率法	36,900円	23,284	14,692	9,270	5,854	90,000円
級数法	30,000円	24,000	18,000	12,000	6,000	90,000円

定率法および級数法は，比較的初期の間に減価償却費を多く計上する結果となる。これらは逓減法といわれる。

なお，逓減法とは逆に，初期の間は減価償却費を少なく計上し，耐用年数が近づくにつれて多くの金額を計上する逓増法もある。その典型が償却基金法である。これは，減価償却費を外部に投資したと仮定し，これに伴って生じる利子額の運用を加味したその元利合計を各期間に配分する方法である。

  B 生産高を配分基準とする方法

生産高を配分基準とする方法に生産高比例法がある。これは，固定資産の減価がその利用に比例して発生することに着目した方法である。これによると，たとえば航空機については総飛行時間数，自動車については総走行距離数，機

械については総運転時間数などの見積量とその実際消費量との割合で減価償却
費を計算する。生産高比例法を適用するためには，固定資産の総利用可能量お
よび実際利用量が物量的に把握できなければならない。

　実質的にはこの生産高比例法と同様な方法で算出するけれども，減価償却と
異なるのが減耗償却（depletion）である。これは，鉱山の推定埋蔵量と実際採
出量との関係で鉱山減耗を把握する方法である。ここでは，固定資産全体が企
業に用役を提供しないので，この減耗償却は減価償却から区別される。

③　個別償却と総合償却

　減価償却を行うにあたって，当該固定資産の償却単位の取り方によって次の
考え方がある。1つは個々の資産ごとに減価償却を行う方法で，これを個別償
却という。これに対して，2つ以上の固定資産を償却単位とし，これに基づい
て減価償却を実施する方法を総合償却という。これには耐用年数の異なる異種
資産を中心として償却単位を想定した本来の総合償却あるいは狭義の総合償却
と，耐用年数の等しい同種資産あるいは物質的な性質や用途に共通性をもつグ
ループに関して償却単位を想定した組別償却あるいはグループ償却とがある。

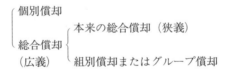

　いま，a 備品（取得原価20万円，耐用年数2年，残存価額10%），b 車両運
搬具（取得原価30万円，耐用年数3年，残存価額10%），c 建物（取得原価40
万円，耐用年数4年，残存価額10%）であるとし，すべて定額法で償却すると
仮定する。総合償却の実施には，まず総合償却率を算出する。

$$総合償却率＝\frac{年償却額}{要償却額}＝\frac{9万円＋9万円＋9万円}{18万円＋27万円＋36万円}≒33.3\%$$

　また，a，b，c がそれぞれ実際には2年末，5年末，3年末でそれぞれ除
却されたと仮定する。各年度の減価償却費は次のように計算される。

　　　第1年度：90万円（20万円＋30万円＋40万円）　　×33.3%≒30万円

第２年度：90万円　　　　　　　　　　　　　　　　×33.3%≒30万円

第３年度：70万円（90万円−ａの取得原価20万円）×33.3%≒23万円

第４年度：30万円（70万円−ｃの取得原価40万円）×33.3%≒10万円

第５年度：30万円　　　　　　　　　　　　　　　　×33.3%≒10万円

　このように総合償却では，残存価額の見積が正しければ，各資産が除却され
た時点で除却損益（または売却損益）を計上しない。これに対して，個別償却
では，耐用年数よりも前に除却されたｃについて除却損９万円（これはｃの要
償却額36万円と３年間の償却額27万円（９万円×３年）との差額である。）が
計上される。つまり，総合償却では，残存価額の見積りが正しい限り，固定資
産のなかには見積耐用年数よりも早く除却されるものと，それよりも長く利用
しうるものとがあるから，この個別償却で生じる除却損益の相殺と平均化を図
ることができる。

〔設例９〕

　第３年度末にＣの建物を除却した。ただし，除却したＣ建物は残存価額
で売却できる見込みである。

（借）建物減価償却累計額　　360,000　　　（貸）建　　　物　　　　400,000
　　　貯　蔵　品　　　　　　 40,000

　総合償却は，ある面で個別償却の簡便法的な性質をもつと同時に，また下記
の表からわかるように，個別償却とは違って，固定資産の用役提供量に応じて
減価償却費を計上しうるというメリットをもつ。

　他面では，総合償却は次のデメリットをもつ。見積耐用年数の平均は３年
（（２年＋３年＋４年）÷3）であったが，実際にはそれ以上の3.3年（（２年＋５
年＋３年）÷３）であった。その結果，総合償却では各年度の減価償却費の合
計が103万円となり，個別償却における要償却額の合計81万円を越えてしまう。
つまり，耐用年数の見積りが実際とかなり相違する場合には，正しい総合償却
率に修正する必要がある。さらに残存価額も見積りであるから，これが実際と

相違する場合も総合償却率に影響を及ばす。

このように，総合償却においては総合償却率が正しくなるように定期的に改訂する必要がある。

	1 年	2 年	3 年	4 年	5 年	合計
個別償却	27万円 ※	27万円	18万円と c の除却損 9 万円	0	0	減価償却費　72万円 c の除却損　 9 万円
総合償却	30万円	30万円	23万円	10万円	10万円	減価償却費　103万円
固定資産 の用役量	3 個	3 個	2 個	1 個	1 個	

　※　 9 万円× 3 個＝27万円

なお，定率法における償却率の自動修正能力を前提として，この総合償却率に定率法を結合させる考え方もある。

　④　臨時償却と特別償却

　固定資産の減価償却は，すでに示した減価償却法にしたがい規則的に行われる。これを正規の償却という。

　これまでは固定資産の陳腐化や不適応化などの経済的な減価が生じたときには，臨時的に償却した。これを臨時償却という。これには遡及処理が認められていた。会計上の変更・誤謬会計基準の設定に伴い，遡及処理せずに新たに見積りの変更を変更時点から将来に影響させるプロスペクティブ方式で処理し，臨時償却は廃止された。例えば，備品（取得原価100万円，残存価額 0 ，耐用年数10年，定額法）について 2 年間減価償却した後，3 年目の期首に残存耐用年数が当初の 8 年ではなくて 4 年と見積られたと仮定する。この場合，3 年目の期首の帳簿価額は80万円（100万円－100万円÷10年× 2 年）である。そこで，この簿価を見積の変更のあった年度から向こう 4 年間にわたって減価償却する。その結果，当期の減価償却費は20万円（80万円÷ 4 年）となる。

　また，災害・事故などの原因で行われる当該固定資産の物理的要因に伴う減価を臨時損失という。

　会計上の適正な損益計算の立場に基づく減価償却から明確に識別されねばな

らないのは，租税特別措置法に基づく特別償却である。これは，国家政策の見
地から課税所得の計算上マイナスしうる税務上の優遇措置である。それによっ
て計上される金額は必ずしも会計上の費用性をもたず，むしろ利益処分あるい
は積立金としての性質を有するものがきわめて多い。この特別償却には，当該
固定資産における取得原価等の一定割合を償却しうる初年度特別償却（たとえばエ
ネルギー需給構造改革推進設備や特定機械装置など）と，普通償却額の一定割合を
加算して償却しうる割増償却（障害者雇用上の機械や優良賃貸住宅など）とがある。

⑤　減価償却の財務的効果

　固定資産の減価償却を実施すると，支出を伴わずに費用計上ができるので，
一般に流動的な資産の留保に役立つ。したがって，この面から減価償却は損益
計算との関係で付随的に財務的効果をもつ。これを理論モデル化したのがロー
マン・ルフチ効果である。まず，固定資産10台（取得原価100,000円，耐用年
数10年，残存価額10%）があり，これについて定額法で償却し且つ減価償却費
に相当する資金で毎期金額の変わらない固定資産を追加買い増ししていくと仮
定する。1年経過後に1台あたりの減価償却費は9,000円（(100,000円－
10,000円)÷10年）であり，10台あるので，合計9万円である。2年目も減価
償却費も同様に9万円である。2年間分の減価償却費に計上した金額（18万
円）が現金で留保されているとすれば，2年目末で1台追加して買い増すこと
ができる。3年目は11台で減価償却すると，その減価償却費は9万9千円とな
る。そこで，2年目末にすでに残っている現金8万円（18万円－10万円）と9
万9千円でさらに1台買い増すことができる。これを繰り返し10年間実施する
と，10年後には結果的にほぼ2倍に近い台数になる。定率法を用いると，さら
にこの財務的効果は高まる。しかし，このモデルは，取得する固定資産の金額
に変化がないこと，減価償却費に相当する金額が現金であり，それをすべて新
規資産に充当することなど，いくつかの仮定を前提としてはじめて成り立つに
すぎない。また，企業が減価償却費を回収しうるだけの十分な収益を獲得しう
ることが減価償却の財務的効果をあげるための条件である。

　減価償却の財務的効果を一義的な目標としてこれを実施したときには，減価

償却は会計上の損益計算目的から乖離し，財務政策の手段となる。

3　無形固定資産

特許権，実用新案権，商標権，借地権（地上権を含む。），漁業権，鉱業権，ソフトウェアなどが無形固定資産である。このなかで，借地権を除き，無形固定資産についても有形固定資産と同様に減価償却を行わなければならない。法律上の権利を示す各種の無形固定資産については，実務上では法的もしくは税法で定められた償却期間にわたって，残存価額をゼロとして償却するのが一般的で，税法では定額法が原則である。会計上では，当該無形固定資産の実質的な有効性を検討し，もしそれがなければ早期に償却する必要がある。

　このような法的な権利を示す無形固定資産から区別しなければならないのは，**のれん**（goodwill）である。これは，企業の買収や合併といった特殊ケースにおいて超過収益力を示すものとして生じる項目である。

〔設例10〕

　ある企業（資産総額5,000万円，負債総額2,000万円）を4,000万円で買収し，その代金を小切手を振り出して支払った。

　　（借）諸資産　　50,000,000　　（貸）諸負債　　20,000,000
　　　　のれん　　10,000,000　　　　当座預金　　40,000,000

このこののれん（但し，識別可能資産があれば，当該資産を公正な評価額で計上する。）は，当該企業の純資産3,000万円（5,000万円−2,000万円）を事実上4,000万円で買ったために，両者の差額として算出される。それは，帳簿上には示されていないある種の価値相当部分である。これにはいくつかの原因（たとえば資産の含み益など）があるが，一般に同業種の平均よりも高い収益性に対する対価，つまり超過収益力を示す。

　のれんの計算方法には，次の種類がある。

　①　企業の平均利益額を適正な収益還元率で還元して企業の全体価値を算出

し，これと純資産との差額をのれんとみなす方法（収益還元法の間接法）

②　当該企業の平均利益額から同業種で同じ規模の平均利益額を差し引いて，まず超過利益額を算出し，これを適正な収益還元率で還元したものをのれんとみなす方法（収益還元法の直接法）

③　当該会社の1株当たりの価格に発行済株式総数を乗じた金額から純資産額を差し引いた差額をのれんとみなす方法（株価法）

④　当該企業の平均利益額または超過利益額に，のれんが継続すると見積もられる年数を乗じる方法（年買法）

> **(注)**　最近では，M＆Ａ（merger and acquisition）（企業の合併・買収）に際して，企業の全体価値の算定に割引キャッシュ・フローがよく用いられる。これは，将来のフリーキャッシュ・フロー（営業利益に減価償却費と営業外収入とを加え，これから設備投資・運転資本の増加・税金の合計を控除した金額）を，負債および自己資本の加重平均コスト（資本コスト）で割り引いて計算される。

しかし，のれんは，その他の資産に比べて，資産としての性質が不確実であるので，旧商法では保守主義の立場からそれを計上した場合には，その取得後5年以内に均等額以上の償却を要求していた。「企業結合に係る会計基準」の規定では，20年以内に定額法その他の合理的な方法で規則的に償却する。

なお，対価を伴う買入のれんと違って，対価を伴わない自己創設のれんの測定には主観性があるため，その資産化は制度上認められていない。

4　投資その他の資産

投資その他の資産のうちで，長期の投資には，関係会社株式，関係会社社債，投資有価証券，長期貸付金，出資金などがある。これに対して，その他の長期資産には長期前払費用や破産債権・更生債権などがある。

投資については，その性質に応じて次のように評価される。

第1に，子会社株式，関連会社株式，満期保有目的の社債その他の債券および市場性のない投資有価証券は，その取得原価で評価される。

第2に，売買目的有価証券，満期保有目的の債券，子会社株式および関連会社株式以外のその他有価証券については時価で評価し，評価差額は洗い替え法に基づき，次のいずれかの方法で処理する。

① 評価差額の合計額（その他有価証券評価差額金）を純資産の部に計上する。
② 時価が取得原価を上回る銘柄の評価差額は純資産の部に，時価が取得原価を下回る銘柄の評価差額は保守主義から当期の損失に計上する。

この有価証券評価差額金は損益計算書を経由せずに直接的に貸借対照表の評価・換算差額等に計上する。

なお，個別財務諸表とは異なり，上場企業の連結財務諸表では平成23年度からこの有価証券評価差額金を連結損益及び包括利益計算書または連結包括利益計算書のなかでその他の包括利益に計上し，連結貸借対照表ではその他の包括利益累計額（税効果控除後の額）で表示する。

ただし，①子会社株式，関連会社株式および満期保有目的の債券のうち時価を把握することがきわめて困難と認められる金融商品以外のものについて時価が原価の50％程度以上に著しく下落したときには，回復すると認められる場合を除き，時価で評価し，その評価差額は当期の損失に計上する。②時価を把握することがきわめて困難と認められる株式については発行会社の財政状態が悪化し，実質価額（1株当たりの純資産額）が原価の50％程度以上に著しく低下したときには相当の減額をし，その評価差額を当期の損失に計上する。

平成20年12月の実務対応報告第26号「債券の保有目的区分の変更に関する当面の取扱い」では，原則として有価証券の保有目的区分は，正当な理由がなく変更できず，売買目的有価証券を取得後にその他有価証券へ振り替えることは認められなかった。しかし，この適用事例が少なく，実務上の支障はないので，この実務対応報告は平成22年3月31日で廃止された。

固定資産に関してはその資産又は資産グループの収益性の低下により投資額

の回収が見込めなくなった場合には，その回収可能性を反映させるために帳簿価額を減額する以下の（注）で示す減損会計が適用される。

(注) 「固定資産の減損に係る会計基準」によると，固定資産の減損は，固定資産の当初の予想より収益性が低下した場合（割引前の将来キャッシュ・フローの総額が帳簿価額を下回るときに減損損失を認識する。），その帳簿価額を回収可能性の面から減額する会計処理である。したがって，それは，固定資産の臨時損失と同様に固定資産の帳簿価額を減額する点で共通する。固定資産の減損は，その収益性の低下を帳簿価額に反映させるのがその特徴である。それは次の式で算定される。

　　　固定資産の減損額 ＝ 帳簿価額 － 回収可能額

　この回収可能額は固定資産の正味売却価額と使用価値のいずれか高い金額を意味する。ここで正味売却価額とは，資産または資産グループの時価（公正な評価額）から処分費用見込額をマイナスした金額である。また使用価値とは，資産または資産グループの継続的使用と使用後の処分によって生じると見込まれる将来キャッシュ・フローの現在価値である。

　いま，保有資産（帳簿価額4,000万円，経済的残存耐用年数4年）に減損の兆候が見られ，当該資産は今後4年間800万円の正味キャッシュ・フローをもたらすと予想される。この場合，当該資産の割引前キャッシュ・フローは800万円×4年＝3,200万円である。その結果，帳簿価額（4,000万円）＞割引キャッシュ・フロー（3,200万円）だから，減損損失を認識する。当該資産の使用価値を算定する際の割引率を3％とすると，使用価値は次のように計算される。

$$使用価値 = \frac{800万円}{1+0.03} + \frac{800万円}{(1+0.03)^2} + \frac{800万円}{(1+0.03)^3}$$

$$+ \frac{800万円}{(1+0.03)^4} = 2,974万円$$

①かりに正味売却価額が3,100万円のときには，正味売却価額（3,100万円）＞使用価値（2,974万円）であるので，回収可能価値3,100万円である。したがって，減損損失は900万円（4,000万円－3,100万円）となる。

また，②正味売却価額が2,700万円のときには，使用価値（2,974万円）＞正味売却価額（2,700万円）だから，回収可能価値は2,974万円である。その結果，減損損失は1,026万円（4,000万円－2,974万円）となる。

認識された固定資産の減損額は減損損失として当期の特別損失に計上する。減損処理を行った資産については，減損損失を控除した帳簿価額に基づいて減価償却を行い，減損損失の戻し入れは行わない。

なお，投資目的で保有する投資不動産，遊休不動産及びそれ以外の賃貸不動産については，次の2つの考え方がある。1つは，経営成績を適正に開示するために，その時価評価が必要であるという考え方である。他の1つは，投資不動産のなかには事業投資という性質を有するものもあり，その保有目的等を考慮せずに，一律その時価評価は妥当でなく，原則としてその取得原価で評価し，必要なときに減損処理するという考え方である。この2つの考え方のうちで，減損会計基準が支持するのは後者である。

平成20年11月に設定された企業会計基準第20号「賃貸等不動産の時価等の開示に関する会計基準」では，賃貸等不動産に関する時価情報の開示が注記として要求される。

§6　繰　延　資　産

1　繰延資産の意義

　今日の企業会計では，期間損益計算の見地が重要である。**繰延資産**が資産化されるのは，まさにこの損益計算の立場に基づく（企業会計原則・注解15）。

　企業の支出した金額で，それに対するサービスをすでに得たにもかかわらず，その支出の効果が当期の収益に直接的に貢献せず，次期以降の収益をもたらすと期待されるものが繰延資産である。その特徴は次の2点である。

①　すでに支出を行い（または支払義務が確定し），それに対するサービスの提供を受領している。

②　支出の効果が次期以降に及ぶと期待される。

　この2つの要件から設定され，"特定の期間に影響する特定の費用"が繰延資産である。その点では繰延資産は前払費用と性質的に同じである。ただ，繰延資産の場合には支出した金額についてすでにサービスを受領しているのに対して，前払費用はまだそのサービスを受領していない点，また繰延資産は将来における支出の効果がどの期間に帰属するかは確定せず，いわば不確実性を有するのに対して，前払費用は将来における支出の期間帰属については契約等から明確である点に，両者の違いがある。

　この繰延資産は換金性がないため，その他の資産と違って，いわゆる担保価値をもたない。担保価値をもたなくても繰延資産が貸借対照表に計上されるのは，もっぱら期間損益計算の立場に基づく。この意味で，繰延資産の理解は会計上の資産概念を正しく認識するうえで重要である。

2　繰延資産の種類

　旧商法（旧商法施行規則）上の繰延資産は，創立費・開業費・研究費及び開発費・新株発行費等・社債発行費・社債発行差金・建設利息の7項目であった。しかし，会社計算規則では繰延資産に属する項目を列挙せず，単に繰延資産と

して計上することが適当であると認められるものについて言及するに留まる（会社計算規則第74条3項5号）。財務諸表等規則第36条では，繰延資産として創立費，開業費，株式交付費，社債発行費及び開発費の5項目が挙げられており，社債発行差金及び建設利息は除かれている。

（1）　創立費・開業費

このなかで営業活動を行う前提として生じるのが創立費及び開業費である。

創立費は，会社が成立するために生じる支出額で，発起人の報酬，会社の登録税，株券の印刷費などからなる。開業費は，会社が成立してから開業するまでに要する費用で，会社法上は開業までに支出されたすべての費用を含む（なお税法上では，開業に直接的に要した支出額に限られる。）。

この創立費及び開業費に対する支出の効果は企業の存続する期間全体に及ぶため，理論上その支出額は，企業の全体期間が負担すべき性質を有する。継続企業を仮定するので，それは無限大で償却することを意味する。その結果，それらを償却せずに，その金額をそのまま企業が解散するまで貸借対照表に計上するのが理論的である。しかし，その支出の効果は不確実であるため，平成18年8月に企業会計基準委員会が公表した実務対応報告第19号「繰延資産の会計処理に関する当面の取扱い」によれば，原則として創立費及び開業費は支出時に費用（営業外費用）として処理する。ただし，この創立費及び開業費を繰延資産に計上ができる。それらを計上する場合には，5年以内にその効果の及ぶ期間にわたって定額法による償却が要求される。

〔設例1〕

1　創立総会により，発起人が立て替えた諸費用25万円が承認され，これについて小切手を振り出して支払った。

2　決算で創立費を繰延経理し，5年間で均等償却することにした。

3　会社の設立後，開業準備期間中に事務所賃借料50万円を小切手を振り出して支払った。

4　決算で開業費を繰延経理し，5年間で均等償却することにした。

1	（借）	創立費	250,000	（貸）	当座預金	250,000
2	（借）	創立費償却	50,000	（貸）	創立費	50,000
3	（借）	開業費	500,000	（貸）	当座預金	500,000
4	（借）	開業費償却	100,000	（貸）	開業費	100,000

なお，この創立費については一定の要件を満たすときには新たに資本金または資本準備金から控除できる（会社計算規則第43条1項3号）。

（2）開　発　費

営業活動と直接的に関係して生じる繰延資産が開発費である。

開発費には，①新技術または新経営組織の採用，②資源の開発，③市場の開拓等の目的で支出した費用，④生産能率の向上または生産計画の変更等により，設備の大規模な配置替の費用が含まれる。いずれも経常費的なものは除外される。

この開発費も将来に対する収益貢献が不確実なため，実務対応報告第19号では原則として支出時に費用処理する。ただし，それを資産として計上することもできる。その場合には5年以内にその効果の及ぶ期間にわたって定額法その他の合理的な方法で規則的に償却する。この償却額は売上原価または販売費及び一般管理費に計上される。

〔設例2〕

1　市場開拓に対する費用100万円を小切手を振り出して支払い，それを繰延資産として計上した。

2　決算に際して開発費について5年間で均等償却することにした。

1	（借）	開発費	1,000,000	（貸）	当座預金	1,000,000
2	（借）	開発費償却	200,000	（貸）	開発費	200,000

（注）「研究開発費等に係る会計基準」に従うと，研究とは，新しい知識の発見を目的とした計画的な調査および探究を意味し，また開発とは，新しい製品・サービス・生産方法についての計

画または既存の製品等を著しく改良するために研究成果等の知識の具体化をそれぞれ意味する。このような研究開発費についてはこれまでその資産化もしくは発生時の費用化のいずれかの選択が認められていた。

　しかし，研究開発費は将来の収益獲得が確実ではないので，すべて発生時に費用処理されることになった（但し，平成20年12月に設定された企業会計基準第23号「研究開発費等に係る会計基準の一部改正」によると，企業結合により被取得企業から受け入れた資産については，国際的な会計基準が識別可能な要件を満たすときには企業結合日の時価に基づいて研究開発費の資本化を要求しているので，これとの調整から，適用しない。）。したがって，それらは繰延資産としては計上できなくなった。これに伴い，従来試験研究費として繰延資産に計上できたものはすべて発生時に費用処理される。

　従来開発費として繰延資産に計上できたもののうちで，上記の定義に属するものは同じく発生時に費用処理されるが，新技術の採用のための支出の一部，新経営組織の採用，新市場の開拓及び新資源の開発のための開発費はこれまで通り繰延資産として計上できる。この点は，研究開発費に該当するソフトウェア（コンピュータを機能させるように指令を組み合わせて実現したプログラム等を指す。）についても同様である。

　なお，研究開発費に該当しないソフトウェアについては，制作目的に応じた会計処理が要求される。

　第1に，受注生産のソフトウェアに関しては請負工事の会計処理に準じて処理される。

　第2に，量販目的のソフトウェアについては研究開発の終了時点までの制作費は研究開発費とみなして費用処理し，それ以降に発生した制作費（製品マスター機能の改良・強化を行うバ

ージョンアップ）については，機械装置等と同様にこれを利用
（複写）して製品を作成できるので，無形固定資産として処理
する。例えば，製品マスターの改良費用が600万円かかり，そ
のソフトウエアの有効期間が3年とする。向こう3年間の販売
収益の見込み額が1年度目750万円，2年度目550万円，3年度
目200万円と仮定すると，第1年度目の見込販売収益に基づく
償却額は600万円×｛750万円÷（750万円＋550万円＋200万円）｝
で300万円となる。また残存有効期間に基づく均等償却額は600
万円÷3年＝200万円である。その結果，300万円と200万円の
いずれか大きい額が当期の償却額（300万円）となる。

　第3に，サービス提供目的（ソフトウェアを利用して収益を
獲得できる通信サービスソフトウェアがその典型である。）の
ソフトウェアについても無形固定資産として処理する。

　第4に，社内利用ソフトウェアについては，確実性の面を重
視して，完成品を購入した場合に資産に計上し，独自のソフト
ウェアを自社または受託により制作する場合には，費用処理す
る。

（3）　社債発行費・株式交付費

　財務活動，つまり資金調達活動との関連で生じる繰延資産が，社債発行費・
株式交付費である。

　社債発行費は，社債の発行に際して募集広告費，社債券等の印刷費などに直
接支出した金額である。

　株式交付費は，会社が設立された後，新たに株式を発行する場合に募集広告
費，証券会社の取扱手数料などの金額である。会社法上この株式交付費につい
ては資本金または資本準備金から控除できるが（会社計算規則第14条1項3号)，
会計上は両者を別個の取引とみなすのが一般的である。

　社債発行費は，社債の発行からその償還まで，新株発行費は新株の発行後，

企業の解散するまでにそれぞれ支出の効果が考えられるが，いずれも不確実性をもつ。

　実務対応報告第19号では，社債発行費（新株予約権の発行費用を含む。）は原則として支出時に費用（営業外費用）として計上する。但し，それを繰延資産としても計上でき，この場合には社債の償還期間にわたって利息法で償却するが，定額法も継続適用を条件として認められる。新株予約権の発行費用も同様である。但し，新株予約権の発行費用を繰延資産として計上したときには3年以内の効果の及ぶ期間にわたって定額法で償却する。

　株式交付費は新株の発行又は自己株式の処分に関する費用である。この株式交付費は原則として支出時に費用（営業外費用）として処理する。但し，この株式交付費を繰延資産として計上することができ，この場合には3年以内のその効果の及ぶ期間にわたって定額法により償却する。

　なお，これらの繰延資産以外に社債発行差金も含まれていた。この社債発行差金は，社債を券面額以下で発行した際の券面額と発行額との差額である。社債が割引発行されるのは，社債の契約利率が市場利子率よりも低いので，社債利息を低く抑えながら応募者利回りを高めるために行われる。したがって，社債発行差金は，社債利息をより高くしたと仮定した場合に支払わねばならなかったであろう利息の前払分である。しかし，2006年8月に公表された企業会計基準第10号「金融商品に関する会計基準」では，金銭債務を償却原価法で評価することに伴い，社債発行差金は社債金額から直接控除され，繰延資産から除かれた。

〔設例3〕

　ある株式会社（決算は年1回で3月31日が決算日）は4月1日に社債額面1,000万円を@98円，5年後償還，年6%の利息（9月末と12月末の年2回払）支払の条件で発行し，払込金を当座預金とした。なお，社債発行費15万円は小切手を振り出して支払った。償却原価法の適用にあたっては定額法による。

社債発行時：（借）当座預金　　9, 800, 000　（貸）社　　　債　9, 800, 000[1]

　　　　　　　　社債発行費　　 150, 000　　　　　当座預金　　 150, 000

利息支払時：（借）社債利息　　 300, 000[2]（貸）当座預金　　 300, 000

1 年後の決算時：

　　　　　（借）社　債　利　息　　40, 000[3]（貸）社　　　債　　40, 000

　　　　　　　　社債発行費償却　　30, 000[4]　　　　社債発行費　　30, 000

1)　　10, 000, 000円×0. 98＝9, 800, 000円。

2)　　10, 000, 000円×6％÷2＝300, 000円

3)　　社債の発行価額980万円とその償還金額1,000万円との差額20万円につい
　　　て，5 年間にわたって社債利息を毎年 4 万円計上する。

4)　　償還期間の 5 年間にわたって均等額を償却するものとする。

会社法では，建設利息は削除された。

なお，繰延資産を資産として計上したときには，一定の条件のもとで会社法
上の債権者保護の立場に基づいて分配可能額から除かれる（会社計算規則第158条）。

> **(注)**　財務活動との関連で生じた各種の繰延資産は，一般に貸借対
> 照表の資産の部に計上することが認められている。しかし，貸
> 借対照表には企業が実際に調達し，しかも現に運用している資
> 本総額を計上すべきであるという考え方（これを総資本在高計
> 算あるいは資本計算という。）に立てば，その資産性は否定さ
> れる。たとえば，社債発行によって企業が実際に正味受け取っ
> た金額（資金調達額）は，社債の券面額から社債発行費を控除
> した純額にすぎないからである。それらは社債のマイナスと解
> すべきである。株式交付費も，社債発行費の場合に準じて株主
> 資本のマイナスと考えることができる。

3　繰延資産に関する制度上の比較

会計上の主な繰延資産は，以上述べた 5 つの項目である。会社法上の繰延資

産もこれに準じて処理される。

　税務上の繰延資産には，適正な課税所得計算の面から，会社法上の繰延資産（これは任意に償却できる。）だけでなく，それ以外のもの（その他の繰延資産）は繰延経理が要求される（これは均等償却される。）。これには，たとえば自己が便益を受ける公共的施設への支出額（アーケードなど），資産を賃借したり使用するための権利金，役務の提供を受けるために支出した権利金その他の費用（ノウハウに対する一時金など），製品の広告宣伝のために資産を贈与する費用（ネオンサインなど），その他自己が便益を受けるために支出した費用（スキー場のゲレンデ整備費用，職業運動選手等の契約金など）などがある。これらは，会計上すでに説明した無形固定資産や投資その他の資産に計上される。したがって，会計上の繰延資産の範囲よりも税務上のその範囲のほうが広い。

　制度会計上，繰延資産の範囲の関係を示せば，次のとおりである。

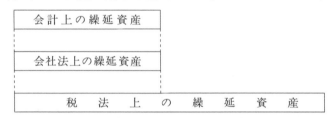

　なお，この繰延資産から明確に区別されなければならないのは，天災などによって生じた臨時巨額の損失の繰延である。これは財務政策の面から損失を繰延べたにすぎず，将来の収益に対する貢献はないので，繰延資産とは異なる。

§7　負　　　債

1　負債の種類

　負債は企業が経済的に負っている責務をいい，一般に金銭を支払うべき義務や，用役を提供すべき義務がその中心である。この負債は，いくつかの観点から分類することができる。

（1）　流動負債と固定負債

　流動・固定の区分にしたがい，負債は，まず流動負債と固定負債に分類される。流動負債は，比較的に短期間のうちに金銭を支払ったり用役を提供すべき負債である。これには，①　主たる営業目的から生じる支払手形・買掛金・未払金・未払法人税等・前受金などの項目，②　金融取引（資金調達）から生じる短期借入金・コマーシャル・ペーパー・1年以内に返済が予定される長期借入金や社債などの項目，③　その他に修繕引当金や製品保証引当金をはじめ，各種の引当金や未払費用・前受収益などの経過項目からなる。

　また，流動負債に対して，1年を超える固定負債には，社債・新株予約権付社債（従来の転換社債・新株引受権附社債（ワラント債）に相当する。）・長期借入金・資産除去債務・退職給付引当金・特別修繕引当金などがある。

（2）　確定負債と見積負債

　負債は，さらにその金額が確定しているか否かによっても分類される。たとえば，将来に金銭を支払うべき義務あるいは用役を提供すべき義務が，契約などを通じてあらかじめ定められているのが確定負債である。支払手形や買掛金，借入金などがその典型である。これに対して，現時点ではたしかに負債ではあるが，しかし将来にならないとその金額が確定しない負債が見積負債である。引当金がこれに該当する。たとえば退職給付引当金は，従業員が将来に退職した時点においてはじめて支払うべき金額が確定するのであり，それまではあくまで暫定的な金額にすぎない。

（3）　法的負債と純会計的負債

　負債はまた，法的債務の面からも分類される。負債は企業にとっての経済的な責務であるが，これは必ずしも法的な債務とイコールではない。法的債務には，確定債務と見積債務（債務たる性質を有するものはその金額が確定していなくとも，その履行が停止されていただけで条件付あるいは期限付債務である。たとえば，退職給付引当金や製品保証引当金がこれに該当する。）とがある。

　会計上はこの法的債務のほかに，純会計的負債とよばれる負債が存在する。たとえば，第三者に対する対外的な債務を示さずに，企業自身に対する内部的

な負債にすぎない修繕引当金や損害補償損失引当金などの引当金，さらに，まだ確定債務となっていない各種の未払費用などがこれに属する。したがって，これらは法律上の債務でない負債である。

2 流　動　負　債

流動負債に属する主な項目については，すでに指摘したとおりである。ここでは，後述する引当金以外の流動負債について説明する。

通常の営業取引によって発生した約束手形の振り出しまたは為替手形の引き受けによる手形債務は，支払手形勘定で処理される。ただし，通常の営業取引以外の取引によって，たとえば固定資産や有価証券などの購入などの購入代金に対して手形を振り出す場合には，営業外支払手形勘定などで処理し，その他の負債に属する。それには1年基準が適用される。また，金融機関の借入れに対して手形を振り出すときには，短期借入金で処理する。

〔設例1〕

　銀行から100万円を，手形を振り出して借り入れ，利息2万円を差し引いて当座預金とした。

（借）当座預金　　　980,000　　　（貸）短期借入金　　　1,000,000
　　　支払利息　　　 20,000

固定設備や有価証券の購入などにおいて，通常の営業取引以外で発生する負債を未払金という。

〔設例2〕

　備品40万円を購入し，代金は翌月払いの予定である。

（借）備　　　品　　　400,000　　　（貸）未払金　　　　 400,000

また，たとえば広告料の未払分のように，通常の取引と関連するものも，この未払金で処理する。

〔設例3〕

　広告料15万円の請求書が到着した。

（借）広告宣伝費　　150,000　　　（貸）未払金　　　　　　150,000

　この未払金は確定債務であるから，契約に基づいて継続的な役務の提供に対して，すでに提供された役務の提供に対する貸借対照表日までの経過勘定項目を示す未払費用から明確に区別されなければならない。なお，商製品の引渡しまたは役務の提供の完了以前に代金を受け取った場合には，前受金で処理する。

〔設例4〕

　商品200万円の販売に際して，代金の一部20万円を現金で受け取った。

（借）現　　金　　200,000　　　（貸）前受金　　　　　200,000

従業員や得意先から一時的に金銭等を預かったときには，預り金で処理する。

〔設例5〕

　従業員の給料60万円のうち，その預かり分，源泉所得税6万円，社会保険料2万円を差し引いた金額を現金で支払った。

（借）給　　料　　600,000　　　（貸）源泉所得税預り金　60,000
　　　　　　　　　　　　　　　　　　　社会保険料預り金　20,000
　　　　　　　　　　　　　　　　　　　現　　金　　　520,000

3　固　定　負　債

　固定負債の主な項目については，すでに例示したとおりである。その典型は長期借入金，社債及び資産除去債務である。

（1）普　通　社　債

　将来の一定期日に一定の金額で償還される社債（普通社債）の発行については，繰延資産の〔設例3〕で説明した。これは，社債券という有価証券の発行

によって，一般大衆からの資金調達で生じた固定負債である。これには，発行価額が社債の券面額（償還価額）と等しい平価発行，発行価額が券面額よりも低い割引発行，その逆の打歩発行がある。その償還には定時償還と随時償還があり，前者には満期償還と分割償還が，後者には抽せん償還と買入償還がある。

〔設例6〕

1　普通社債1,000万円を償還期限5年の条件で額面@100円につき@99円で発行し，社債発行に要した費用30万円を差し引いて当座預金とした。償却原価法の適用にあたっては定額法による。

2　社債を発行してから4年目の期首に上記普通社債の額面金額500万円を495万円で買入償還し，買入れ代金は小切手を振り出して支払った。

1　（借）当 座 預 金　　9,600,000　（貸）社　　　　債　　9,900,000※
　　　　社債発行費　　　　300,000

　　※　10,000,000円×0.99＝9,900,000円

2　（借）社　　　　債　　4,980,000※（貸）当座預金　　　4,950,000
　　　　　　　　　　　　　　　　　　　　　　　社債償還益　　　　30,000※※

　　※　1年末から5年末までの各年度末に償却原価法により社債の評価額について2万円（社債の額面金額1,000万円と発行価額990万円との差額10万円を5年で除した金額）ずつ3年間にわたって評価を引き上げると，社債の4年目の期首には996万円（990万円＋2万円×3年）となる。したがって，この半額を償還したので，498万円となる。

　　※※　貸借差額により算出する。

（2）　新株予約権付社債

　発行時に定められた転換請求期間および転換条件により，発行会社の株式に転換できる権利を有する社債が転換社債であり，一定の条件で起債会社の新株を引き受ける権利を有する社債が，新株引受権付社債（ワラント債）であった。後者には，新株引受権証券と社債券とが別々に譲渡されて流通する分離タイプのものと，両者が分離せず一体となった非分離タイプのものとがあった。

改正商法（2001年）以降，この転換社債と非分離型の新株引受権付社債を新株
予約権付社債として扱い，また分離型の新株引受権付社債については，新株予
約権のみの発行が可能となったので，消滅した。

　新株予約権付社債はタイプに応じて次のように処理される。

①　従来の旧転換社債と同一性質をもつ（転換社債型新株予約権付社債のタ
　　イプの場合には），社債対価と新株予約権を区分せず一括法あるいは区分
　　法のいずれかで処理する。

②　①の転換社債型新株予約権付社債以外のタイプの新株予約権付社債の場
　　合には，社債対価と新株予約権を分別経理（区分法）する。

〔設例7〕

1　非転換社債型新株予約権付社債2,000万円を額面@100円につき@100
　　円で発行し，払込まれた金額を当座預金とした。なお，新株予約権の発
　　行価額は額面@100円につき2.5円である。新株予約権の行使による行使
　　価額は社債の額面@100円につき100円である。

2　上記の新株予約権付社債のうちで1,000万円分について新株予約権が
　　行使され，当座預金とした。ただし，払込金額と新株予約権の合計額の
　　2分の1を資本金に組み入れる。

3　行使期間満了時に残りの新株予約権は行使されなかった。

1　（借）当座預金　　19,500,000　（貸）社　　債　　19,500,000
　　（借）当座預金　　　 500,000　（貸）新株予約権　　 500,000※
　　　　　※　2,000万円÷100円×2.5円＝50万円

　　これは純資産の部に計上する。

2　（借）当座預金　　10,000,000　（貸）資　本　金　　5,125,000※
　　（借）新株予約権　　 250,000　　　　資本準備金　　5,125,000
　　　　　※　（1,000万円＋50万円÷2）÷2＝512.5万円

3　（借）新株予約権　　 250,000　（貸）新株予約権戻入益　250,000

（3）　資産除去債務

　有形固定資産の取得，建設，開発または通常の使用によって資産除去の債務が発生したときに，資産除去債務を計上する。この場合，資産の除去には売却，廃棄，リサイクル等を含む。債務に関しては，法令または契約で要求される法律上の義務だけでなく，それに準するもの（たとえば除去そのものには義務はないが，有害物質などの除去に法律上要求がある場合）も該当する。

　資産除去債務として，有形固定資産の除去に要する割引前の将来キャッシュ・フローを見積もり，割引価値（無リスクの割引前の利率で割り引く。）で算定し，この除去費用の同額を関連する固定資産の帳簿価額に加算する。この金額は減価償却を通じて当該固定資産の耐用年数にわたって費用配分する。

　たとえば，ある設備の取得原価が1,000万円で，耐用年数5年，残存価額0．その使用後の除去に法的な義務のある100万円の支出がかかると見込まれるときには，次のように処理する。（割引率を3％とする。）

（取得時）（借）固定資産　10,862,608　（貸）現金預金　　　　10,000,000
　　　　　　　　　　　　　　　　　　　　　　資産除去債務　　　862,608※

　　　　　※　1,000,000円÷1.03^5＝862,608円

（1年後の決算）

　　　　（借）利息費用　　25,878　（貸）資産除去債務　　25,878※
　　　　（借）減価償却費　2,172,521　（貸）減価償却累計額　2,172,521※※

　　　　　※　　862,608円×0.03＝25,878円

　　　　　※※　10,862,608円÷5年＝2,172,521円

　2年度以降の計算も同様に行う。なお，資産除去を実際に実施した5年目に資産除去に対する見積金額100万円と実際額（例えば110万円）との差額が生じたときには，その差額分についてその期間の損益として処理する。

　損失的要素の強い除去費用について有形固定資産の稼働に不可欠な取得に関する付随費用とみて資産化するのは，それが将来のコストであり，すでに支出されたコストでないので，資産概念からみて問題を含む。

4 引 当 金

負債のなかで特に重要なのは引当金である。この引当金の損益計算の面に基づく設定要件は次の4つである（企業会計原則・注解18）。

① 　将来の特定の費用または損失に対するものであること

② 　その発生が当期以前の事象に起因すること

③ 　その発生の可能性が高いこと

④ 　その金額が合理的に見積もることができること

この4つの要件を満たす引当金の残高を負債の部または資産の部（当該資産から控除する。）に記載する。このほかに，資産負債アプローチから引当金自体を負債自体の性質を中心に定義する国際的方向もある。

(1) 引当金の根拠

このような引当金を設定する根拠には，およそ次のものがある。

第1は費用収益対応の原則である。将来に発生する費用または損失であっても，あらかじめ当期の収益に負担させて適正な損益計算を行うことが不可欠である。たとえば，この典型が保証約款により法的保証のある製品保証引当金や工事補償引当金などである。当期中の販売の結果，翌期にそのアフターサービスが実際に発生した時点でそれを費用に計上するのは妥当でない。それが必要となるのは，当期中の売上（収益）にその原因があるからである。そこで，費用収益対応の原則から，それに対する費用を当期末に見積計上することが必要となる。このように，費用収益対応の原則を費用と収益との直接的な因果関係からだけでなく，収益獲得に対して間接的に貢献するものをも含めて理解すれば，多くの引当金はこの費用収益対応の原則によって説明される。たとえば，賞与引当金，修繕引当金，退職給付引当金などがこれに属する。

第2に，収益に全く貢献しないが，収益に負担させて回収せざるをえない損失的性質をもつ引当金，たとえば債務保証損失引当金や損害補償損失引当金などについては，費用収益対応の原則を拡大解釈して説明することもできるが，保守主義に基づく損失の早期計上という説明のほうがベターであろう。

引当金の設定は，将来に支出を伴わない一部の項目（貸倒引当金・返品調

整引当金など）を除外すると，一般に将来に生じる支出の合理的配分という面をもつ。この点から固定資産の減価償却と共通する。ただ，引当金の場合にはその支出額があくまで将来の見積であるのにすぎないのに対して，固定資産の減価償却については過去に実際に支出した金額に基づく点に違いがある。

（2）　引当金の種類

①　将来支出の期間配分的性質を有し，当期の収益獲得に貢献する引当金

これに属するのが多くの引当金である。

A　建物や機械などの有形固定資産に対して当期中に実施されるべき修繕が何らかの理由で次期に延期されたり，あるいは翌期に実施されるべき修繕の原因が当期に発生したときに，当期に負担すべき金額を見積計上したのが**修繕引当金**である。また，船舶や溶鉱炉などのように，数年に一度定期的に大修繕を必要とする場合に設定されるのが特別修繕引当金である。

〔設例 8 〕

1　決算に際して，固定設備の定期的修繕費 3 万円と， 4 年後に行われる大修繕に対して当期分80万円それぞれを計上した。

2　定期修繕を行い，修繕費 3 万 5 千円を現金で支払った。

1	（借）修　繕　費	830,000	（貸）修繕引当金			30,000
			特別修繕引当金			800,000
2	（借）修繕引当金	30,000	（貸）現　　　金			35,000
	修　繕　費	5,000				

> **(注)**　修繕引当金を，すでに固定資産に関して生じた価値減少分の把握ととらえて，固定資産の評価（マイナス）勘定とみなす見解や，特別修繕引当金の計上を否定し，特別修繕に対して支出された金額を繰延べるという見解もある。

B　賞与引当金は，次期に賞与の支払が予想される場合において，当期末に過去の実績や会社の業績などを考慮して設定される。たとえば， 3 月31日を決

算とする会社が，年2回（6月と12月）賞与を支給しており，しかもそれぞれ
の賞与の支給期間が6月支給のときには12月から5月までの期間と，12月支給
のときには6月から11月までの期間に対応していると仮定する。その場合，翌
期の6月に支給される賞与のうちで，当期の12月から3月までに相当する4ヵ
月分について，賞与の見積額を計上したのが賞与引当金である。もし，賞与の
金額があらかじめ労使間ですでに定められ確定していれば，賞与引当金ではな
くて，未払賞与を計上しなければならない。

　C　退職金の支給は一般に労働協約や就業規則等で定められている。

　確定給付型（これは，企業が一定の掛金を外部に積み立てるが，この掛金以
外には追加的な拠出義務を負わない確定拠出型以外のタイプをいう。）の企業
年金制度を前提とし2012年5月に改正された「退職給付に関する会計基準」で
は，退職一時金支給と年金支給とを一括して**退職給付引当金**として会計処理す
る。これによると，退職給付は基本的に勤務期間を通じて労働の提供に伴って
発生したものと捉えられる（これを発生給付評価方式といい，退職給付が従業
員の過去と将来の全勤続期間に均等に発生するとみる予測給付評価方式と対立
する。）。つまり，それは，その発生が当期以前の事象に起因する将来の特定の
費用的支出としての性質をもつため，退職給付引当金として計上される。

　この引当金は，原則として退職給付債務から年金資産を控除した金額である。

　　退職給付引当金＝退職給付債務（現在割引価値）－年金資産（時価）

　（イ）　退職給付債務の計算

　退職給付債務とは，退職給付のうちで認識時点までに発生していると認めら
れる部分を割り引いた金額である。例えば，5年間勤務すると，1,000万円の
退職一時金を受け取ることができると仮定する（但し年金はないとする。）。1
年間勤務すると，各年度の負担額は期間定額基準だと200万円（1,000万円÷5
年）となる。この方式によると，1年間勤務後の決算では，会社側は将来の4
年後に200万円の名目額を支払う義務がある。したがって，この200万円の現時
点における名目上の負債額を，割引率3％で割り引くと177.7万円（200万円÷
1.03^4）となる。この額は1期間の労働の対価として発生した退職給付を意味

し，勤務費用という。それは退職給付債務を増加させる。

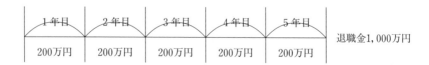

2年目も同様に会社にとって負担となる名目的な200万円を割引計算して勤務費用を算定すれば183万円（200万円÷1.03³）となり，これも退職給付債務の増加となる。また，1年末の退職給付債務の額177.7万円は1年経過したので，その利息5.3万円（177.7万円×0.03）がさらに発生する。これは割引計算により算定された期首時点の退職給付債務について期末までに発生した計算上の利息で，利息費用という。その結果，2年目には損益計算的には勤務費用

		1年目	2年目	3年目	4年目	5年目
勤務費用		177.7万円 (200÷1.03⁴)	183万円 (200÷1.03³)	188.5万円 (200÷1.03²)	194万円 (200÷1.03)	200万円
利息費用		――	①×3％＝ 5.3万円	②×3％＝ 11万円	③×3％＝ 17万円	④×3％＝ 23.5万円
退職給付債務	各期間	177.7万円	183万円＋ 5.3万円	188.5万円＋ 11万円	194万円＋ 17万円	200万円＋ 23.5万円
	累積	177.7万円 ①	366万円 ②	565.5万円 ③	776.5万円 ④	1,000万円

183万円と利息費用5.3万円の合計188.3万円の費用が生じる。一方，退職給付債務は1年目の177.7万円にこの合計額が加算されて366万円となる。この金額は2年間の名目的な400万円を1.03³で割り引いた金額に等しい。以下，同様の計算をする。それを一覧表でまとめると，前表のようになる。

なお，この期間定額基準のほかに，勤務期間が長期になると初期よりもその支給額が高くなるケースのように，各勤務期間に帰属された給付に基づく見積額を退職給付見積額とする方式（給付算定式基準）も認められる。

（ロ）　年金資産

年金資産とは，特定の退職給付制度において企業と従業員の契約等により積

み立てられた特定の資産をいう。その資産は退職給付以外には使用できず，事業主及び事業主の債権者から法的に分離されており，原則として事業主への返還や事業主から解約・目的外の払出しが禁止されている。この年金資産は期末の時価（公正な評価額）で評価する。

　年金資産の額が退職給付債務を超えるときには，退職給付に係る資産（従来は前払年金費用）として計上する。

〔設例9〕

　期首の退職給付債務（現在割引価値）は8,000万円，期首の年金資産は4,000万円であった。当期中の年金に対する掛け金を1,000万円支払い，期末の退職給付債務（現在割引価値）は10,000万円である。また，年金資産に関する期待運用収益は200万円である。当期の勤務費用は1,680万円，利息費用は320万円である。

（借）退職給付費用　　　18,000,000※　　（貸）退職給付引当金　　8,000,000
　　　　　　　　　　　　　　　　　　　　　　　　現　　金　　　　　10,000,000

　　※　退職給付費用＝（勤務費用1,680万円＋利息費用320万円）（この合計額は，この設例では退職給付債務の期末額10,000万円と期首額8,000万円との差額に等しい。）―期待運用収益200万円＝1,800万円

なお，期首の貸借対照表では退職給付引当金が4,000万円（退職給付債務8,000万円－年金資産4,000万円）計上されるのに対して，期末においては4,800万円（期首の退職給付引当金4,000万円＋当期の計上額800万円）が計上される。これはまた，期末の退職給付債務10,000万円から年金資産5,200万円（期首4,000万円＋当期の増加分1,200万円）を控除した差額に等しい。

退職給付引当金（期首）4,000万円
退職給付債務8,000万円＋勤務費用1,680万円＋利息費用320万円（期首）＝10,000万円（期末）
年金資産4,000万円＋年金拠出額1,000万円＋年金運用収益200万円（期首）＝5,200万円（期末）
退職給付引当金（期末）4,800万円
800万円の増加

　退職給付債務計算における割引率は，安全性の高い債券の利回りを基礎とし，期末における国債，政府機関債及び優良社債の利回りをいう。債券の利回りがマイナスのときには，それをゼロまたはマイナスの利回りのいずれかを適用することが提案されている（実務対応報告公開草案第51号）。

（ハ）　過去勤務費用と数理計算上の差異の処理

　退職給付引当金の設定に関して退職給付債務と年金資産のほかに過去勤務費用と数理計算上の差異も影響する。過去勤務費用とは，退職給付水準の改訂等に起因して発生した退職給付債務の増加または減少をいう。このうちで費用処理されていないものが未認識過去勤務費用である。数理計算上の差異とは，年金資産の期待運用収益と実際の運用成果との差異，退職給付債務の数理計算に用いた見積数値と実績との差異及び見積数値の変更等により発生した差異をいう。このうちで費用処理されていないものが未認識数理計算上の差異である。

　例えば，未認識過去勤務費用が100万円，未認識数理計算上の差異が50万円それぞれあり，この合計150万円の額を平均的な残存勤務期間10年で定額法で償却すると，退職給付債務は15万円だけさらに増加する。

> （**注**）　連結財務諸表においては，従来の退職給付引当金を退職給付に係る負債，前払年金費用を退職給付に係る資産として新たに表示する。連結財務諸表では個別財務諸表とちがって，未認識数理計算上の差異及び未認識過去勤務費用を遅延処理（直ちに費用処理せずに一定期間にわたっての費用配分）しない。例えば退職給付に係る負債が2,000万円，未認識項目が100万円あるとすれば，その100万円が一括費用処理され，この額だけ退職給付に係る負債が増加する。それに伴い，その他の包括利益が減少する。法定実効税率を40％として税効果を考慮すると，100万円の費用増加に対する繰延税金資産を40万円（100万円×40％）を計上する結果，退職給付に係る負債の増加は60万円となる。

　　　（借）退職給付引当金　　　　　20,000,000

　　　　　その他の包括利益累計額　1,000,000

　　　　　　（貸）退職給付に係る負債　21,000,000

　　　（借）繰延税金資産　　　　　　400,000

　　　　　　（貸）その他の包括利益累計額　400,000

　　　　　　　　連結貸借対照表

資　　産	負　　債
	退職給付に係る負債　21,000,000
	純資産
繰延税金資産　400,000	その他の包括利益累計額　△600,000

　わが国の退職給付会計基準とは異なり，ドイツ会計では労働サービスに対する一定の保険年金を仮定し，毎期均等額を計上する方法が採用されている。

　D　製品保証引当金とこれに準じる工事補償引当金はすでに述べた。

> **(注)**　新収益認識会計基準（304頁参照）によると，製品保証に関して保証が法律で要求される品質保証型については引当金を計上する。これに対して，法律で保証が要求されていないサービス型では別個の履行義務を計上する。例えばある製品の販売に対する追加の保証販売サービスがあれば，これを独立した契約負債として認識する。販売価格が10万円，この履行義務の金額が5,000円とすると，次の仕訳を行う。
> 　（借）現　　金　100,000　　　（貸）売　　上　95,000
> 　　　　　　　　　　　　　　　　　　契約負債　5,000

　②　当期の収益に何ら貢献しないが，収益から回収せざるをえない引当金

　これに属するのが債務保証損失引当金や損害補償損失引当金などである。これらの引当金は，必ずしも当期の収益に直接的に貢献したとはいいがたく，いわゆる損失的性質を有する引当金である。たとえば，債務保証をした結果，主

たる債務者の財務内容が悪化し，保証債務の履行請求に基づく損失が発生する可能性が高い場合に設定されるのが債務保証損失引当金である。また裁判の結果，敗訴の見込みが高く，補償せねばならない状況が濃厚になった時点で設定されるのが損害補償損失引当金である。単に損害補償に対する訴訟がおこされただけで，勝訴の見込みがまだある場合には，その引当金をまだ設定する必要がない。これらの引当金は結局，いずれかの期間の収益に負担させざるをえないので，保守主義の立場から将来に生じうる損失の早期認識という面を有する。

〔設例10〕

　公害問題で係争中であり，第1審で敗訴した。当社では控訴中だが，賠償請求額の1,000万円は支払わなければならないと予想される。

（借）損害補償損失引当金繰入 10,000,000 （貸）損害補償損失引当金 10,000,000

③　投資額の回収不能を示す引当金

　これまで述べた引当金の場合には，原則として将来に費用または損失が生じる際に現金の支出を伴う。しかし，その他に受取債権や，子会社および関連会社の投資額の回収不能分を意味する引当金がある。前者が貸倒引当金であり，後者が投資損失引当金などである。いずれも，受取債権および投資資産に対する回収不能分を表す評価勘定としての性質をもつ。それを評価性引当金という。これと対照的なのが，負債としての性質をもつ負債性引当金である。ただし，両者による引当金の区別は必ずしも厳密なものではない。たとえば，退職給付引当金は，ある意味で現金預金の評価勘定とも解しうる。

〔設例11〕

　関連会社の業績悪化に伴い，投資に対する評価損70万円を計上した。

　（借）投資損失引当金繰入　700,000　　（貸）投資損失引当金　700,000

（3）　会社法上の引当金と税法上の引当金

①　会社法上の引当金

　以上述べた会計上の引当金のうちで，これまでは債務でない引当金が旧商法
上の引当金であった（旧商法施行規則第43条）。退職給付引当金や製品保証引当金
のように，金額が未確定の条件付債務あるいは期限付債務は旧商法上債務たる
性質を有するので（債務性引当金），旧商法上の引当金ではなかった。また，
金銭債権のマイナスを示す貸倒引当金も，旧商法上の引当金ではなかった。こ
れ以外の引当金，つまり第三者との関係をもたない（対外債務でない）修繕引
当金や特別修繕引当金，さらに債務保証損失引当金・損害補償損失引当金など
のように，債務でない引当金が旧商法上の引当金に該当した。

　しかし，会社法の制定後には，そのような旧商法の伝統的な考え方（旧商法
施行規則第43条）を放棄し，会社法も事実上，会計上の引当金を前提とすること
になった。会社計算規則第75条において，流動負債または固定負債に計上され
る引当金が例示されている。さらに，貸倒引当金等の資産に関する引当金につ
いては当該資産からの控除項目として表示される（会社計算規則第78条）。

②　税法上の引当金

　税法上の引当金はかつて貸倒引当金，返品調整引当金，退職給与引当金，賞
与引当金，製品保証等引当金，特別修繕引当金に限定されたが，退職給与引当
金以下の項目は廃止された。さらに，法人税法の改正により，資本金1億円以
下の中小法人，銀行・保険会社等，リース債権のある法人等を除き，原則とし
て貸倒引当金の計上も廃止となった。税法では，その計上に際して適用可能な
業種およびその計上の限度額や取崩等について詳細に規定している。

　また，租税特別措置法上，租税政策の見地から各種の準備金の計上が認めら
れている。この準備金には，一方でその性質において会計上の引当金に該当す
る項目（たとえば電子計算機買戻損失準備金や海外投資等損失準備金など）が
ある。他方で，会計上の引当金に該当せず，一種の利益留保性（積立金）の性
質を有する項目（たとえば異常危険準備金や探鉱準備金など）もある。

　会計上の引当金・商法上の引当金・税法上の引当金・租税特別措置法上の準

備金の関係を図示すると，下図のとおりである。

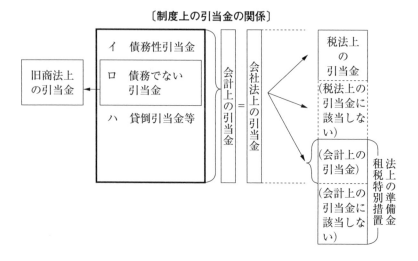

〔制度上の引当金の関係〕

　　租税特別措置法上の引当金または準備金が会計上の引当金に該当するときには負債の部に計上し，そうでないときには株主資本等変動計算書のなかにその積立と取崩を記載する。特別法（電気事業法や保険業法等）上の引当金（渇水準備引当金等）または準備金（責任準備金等）が会計上の引当金に該当するときには負債の部に計上し，そうでないときには特別法上の準備金または引当金を固定負債の次に別の区分を設けて記載する。

5　収 益 連 動 負 債

　　従来，収益に対する控除性の引当金が計上されていた。例えば一定期間に多額または多量の取引をした得意先に対する売上代金の返戻額（へんれい）を意味する売上割戻引当金（通常はリベートと呼ばれる），特約または慣行によって返品を引き取ることが定められており（返品権），翌期に生じる可能性のある返品をあらかじめ当期に予想して設定される返品調整引当金があった。さらに，顧客が自社の財またはサービスを購入した場合にポイントを付与し，その購入に用いることができるポイント引当金，法律で保証が要求されていない製品の販売に対

する追加の保証サービスに対する製品保証引当金等もあった。

　新収益認識基準の設定（304頁参照）に伴い，上記の引当金は計上されなくなった。その基準に従うと，収益の額と連動する変動対価に伴う負債のうちで，現金をその対価とするものは返金負債を，また現金以外の財またはサービスをその対価とするものは契約負債をそれぞれ計上する。

（1）返金負債

　顧客から受け取ったまたは受け取る対価の一部または全部を顧客に返金すると見込む場合，対価の額のうちで企業が権利を得ると見込まない額が返金負債である。この返金負債として計上する代表的ケースがリベート（売上割戻）と返品権付き販売である。

〔設例12〕

　当期の売上割戻の対象となる売上高は1億円で，割戻率は1％である。但し，売上割戻の実施に伴い，権利を得る変動対価を見積もるため期待値（発生しうる対価を確率で加重平均した合計値）を9,900万円とする。

（借）現金預金　100,000,000　　　　（貸）売　　上　99,000,000
　　　　　　　　　　　　　　　　　　　　　返金負債　 1,000,000

〔設例13〕

　当期の売上高は200万円であり，販売数量を20個，返品数量を6個，1個あたりの原価を75,000円とする。

販売時点で次の仕訳を行う。

（借）現　　　金　2,000,000　　　　（貸）売　　上　1,400,000
　　　　　　　　　　　　　　　　　　　　　返金負債　 600,000※

　　　※　1個あたりの売価10万円（200万円÷20個）×6個

期末時点で次の仕訳を行う。

（借）売上原価　1,050,000　　　　　　（貸）棚卸資産　1,500,000

　　　返品資産　　450,000※

　　※　1個あたりの原価75,000円×返品分6個

売上品の量目不足，品質不良，破損等によるペナルティーの形態で対価の額が変動する，かつての売上値引引当金も，この返金負債の対象となる。

（2）契　約　負　債

この契約負債として計上する代表的ケースが法律で保証が要求されていない追加の保証サービスと，ポイント付与である。ここで契約負債とは，財またはサービスを顧客に移転する企業の義務に対して，企業が顧客から対価を受け取ったものまたは受け取る期限が到来しているものをいう。

〔設例14〕

ある製品の販売に対する2年間無償の追加的保証（保守）サービスがあり，これを独立した履行義務として認識する。販売価格が10万円，この履行義務の金額が5,000円とする。

（借）現　　　金　100,000　　　　　　（貸）売　　　上　95,000

　　　　　　　　　　　　　　　　　　　　　契約負債　　5,000※

　　※　5,000円を収益から区別し2年間の履行義務として計上する。

〔設例15〕

商品の販売1,000円に自社ポイントを100付与し，ポイントの行使を100％と仮定する。いま100万円の商品を販売する。

自社ポイントの付与により顧客ポイントが100,000円（100万円÷1,000円×100）つく。このポイントがすべて行使されると，100,000円となる。そこで，収益に計上すべき金額は，100万円を100万円プラス10万円の110万円で割り，909,090円となる。したがって，次のように仕訳する。

（借）　現　　　金　1,000,000　　　　　　（貸）　売　　　上　909,090

　　　　　　　　　　　　　　　　　　　　　　　　契約負債　　90,910

　自社ポイントの付与が直接的に売上に基づかないときは引当金を計上する。なお，他社が運営するポイントを利用するときには，この他社ポイントを支配しているケース（本人）では自社ポイントと同様に処理し，支配していないケース（代理人）ではポイント相当分を運営会社に対する未払金として処理する。

> **(注)**　返金負債及び契約負債の引当金除外は，引当金規定に影響
> する。1つは，わが国で伝統的な費用計算中心の引当金規定
> （〔注解18〕）を原則的に堅持しながらも，収益連動負債のみ
> を収益認識基準の設定を通して引当金から除外し，これをあ
> くまで例外的ないし暫定的措置とみる考え方である。もう1
> つは，法的強制力のある義務に限定する国際的な会計基準の
> 資産負債アプローチに基づいて新たに法的債務性を中心とし
> て引当金を規定し，将来的には〔注解18〕の実質的な変更を
> ある意味で示唆する方向性と解する考え方である。

---

§8　純　資　産

1　資　本　の　意　味

　資本という用語は，およそ次の6つの意味で用いられる。

　第1に，経済学では資本は生産された生産手段を指し，工場・機械あるいは仕掛品・原料などである。第2に，経営学では資本は営利目的のために利用しうる財貨の総称で，会計上の資産に相当する。第3に，会計上の資本は伝統的に資産と負債の差額を指す。これは自己資本ともいう。第4に，会計上において資本は営業活動を行う前提として事業主あるいは株主が払い込んだ資本（払込資本）を指す。第5に，会計上それは企業に投下された抽象的な貨幣の名目

額を指す。この解釈では，この資本を示すのが貸借対照表の貸方全体である。これは第２の考え方と貸借反対で，総資本概念あるいは広義の資本概念ともいわれる。第６に，旧商法上の資本は法が維持することを定めた法定資本（資本金）を指していたが，会社法では資本に代えて資本金が用いられるようになった。第７に，わが国の新たな会計制度のもとでは，資産と負債との差額を表わす純資産のうちで，資本金・資本剰余金・利益剰余金から構成される部分は株主資本と呼ばれる。これらを図示したのが次の図である。

貸借対照表

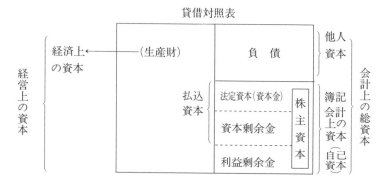

2　株主資本の分類

（1）　払込資本と留保利益

　会計上，資本は特に４つの意味で用いられているため，それを正しく区別するのが不可欠である。なかでも重要なのは，適正な期間損益を計算するにあたってその基礎をなす**払込資本**である。これは，営業活動を行う前提として事業主あるいは株主が払い込んだ元手としての資本である。それは，資本の運用結果を示す果実部分，すなわち営業活動から獲得された利益に相当する資本（留保利益）から明確に区別されねばならない。両者の区別は資本の源泉別分類である。これを資本と利益の区別という。

　また，この資本と利益の区別に際して，その資本を払込資本の意味に解するほかに，**元入資本**の意味にも用いる。ここで元入資本は，期首の純資産が営業活動以外の原因で直接的に増減した金額である。営業活動以外の原因で期首の

純資産が増減するのは，たとえば払込資本の追加出資たる増資や，払込資本の減少をもたらす資本引出しとしての減資，さらには過去に獲得された利益（留保利益）が配当金などの形で社外に流出する場合である。これらが生じた場合には，元入資本は次の算式で計算する。

元入資本＝期首純資産（期首資産－期首負債）＋（増資－減資－利益の社外流出）

いま，資本と利益の区別を示したのが次の図である。ここからわかるように，資本と利益について，2つの区別に留意しなければならない。

貸借対照表

資　　　産	第1の区別 {	負　　　　　　　　債	第2の区別 }
		払　込　資　本	
		留保利益（過去の利益）	
		利　益（当　期　分）	

その第1は，会計理論上，本来の営業活動の結果として生み出された果実部分（留保利益と当期純利益）と，その前提としての元手としての部分（払込資本）との源泉別区別である。

第2は，期間損益計算上，当期に獲得された期間利益部分と，それを得るために用いられた資本（払込資本と留保利益）との区別である。要するに，両者の決定的な違いは，過去における営業活動で得られた部分で，まだ社外に流出せずに積立金の形で留保利益を，資本とみなすか，利益とみなすかである。

第1の区別は，それが営業活動で生み出された点に重点を置いて払込資本から区別するのに対して，第2の区別は，当期の期間損益計算を重視して期末の純資産から控除されるべき資本（元入資本）に含めようというわけである。

　払込資本は制度会計上，資本金と資本剰余金（資本準備金およびその他資本剰余金）に分けられる。また留保利益（利益剰余金）は，利益準備金・その他利益剰余金（任意積立金・繰越利益剰余金）に分けられる。払込資本の増加あるいは減少をもたらす取引が**資本取引**であり，また留保利益の増加あるいは減少をもたらす取引が**損益取引**である。資本の部を払込資本を中心に整理すると，以下の通りである。

> **（注）**　この資本取引および損益取引のほかに，当期の損益計算に直接的に関連する取引を狭義の損益取引とみなし，またそれ以外の払込資本の増減取引および利益処分取引・積立金の取崩などを広義の資本取引とみる考え方もある。

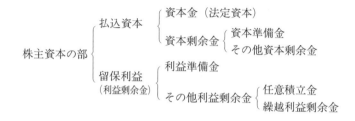

（2）　資本金と剰余金

　払込資本と留保利益の分類以外に，株主資本の部は次の2つに分類される。

　①　会計上の剰余金に関する発生源泉別分類

　株主資本の部のうちで法定資本としての資本金を除く部分，すなわち剰余金を，その発生源泉に基づいて次のように分類することができる。

　資本剰余金は，会計理論上，払込資本と実質的に同じ性格をもった剰余金である。たとえば，株式払込剰余金がその典型である。また**利益剰余金**は営業活動によって得られた資本の増加部分（留保利益）に相当する。

　なお，株主が払い込んだ資本以外にも，それに準じる資本を想定する考え方もある。これによると，たとえば資本助成目的で贈与された資本は，広義の払込資本たる拠出資本の一種と解される。ただ，制度上は株主が払い込んだ資本だけが資本とみなされるので，その考え方は否定される。

　②　旧計算書類規則上の剰余金に関する処分可能別分類

　これに対して，旧商法施行規則（平成14年制定）以前にあった旧計算書類規則は配当可能利益計算との関係で下図のように剰余金をとらえていた。この考え方では，剰余金は，純資産と法定資本（資本金）および法定準備金（資本準備金と利益準備金）の合計との差額を指し，これは旧商法上配当可能な限度額を意味していた。しかし，会社計算規則では，①と同様に貸借対照表の表示上では資本剰余金および利益剰余金が用いられている。但し，会社法上の剰余金の配当額の計算に関しては，このような旧計算書類規則と同様の意味で剰余金概念が継承されている。

```
　　　　　┌ 資本金
資本の部 ┤ 法定準備金 ┤ 資本準備金
　　　　　│　　　　　　└ 利益準備金
　　　　　└ 剰余金 （旧計算書類規則上）
```

3　資　本　金

　資本金は，株式会社に対して株主が設立または株式の発行に際して払込みまたは給付した財産の額である。これは，株主の有限責任を前提とした株式会社において債権者保護の見地から，法が維持することを定めた株主資本である。その金額に相当する部分は，債権者のために維持しなければならず，その結果，それに見合う不特定の資産が留保される。旧商法ではこの資本金の決定について，法は厳格な規定を設けており，恣意的な変動は許されなかったが，会社法では，株式会社はいつでも株主総会の決議により資本の部の金額を変動させることができるようになった。

（1）　資本金の算定

　戦前においては総株引受主義であったが，昭和25年から授権資本制度（定款

に会社が発行を予定する株式総数を定める制度）が導入された。これは，会社の設立時に，会社は授権資本のうち4分の1以上を発行すればよく（旧商法第166条③），その後は取締役会がその枠内で適宜に株式を発行できる制度であった。会社法では，これは発行可能株式総数と呼ばれ（会社法第37条1項），ここでもまた設立時の発行株式総数はこの発行可能株式総数の4分の1を下回ってはならない。但し，公開会社でない株式会社はこの限りではない。

　株式には株券に券面額（額面額）のある額面株式と，それの記載のない無額面株式とが従来あった。しかし，商法の改正（2001年）により前者は廃止され，現在は後者だけである。

　株式会社はその発行する全部の株式の内容に関して，①譲渡制限株式，②取得請求権付株式（株主が株式会社に対してその取得を請求できるプット・オプション条項の付いた株式で，従来の転換予約権付株式がこれに該当する。），③取得条項付株式（株式会社が株主に対してその取得ができるコール・オプション条項の付いた株式で，従来の株式消却などがこれに該当する。）を発行することができる（会社法第107条）。②に関する株式の買い取りには金銭のほかに社債，新株予約権，新株予約権付社債，その他の財産などを株主に交付できる。③に関する取得の対価も②と同様である。

　また，株式会社は異なる定めをした内容の異なる2種類以上の種類株式も発行できる（会社法第108条）。例えば，これにはまず，①剰余金の配当や残余財産の分配に関して株主の権利の違いを示す普通株に対する優先株・劣後株（後配株）・トラッキング・ストック（特定部門や子会社の利益に連動した株式）や，さらに②議決権制限株式・譲渡制限株式がある。このほかの種類株式としては，③取得請求権付株式（償還の選択権が株主にある義務償還株式）・取得条項付株式（償還の選択権が会社にある随意償還株式や強制転換条項付株式など）・全部取得条項付株式（これに関する定款の定めと株主総会の決議により，100％減資が可能となる。）がある。この③のうちで取得請求権付株式及び取得条項付株式については，取得の対価としてすでに触れた金銭等の財産のほかに，他の株式も交付できる。

(注)　発行済株式数は，企業会計原則では貸借対照表において株式の種類別に注記することが要求されるが，しかし普通株および優先株それぞれの資本金および株式払込剰余金を種類別に経理することは要求されていない。すべての株式を一律に取り扱い，株式の種類別経理をしない考え方を主体持分説（entity equity theory）といい，これに対して，株式の種類別経理を行う考え方を発行持分説（issue equity theory）という。

①　資本金の額は，旧商法では発行済株式の発行価額の総額が原則であったが（旧商法第284条の2①）。会社法では株主が会社に払い込んだ額または給付した財産の額となり（会社法第445条1項），払込基準が採用されることになった。

旧商法では株式会社の資本金は1,000万円，有限会社の資本金は300万円という最低資本金制度があったが，会社法ではそれが廃止され，資本金1円の株式会社も可能となった。

(注)　従来，経過措置として導入された単位株制度（1株あたりの額面金額5万円への引き上げに伴い，額面50円の株式については1,000株，額面500円の株式については100株をそれぞれ1単位とする制度）は廃止され，それに代えて新たに単元株式制度が創設された。これは，会社の定款の定めにより一定の数をもつ一単元の株式について一個の議決権を有する制度である（会社法第188条1項）。この一定の数は法務省令で定める数を超えることはできない。これによって売買単位の引き下げが容易となった。この場合，単元未満株は議決権は与えられないが，それ以外の権利は与えられる。

〔設例１〕

　Ａ株式会社を設立し，1,000株を１株あたり５万円で発行し，それに伴う払込金を当座預金とした。

（借）当座預金　　　50,000,000　　　（貸）資本金　　　　　　50,000,000

なお，新株式の申込期日経過後における新株式申込証拠金は，すぐに資本金に転化するので，資本金の次に表示する。

　②　株主が払い込んだ額または給付した財産の額を資本金とする原則のほかに，会社法は旧商法と同様に株主の払込額の２分の１を超えない金額を資本金としないことを認めている（会社法第445条の２）。これに基づいて生じるのが，株式払込剰余金である。これは，株主が払い込んだ資本のうちで資本金にならなかった部分であり，資本準備金に計上される。

〔設例２〕

　Ａ株式会社は新株の発行に際して200株を１株あたり８万円で発行し，払込金を当座預金とした。ただし，資本金に組み入れる金額は会社法上の規定の最低額とする。

（借）当座預金　　　16,000,000　　　（貸）資　本　金　　　8,000,000*
　　　　　　　　　　　　　　　　　　　　株式払込剰余金　　8,000,000

＊株主の払込額1,600万円の２分の１，つまり800万円が資本金となる。

（２）　資本金と発行済株式数との関係

　資本金は通常，会社が発行した株式数に比例して増減する。しかし，常にこの関係が成り立つわけではない。資本金と株式の切断により，資本金と発行済株式数との関係は崩れる。たとえば，次のような特殊なケースがある。

　①　資本金の金額は変わらないが，株式数が増えるケース（株式分割）

　会社は取締役会の決議により，株価を引き下げて株式の流通性を高める目的などから，たとえば発行済株式数を増やして株式を分割できる（会社法第183条）。

　なお，この株式分割の方法には，このほかに，イ　準備金（資本準備金に限る。）の資本金組み入れ（会社法第448条1項）を行い，株式を無償交付する場合，ロ　剰余金（その他資本剰余金に限る。）の資本金組み入れ（会社法第450条1項）を行い，新株を発行する場合がある。

　②　資本金の金額は変わらないが，株式数が減るケース

　株式の減少に関して，会社法では株式の併合（会社法第180条）と自己株式の消却（会社法第178条）に限られる。

　③　株式数は変わらないが，資本金が増えるケース（資本準備金を資本金に　　組み入れて新株を発行しない場合）

　④　株式数は変わらないが，資本金が減るケース（株式数を減少せずに減資　　する場合）。資本金の減少手続と株式数の減少手続は区別されている。

4　資　本　剰　余　金

資本剰余金には資本準備金とその他資本剰余金とがある。

（1）　資　本　準　備　金

　資本準備金は，株主が払い込んだ資本（払込資本）のうちで資本金とはならなかった部分である。2001年の商法改正前までこれは株式払込剰余金，減資差益，合併差益の3つであったが，商法の改正により減資差益が資本準備金から除かれた。しかし，会社法ではこの減資差益たる減少資本金の額の全部またはその一部を準備金に計上できるようになった（会社法第447条1項）。これらの減資差益を資本準備金としないときには，その他の資本剰余金に相当する。

① 株式払込剰余金

すでに示した〔設例2〕から生じるのが**株式払込剰余金**である。

② 合併差益

合併形態には吸収合併と新設合併がある。前者は消滅会社の権利義務の全部が存続で承継されるタイプで，後者は合併当事会社が消滅して新たな会社を設立するタイプである。この合併による払込資本の増加が**合併差益**である。

〔設例3〕

　下記に示すE会社をF会社は合併することにした。吸収合併存続会社（F社）は1株あたり時価5万円の株式を3,000株発行した。ただし，E社の資産の時価は1億4,000万円，諸負債の時価は2,000万円である。また，F社は，新株の払込額のうちで，1億円を資本金に組み入れる。

貸 借 対 照 表 （単位：万円）

諸資産	13,000	諸負債	2,000
		資本金	8,000
		資本剰余金	1,000
		利益剰余金	2,000
	13,000		13,000

（借）	諸資産	140,000,000	（貸）	諸負債	20,000,000
	のれん	30,000,000		資本金	100,000,000
				合併差益	50,000,000

　上述の仕訳で生じる合併差益5,000万円は，吸収合併存続会社による時価発行に伴う増資額（合併による対価）1億5,000万円（5万円×3,000株）と，資本金への組入れ額1億円との差額である。このように，合併が下記の（注）における取得（パーチェス法）とみなされるときには，吸収合併消滅会社の利益剰余金が，合併差益として吸収合併存続会社の払込資本の増加として引継がれる。なお，合併が取得に該当するときには，吸収合併存続会社の増加する株主資本に関しては，合併契約の定めで，資本金・資本準備金・その他資本剰余金

の各金額の内訳を定めることができる（会社計算規則第35条2項）。ただし，この処理は旧商法での厳格な資本維持に反する結果をもつ。

　また，借方に生じるのれん3,000万円は，合併対価1億5,000万円と，E社の純資産額1億2,000万円（1億4,000万円－2,000万円）の差額である。

　このような合併の本質を取得とみる考え方に対立するのが結合当事企業の持分が継続し，持分の結合と解する考え方である。これが下記の（注）で示す持分プーリング法である。これによると，前に示した〔設例3〕に関して，資産および負債は，原則として帳簿価額で引継がれ，次のように仕訳される。

（借） 諸資産	130,000,000	（貸） 諸負債	20,000,000
		資本金	80,000,000
		資本剰余金	10,000,000
		利益剰余金	20,000,000

持分が継続するケースでは，のれんを計上できない。

（注）　平成20年12月に設定された「企業結合に関する会計基準」によると，共同支配企業とは，複数の独立した企業により共同で支配される企業といい，企業結合に際して支払われる対価すべてが原則として議決権のある株式で，支配関係を示す一定の事実が存在しないという要件が必要である。また，共通支配下の取引とは，結合当事企業のすべてが，企業結合の前後で同一の企業によって最終的に支配され，その支配が一時的でない企業結合をいい，親子間及び子会社同士の合併がその典型である。このような共同支配企業及び共通支配下の取引については，いずれの企業も他の企業を支配しているとはいえず，持分が継続しているので，持分プーリング法で処理する。この方法では，資産および負債は結合後も結合前の適正な帳簿価額のままで引き継がれる。

　これに対して，共同支配企業の形成及び共通支配下の取引以外の企業結合については，ある企業が他の企業を支配している

ので，パーチェス法で処理する。この方法では被取得会社の資産および負債はその帳簿価額ではなくて，その時価で評価される。ここでは投資の清算と再投資は行われていないからである。

取得の場合に生じるのれんは，20年以内のその効果の及ぶ期間にわたって定額法その他の合理的方法で規則的に償却する。

但し，負ののれんの場合には，すべての識別可能な資産及び負債の把握と，それらに対する取得原価の適切な配分を実施し，なお負ののれんが生じるときには事業年度の利益として処理する。

このれんの償却方法は国際会計基準と相違する。国際会計基準ではのれんの処理についても原則として償却不要で減損が生じたときに償却する。

③　株式交換剰余金

株式交換剰余金は，完全子会社の成立を促進するために株式交換に基づいて生じる。例えば，時価2,000万円のA企業の株式を100％取得し，A企業に対して株式を300株発行すると，A企業の時価2,000万円と株式交換契約の定めで資本金の増加額1,500万円とした金額との差額500万円が株式交換剰余金（資本準備金）である（会社計算規則第39条）。

（借）　A社株式　　20,000,000　（貸）　資本金　　　　15,000,000
　　　　　　　　　　　　　　　　　　　株式交換剰余金　5,000,000

なお，会社法では完全親会社となる会社が取得する株式の時価が基準となる。取得（パーチェス法）のほかに，持分の継続（持分プーリング法）では完全子会社の簿価がベースとなる。

④　株式移転剰余金

株式移転剰余金は，完全親会社を設立する場合に株式の移転に伴って生じる。例えば，完全親会社が完全子会社（B社）時価4,000万円に対して株式を発行し，株式移転計画の定めで完全親会社の資本金3,000万円とした場合に，

両者の差額1,000万円が株式移転剰余金である。

（借）	B社株式	40,000,000	（貸）	資本金	30,000,000
				株式移転剰余金	10,000,000

なお，株式移転に関しても持分の継続については，簿価ベースによる評価で処理する（会社計算規則第52条）。

⑤　分割剰余金

　会社分割には，分割会社の営業の全部またはその一部を新たな会社に承継させる新設分割（会社計算規則第49条）と，それを既存の会社に承継させる吸収分割（会社計算規則第40条）とがある。後者が取得と判定される場合を例にとると，分割会社の公正な評価額をそれぞれ示す諸資産7,000万円および諸負債3,000万円を承継会社に移転するとき，承継会社がそれに対して新株の公正な評価額4,000万円を発行する場合には，分割される会社財産の純資産4,000万円（7,000万円−3,000万円）と吸収分割契約の定めで資本金とする金額2,500万円との差額1,500万円が分割剰余金である。

（借）	諸資産	70,000,000	（貸）	諸負債	30,000,000
				資本金	25,000,000
				分割剰余金	15,000,000

　会社分割には設立する会社の発行する株式が分割する会社によってすべて引き受けられるケース（分社型）と，分割する会社の株主に割り当てられるケース（分割型）がある。前者のケースでは純資産額が変動しないのに対して，後者のケースでは分割する会社の株主は設立する会社の株主となり，人的変更を伴う。この人的分割は，会社法では物的分割と剰余金の分配とに分解される。

　移転した事業が清算された場合には，分離元企業は，受け取った対価となる財の時価と，移転した資産及び負債の適正な帳簿価額との差額を移転損益として認識する。但し，分離後も分離元企業に継続的な関与があり，それが重要なときには，移転損益を認識しない。これに対して，移転した事業に関する投資がそのまま継続している場合には，移転損益を認識しない。分離先企業から受け取る資産の取得原価は，移転した事業の資産及び負債の移転前の適正な帳簿

価額による純資産額に基づいて決定する。

　株式払込剰余金と違って，企業の組織再編に伴う，合併・株式交換・株式移転・会社分割に際して取得のときには，再編前の分配可能額を減少させないように払込資本変動額の範囲内で資本金・準備金・その他資本剰余金に計上すべき金額を各契約の定めで決定できる（会社計算規則第37条2項・39条2項・49条2項・52条2項）。しかし，厳格な資本維持の面でこの処理には問題を含む。

（2）　その他資本剰余金

　資本準備金と並んで資本剰余金に属するのがその他資本剰余金である。これには，①資本金及び資本準備金減少差益と，②自己株式処分差益とがある。

①　資本金減少差益（減資差益）

　企業は事業規模を縮小したり，あるいは欠損を塡補するなどの理由から，資本金を減少させる場合がある。これを減資という。前者の場合には企業から事実上の資産の減少を伴う（実質的減資）のに対して，後者はすでに喪失した資産減少を企業の財務内容の実体に合わせるために行われ，資産減少を伴わない（形式的減資）。〔設例4〕は実質的減資，〔設例5〕は形式的減資の例である。

〔設例4〕

　C株式会社（資本金1億円，1株あたり5万円で2,000株発行）は事業規模の縮小のため，200株を1株あたり4万円で買い入れ消却した。

（借）資　　本　　金　10,000,000　　（貸）資本金減少差益　10,000,000
　　　　　　　　　　　　　　　　　　　　　　（減資差益）

（借）資本金減少差益　8,000,000　　（貸）当座預金　　　　8,000,000

この資本金減少差益（減資差益）は，株主がかつて払い込んだ資本のうちで，株主に払い戻されずに企業のなかに残った部分である。つまり，株主の払込資本の一部と解しうるので，旧商法はこれまで資本準備金として強制的な積み立てを要求していた。しかし2001年の改正以降，この減資差益を資本準備金から削除し，株主総会決議及び債権者保護手続を経て，株主に対する配当可能な財源に利用できることになった。その結果，従来の会計理論とは異なり，会

社法でも資本と利益の厳密な源泉別による区分ができなくなった。

　会社法では，新たにこの減資差益，すなわち減少する資本金の額の全部または その一部を準備金とすることもできる（会社法第447条1項）。

〔設例5〕

　D株式会社（資本金1億円，1株あたり5万円で2,000株発行）がマイナスの繰越利益剰余金4,000万円を塡補するために，資本金5,000万円を減少させた。

（借）資　　本　　金　50,000,000　　（貸）繰越利益剰余金　40,000,000
　　　　　　　　　　　　　　　　　　　　　　資本金減少差益　10,000,000

欠損塡補目的で資本金を減少させるには，債権者保護手続が必要である。但し，欠損の額の範囲で資本金を減少させるときには分配可能額が生じないので，株主総会の普通決議で決定できる（会社法第209条2項）。分配可能額が生じるときには，株主総会の特別決議が必要である。

　②　資本準備金減少差益

　会社法では，債権者保護手続により資本準備金を減少させてその他資本剰余金を増加できる（会社計算規則第26条2項）。例えば，資本準備金500万円を減少させて，その他資本剰余金を増加させると次のように仕訳される。

（借）資本準備金　5,000,000　　（貸）資本準備金減少差益　5,000,000

　③　自己株式処分差益

　従来，**自己株式**は旧商法上流通し転売が可能であるため資産の取得と解された。現行では株主の払込資本のマイナスとみなされる。この売却による自己株式処分差益はその他資本剰余金に計上される。この自己株式は分配可能額の範囲内で株主総会の決議により取得できる（会社法第461条第2項）。

〔設例6〕

　1　ある企業が，発行した自己株式1,000株を1株あたり7万円で取得し，その対価を現金で支払った。

> 2　自己株式を1株あたり8万円で転売し，代金は現金で受け取った。

　1　(借) 自己株式　70,000,000　(貸) 現　　金　　　70,000,000
この自己株式は，株主資本に対する控除項目として株主資本の末尾に記載する。自己株式の取得に関する付随費用は営業外費用として処理する。

　2　(借) 現　　金　80,000,000　(貸) 自己株式　　　　70,000,000
　　　　　　　　　　　　　　　　　　　　自己株式処分差益※10,000,000

　　※　自己株式の取得金額＜売却金額のとき，この差額を示す自己株式処分
　　　差益は株主が払い込んだ資本の増加としての性質をもつ。なお，自己株
　　　式の取得金額＞売却金額のときには，この差額を示す自己株式処分差損
　　　は払込資本のマイナスとみなされる。このうちで自己株式処分差益は資
　　　本剰余金のなかのその他資本剰余金に計上する。また，自己株式処分差
　　　損は，まずその他資本剰余金から減額し，なお不足する場合には会計期
　　　間末にその他利益剰余金（繰越利益剰余金）から減額する。

　(注)　旧商法は，資本の空洞化及び株価操作の危険性などを理由
　　に，原則として自己株式の取得を禁止していた。ただし，株式
　　の消却，合併または営業の譲受け，従業員持株会への株式譲
　　渡，ストック・オプションの付与等の例外的なケースに限って
　　その取得を認めていたが，その財源，その取得株式数，その保
　　有期間に関する厳しい規制があった。
　　　2001年の商法改正で，①企業組織再編成の機動的な実施，
　　②株価対策，③敵対的な企業買収からの防衛といった諸目的か
　　ら自己株式の取得及び保有（金庫株の解禁）に関する規制は原
　　則として廃止された。
　　　会社法では，自己株式の取得には株主総会の決議（但し，取
　　締役会設置会社では取締役の決議）により，特定の株主に限定
　　せずに市場取引及び公開買付による場合と，あらかじめ特定の
　　株主を対象とし相対取引による場合とがある（会社法第156条・
　　160条）。自己株式の取得に関しては，その財源が規制されるケ

ースと，規制されないケースとがある（この内容については，6の「会社法における剰余金の額と分配可能額」を参照）。

　保有自己株式について会社は，消却する自己株式の数を定めて，取得した自己株式を消却できる（会社法第178条）。

　このような自己株式の消却を通じて，①過剰となった発行済株式総数の適正化，②配当負担の軽減，③自己資本（株主資本）利益率（税引後当期純利益を自己資本で除したもの）や1株当たりの利益（税引後当期純利益を発行済株式数で除したもの）といった財務指標の改善，④株価の維持などが図られる。

　会社法では，株式の消却は自己株式の消却だけとなり，自己株式以外の株式の消却は，消却目的の株式の取得と自己株式の消却との二取引に分解される。この自己株式の取得に関しては，後述する分配可能額の範囲内でのみ認められる（会社法第461条）。その理由は，それ以外の範囲まで認めると，株主が払い込んだ金額を払い戻す恐れがあり，会社財産の社外流出の危険性を防ぐ目的からである。自己株式の消却は，まずその他資本剰余金から減額し，次にその他利益剰余金から減額する（会社計算規則第24条3項）。その他資本剰余金を減額するときには，自己株式の消却は払込資本の払戻しと考えられるのに対して，利益剰余金を減額するときには株主に対する会社財産の分配と考えられる。

　わが国では自己株式の取得によって発行済株式数が減少せず，取得後の処分もあるので，その保有または消却まで暫定的な状態（一取引基準）とみなし，株主資本全体から控除する。ドイツではその取得と売却とを別個の取引（二取引基準）とみなし，自己株式売却差益は株式払込剰余金と同様に拘束力あるものとして処理する。また，わが国ではドイツと違ってその保有株式数に制限がなく会社自身が筆頭株主や上位株主ともなるという問題が生じている。

　なお，剰余金の配当についてその他資本剰余金を原資とするときには，以下の手続に基づいて資本準備金を計上する必要がある（会社計算規則第22条1項）。

①　準備金（資本準備金と利益準備金の合計額）の額が基準資本金額（資本

金の4分の1の額）を上回るときには，資本準備金を計上する必要はない。

　たとえば，資本金が100億円で，準備金がすでに30億円計上されているときには，基準資本金額の25億円にすでに達しているので，その他資本剰余金を原資として配当しても資本準備金をさらに計上する必要はない。

② 準備金の額が基準資本金額に満たないときには，剰余金配当日の準備金計上限度額（基準資本金額と準備金の差額）と剰余金配当額の10分の1とを比較し，いずれか少ない金額に資本剰余金配当割合（その他資本剰余金を剰余金の配当額で除した割合）を乗じた額を資本準備金に計上する。

　たとえば，資本金100億円，資本準備金10億円，利益準備金5億円の会社が，その他資本剰余金1億円だけを配当したときには，その他資本剰余金の10分の1である1,000万円と，準備金計上限度額10億円（25億円－15億円）とを比較し，少ない1,000万円を資本準備金に計上する。

　会社法ではその他資本剰余金を減少させて資本準備金を増加させることも認められる（会社計算規則第25条第2項）。

(注) 旧財務諸表等規則における"その他の資本剰余金"

　平成14年改正前の旧財務諸表等規則では"その他の資本剰余金"は，資本準備金および法律で定める準備金で，資本準備金に準ずるもの以外の資本剰余金であった。株主払込資本のほか，会社の営業活動を行う前提としての資本は広く，会社に対する拠出資本として解される。たとえば，資本助成目的の国庫補助金や工事負担金，企業を誘致するための地方自治体による土地の提供，著しい貨幣価値の変動に基づく固定資産評価差益や保険差益，財産整理や欠損填補を目的とした債務免除益または私財提供益（これは消極的な贈与と解される。）などがそうである。これらはすべて，経済的な企業維持の立場から資本の一部とみなされる。

〔設例 7〕

1　1,500万円の保険をつけていた建物（取得原価1,000万円，減価償却累
　　計額800万円）が火災により焼失し，保険会社から1,500万円の保険金を
　　受け取った。
2　受け取った保険金で代替用の建物1,200万円を現金で購入した。

1　（借）建物減価償却累計額　　8,000,000　（貸）建　　物　10,000,000
　　　　　現　　　金　　15,000,000　　　　　保険差益　13,000,000
2　（借）建　　物　　12,000,000　（貸）現　　金　12,000,000

　この保険差益は，制度的には利益としての性質をもつが，税法上では代替用
の建物を取得すれば，この保険差益の一定部分に対して圧縮記帳が認められ
る。その結果，上記の場合に税法上では，保険差益1,300万円のうちで，受け
取った保険金1,500万円に対して取得した1,200万円の割合だけ（1,200万円÷
1,500万円＝80％）圧縮記帳できる。それによると，次のように仕訳される。

　　　（借）保険差益　　10,400,000＊（貸）建　　物　10,400,000
　　　＊13,000,000円×80％＝10,400,000円

　上記の（注）で触れたように，旧財務諸表等規則で例示されていた，保険差
益などの“その他の資本剰余金”が，資本としての性質を有するのか，利益と
しての性質を有するかに関して，会計上の資本観と制度上（会社法・税法）の
資本観との対立がこれまであった。しかし，保険差益などの例示が削除された
結果，事実上，旧財務諸表等規則における“その他の資本剰余金”にみられる
会計上の資本観は否定された。

5　利 益 剰 余 金

　この利益剰余金は利益準備金とその他利益剰余金から成る。

利益剰余金 ｛利益準備金（1）
　　　　　　その他利益剰余金（2）｛任意積立金（イ）
　　　　　　　　　　　　　　　　　繰越利益剰余金（ロ）

（1）利益準備金

　利益を源泉として強制的に積み立てられた準備金が**利益準備金**である。この利益準備金制度は，企業の財務内容が悪化し企業の欠損金が資本金にただちに影響しないように，不測の事態を回避するために設けられたものである。この利益準備金と資本準備金を合わせて**準備金**という。剰余金を配当するときには，以下の手続に従う（会社計算規則第22条2項）。

　①　準備金の額が基準資本金額（資本金の4分の1の額）に達しているときには，利益準備金の設定は必要ない。

　②　準備金の額が基準資本金額に達していないときには，剰余金の配当日の準備金計上限度額（基準資本金額と準備金の額との差額）と剰余金の配当額の10分の1とを比較し，いずれか少ない額に利益剰余金配当割合（その他利益剰余金を剰余金の配当額で除した割合）を乗じた額を利益準備金に計上する。

　たとえば，資本金100億円，資本準備金10億円，利益準備金5億円の会社が，剰余金の配当としてその他資本剰余金2,000万円，その他利益剰余金3,000万円をそれぞれ原資としたときには，剰余金の配当の10分の1である500万円と準備金の計上限度額10億円（100億円×$\frac{1}{4}$－15億円）を比較すると，前者のほうが少ない。そこで，剰余金の配当5,000万円の10分の1である500万円のうちでその他資本剰余金については，その40％にあたる200万円を資本準備金に，また60％にあたる300万円を利益準備金にそれぞれ計上する。

　この規定により，利益剰余金を原資として配当するときには，その剰余金の配当の10分の1を利益準備金として積み立て，その他資本剰余金を原資とするときには，資本準備金として積み立てる。

　利益準備金の減少は利益を源泉とするので，その他利益剰余金に振り替える。但し，この場合には分配可能額が増加するので，債権者保護手続が必要である。また，この利益準備金を減少させて繰越利益剰余金のマイナスを填補することができる。これまでの旧商法とは異なり，利益準備金の資本金組入れは認められなかったが，旧商法と同様に新たに認められるようになった（会社計

算規則第25条1項)。

　なお，欠損填補で準備金を取り崩すときには，資本準備金と利益準備金の間
には会社法上の順位はなく，どちらを取り崩すかは会社の任意である。準備金
の額を減少する場合，欠損の額を超えないときには，債権者保護手続は不要で
ある。

(2)　その他利益剰余金

　利益剰余金のうちで利益準備金を除いたものには，会社が営業活動を通じて
獲得した資本のうちで自主的に企業内に留保した(処分済の)任意積立金と，
それ以外の繰越利益剰余金とがある。

　イ　**任意積立金**は，会社の定款，株主総会の決議，契約などの定めによって社
内に留保されたもので，これにはたとえば事業拡張積立金，新築積立金，配当平
均積立金，社債償還に備えた減債積立金などがある。このような特定の目的を定
めた積立金のほかに，特定の目的を定めずに積み立てたのが別途積立金である。

〔設例8〕

　従業員の退職に伴い，退職金2,000万円を現金で支給し，退職給与積立
金2,000万円をも取り崩した。

　(借)　退　　職　　金　20,000,000　(貸)　現　　　　　　金　20,000,000
　　　　退職給与積立金　20,000,000　　　　　退職給与積立金取崩益　20,000,000

　この退職給与積立金は利益処分に伴い繰越利益剰余金に振り替えられ，株主
総会の決議を通じて剰余金の処分が決定される(これに対して，退職給付引当
金は利益計算のプロセスのなかに会社の黒字又は赤字にかかわらず，費用計上
される。)。一般に目的が定められた積立金の目的通りの取崩は，原則として取
締役会の権限で可能である。ただし，配当平均積立金のように，目的どおりの
取崩でもそれが配当計算に関係するものについては，その取崩に際して株主総
会の決議が必要となる。また，目的外の取崩，さらに目的の定めていない別途
積立金の取崩には，株主総会の決議が必要である。それらの手続によって積立
金の減少により繰越利益剰余金の増加となる。

　ロ　**繰越利益剰余金**はその他利益剰余金のうちで任意積立金以外のものである。これは，当期の費用と収益との差額を示す会計上の当期純損益とは明らかに異なる。通常，これは次の算式で計算される。

　繰越利益剰余金＝当期純利益＋積立金取崩額＋利益準備金減少額－剰余金の配当（利益剰余金を原資とする配当に限る。）に伴う利益準備金積立額

　上述の式で繰越利益剰余金のプラス（貸方残高）が生じるケースには，およそ次の３つがある。

①　繰越利益剰余金（貸方残高）＋当期純利益＞剰余金の配当額＋利益準備金積立額

②　繰越利益剰余金（貸方残高）＋当期純利益＋積立金取崩額＞剰余金の配当額＋利益準備金積立額

③　繰越利益剰余金（貸方残高）＋積立金取崩額＞当期純損失＋剰余金の配当額＋利益準備金積立額

　繰越利益剰余金がマイナス（借方残高）の場合には，その処理が株主総会で決定される。これには，たとえば次のケースがある。

①　繰越利益剰余金（借方残高）＋当期純損失＞積立金取崩額

②　繰越利益剰余金（借方残高）＞当期純利益＋積立金取崩額

③　当期純損失＞繰越利益剰余金（貸方残高）＋積立金取崩額

　このように，繰越利益剰余金は当期純利益と金額的に通常一致しない。また，当期純利益が生じても繰越利益剰余金がマイナス（借方残高）となることがあるし，逆に当期純損失が生じても繰越利益剰余金がプラス（貸方残高）となることもある。

　繰越利益剰余金の残高がマイナスのときに，それを填補するには，まず欠損填補積立金，次に特定の目的を定めていない別途積立金，さらに特定の目的を定めた各種の積立金を順番に取り崩す。利益剰余金の残高がマイナスのときには（その他利益剰余金のマイナス金額が利益準備金の額を上回る。），会社法では剰余金の処分（これには損益の処理，剰余金の資本金または準備金への組入

れ，任意積立金の積立てなどがあり，但し剰余金の配当やその他株式会社の財産の処分を除く。）の一環として株主総会の決議で損失の処理が認められる（会社法第452条，会社計算規則第153条）。その結果，マイナスの利益剰余金をその他資本剰余金で塡補できる。この処理は資本剰余金と利益剰余金の混同にあたらず，例外的に認められる。ここでは債権者保護手続は必要ない。

(注)　株主資本における取引に関する組み合わせを示せば以下の図の通りである。

①　これは取得請求権付株式のうちで転換予約権付株式を転換した取引である。

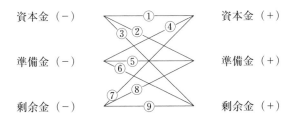

資本金（−）　　　　　　　　資本金（＋）

準備金（−）　　　　　　　　準備金（＋）

剰余金（−）　　　　　　　　剰余金（＋）

ここで取得請求権付株式とは，株主が株式会社に対してその取得を請求できるプット・オプション条項のついた株式で，そのなかに従来の転換予約権付株式型と，償還の選択権が株主にある義務償還株式型とが含まれる。前者に関しては優先株式から普通株式へ転換するタイプが一般的である（但し，逆のパターン，つまり，普通株式から優先株式へ転換するタイプもありうる。）また，かつての強制転換条項付株式のように，会社が優先株式を普通株式に強制的に転換できる取得条項付株式もこの①に属する。優先株式には，定款で定める一定の優先配当の支払の後に，さらに残余の分配可能額からも追加的な配当を受け取ることができる参加的タイプと，それのない非参加的タイプ，また定款で定める一定の優先配当がある事業年度に支払われなかったときに，その不足分について次期以降に補

塡できる旨の条件のついた累積的タイプと，その旨の条件のない非
累積的タイプの種類がある。優先株主にとっては，参加的・累積的
優先株式が最も有利となる。

　わが国では，旧商法及び会社法では伝統的に株式の種類別経理を
せず，すべての株式を一律に取り扱う主体持分説の立場に立つの
で，優先株式から普通株式に転換されても特に仕訳は必要ではな
い。しかし，かつての企業会計原則のように，株式の種類別経理を
前提とする発行持分説の立場に立つと，この転換に伴う仕訳が必要
となる。その場合に，持分関係の利害調整面から，どのような仕訳
をするのかがここでは問題となる。

　②　（借）資本金　×××　　　（貸）資本準備金　　　×××
　この貸方を利益準備金とすることは認められていない。発生源泉
が異なるからである。

　③　（借）資本金　×××　　　（貸）その他資本剰余金　×××
　②と同様の理由から，この貸方をその他利益剰余金とすることは
できない。

　④　（借）資本準備金　×××　（貸）資本金　　　　　×××
　従来は，借方を利益準備金とする準備金の資本金組入れも認めら
れていた。会社法制定時では発生源泉を異にするので，それは認め
られていなかったが，改正により再び認められる。

　⑤　この取引はない。

　⑥　（借）資本準備金　×××　（貸）その他資本剰余金　×××
　　　（借）利益準備金　×××　（貸）その他利益剰余金　×××

　⑦　（借）その他資本剰余金　×××　（貸）資本金　　　×××
　従来は借方項目を配当可能利益を原資とした配当可能利益の資本
金組入れは認められていた。会社法制定時では発生源泉を異にする
その他利益剰余金の資本金組入れは認められていなかったが，改正
により再び認められる。

　⑧　（借）その他資本剰余金　×××（貸）資本準備金　　×××

（借）その他利益剰余金 ××× （貸）利益準備金 　×××

⑨　この取引は発生源泉の混同につながるので，原則としてない。但し，繰越利益剰余金が借方残高（マイナスの値）のときに，その他資本剰余金でその欠損填補を実施したときには，この取引が例外的に生じる。

（借）その他資本剰余金××× （貸）繰越利益剰余金×××

6　会社法における剰余金の額と分配可能額

旧商法における株主に対する金銭等の分配（利益配当，中間配当，資本金及び準備金の減少に伴う払戻）及び自己株式の有償取得は，新会社法では"剰余金の配当"として統一的に財源規制されることになった。これによると，原則として株主総会の決議により，いつでも剰余金を配当できる（会社法第453条）。但し，取締役会設置会社で且つ会計監査人を設置し，取締役の任期が1年である株式会社（但し委員会設置会社以外の株式会社では，監査役会を設置したものに限る。）は，定款の定めで剰余金の配当を取締役会の決議で決定できる（会社法第459条）。なお，取締役会設置会社は，従来と同様に定款の定めで取締役会の決議により年1回だけ中間配当を実施できる（会社法第454条5項）。

この剰余金の配当を行うには，あらかじめ剰余金の金額を確定しなければならない。

（1）剰余金の額

剰余金は以下の式により算定する（会社法第446条，会社計算規則第149条・第150条）。

1)　最終事業年度末日後に剰余金の変動がなかった場合（Aのみ）

剰余金＝A｛（資産＋自己株式の簿価）－（負債＋資本金及び準備金の合計＋法務省令で定める金額（評価・換算差額等＋新株予約権））｝

（次頁の前期末貸借対照表の太枠で囲んだ剰余金A参照）

前期末の貸借対照表

資　　　　産	負　　　　債
	資　本　金
	準備金（資本準備金と利益準備金）
	法務省令で定める金額（評価・換算差額等と新株予約権）
	剰余金Ａ（その他資本剰余金とその他利益剰余金）
自己株式の簿価	

2)　最終事業年度末日後に剰余金の変動がある場合（Ａ＋Ｂ）

剰余金＝Ａ{（資産＋自己株式の簿価)−(負債＋資本金及び準備金の合計＋法務省令で定める金額(評価・換算差額等＋新株予約権))}＋Ｂ

{(自己株式処分差額＋資本金・準備金減少差益)−(消却自己株式の簿価＋最終事業年度末日後の剰余金の配当額＋以下の(①+②))}

①　最終事業年度末日後に剰余金から資本金への組み入れ又は剰余金から準備金への組み入れに伴う剰余金減少額

②　最終事業年度末日後の剰余金の配当に伴う準備金の積立額

この内容を図示すれば，以下の通りである。

	最終事業年度末の剰余金（Ａ）	×××
（Ｂ）（剰余金の変動分）	増加分（＋）：自己株式処分差額	＋）×××
	資本金減少差益	＋）×××
	準備金減少差益	＋）×××
	減少分（−）：消却自己株式の簿価	−）×××
	剰余金の配当額	−）×××
	①＋②	−）×××

剰余金の額　(A)＋(B)

（2）　分配可能額

株主に対する金銭等の交付としての剰余金の配当は分配可能額を超えてはな

らない（会社法第461条１項）。この分配可能額は上記の剰余金の額（A＋B）に基づいて以下のように算定する（会社法第401条，会社計算規則第156条・157条）。

1) 臨時計算書類を作成しているケースでは分配可能利益は，以下のように（A＋B）とCの合計額から，Dをマイナスする（会社計算規則第158条）。

分配可能額＝{(A＋B)±C}－D

分配可能額＝{（A＋B）（剰余金の額）＋C（臨時計算書類で承認を受けた期間損益）＋自己株式の処分額}－D{（保有自己株式の簿価＋最終事業年度末日後における自己株式処分額＋分配規制額（下記の①＋②)）}

① のれん等調整額（のれんを２で除した金額と繰延資産の額との合計額）が資本等金額（資本金及び準備金の合計額）を超過する額

　i) のれん等調整額≦資本等金額のときは，ゼロ

　ii) 資本等金額＜のれん等調整額≦資本等金額＋その他資本剰余金の合計のときは，のれん等調整額から資本等金額を控除した金額

　iii) のれん等調整額＞資本等金額＋その他資本剰余金の合計のとき，

　　イ：のれん÷２≦資本等金額＋その他資本剰余金の合計のときは，のれん等調整額から資本等金額を控除した金額

　　ロ：のれん÷２＞資本等金額＋その他資本剰余金の合計のときは，その他資本剰余金と繰延資産の合計額

② 最終事業年度末日にその他有価証券評価差額金及び土地再評価差額金がマイナスの場合，その合計額

2) 臨時計算書類を作成しないと，**（A＋B)－D** が分配可能額となる。

分配規制額のうちで①ののれん等調整額はその金額いかんで複雑である。そこで，それをわかりやすく簡素化すべきとすれば以下の措置が考えられる。a．のれんの償却期間を旧商法の規定のように，債権者保護の見地から５年以内の均等額以上の償却を会社計算規則上で定める。次に，ｂ．現在では繰延資産は費用処理が原則なので，その例外的な資産化を禁止する。このようにすれば，①の規制は不必要となり，分配可能額の算定がシンプル化する。

〔設例 9〕

A 株式会社の最終事業年度の貸借対照表は下記のとおりであった。

貸借対照表　　　（単位：万円）

諸資産※	13,000	諸負債	5,000
		資本金	6,000
		資本準備金	400
		利益準備金	500
		任意積立金	700
		繰越利益剰余金	600
		自己株式	△ 200
	13,000		13,000

※　諸資産にはのれんと繰延資産は含まれていない。

1　最終事業年度の末日後における剰余金の変動

　1）自己株式（帳簿価額50万円）を70万円で処分した。

　2）資本金50万円を減少させてその他資本剰余金に振り替えた。

　3）自己株式（帳簿価額30万円）を消却した。

　4）株主に剰余金の配当額300万円を現金で支払った。

　5）剰余金の配当に伴う利益準備金30万円を積み立てた。

2　臨時計算書類の作成により，臨時決算期間の当期純利益は400万円であった。

1　期末時点の剰余金は次のように計算する。

剰余金＝（資産合計＋自己株式）－（負債合計＋資本金＋準備金の合計）

　　　＝（13,000万円＋200万円）－（5,000万円＋6,000万円＋900万円）

　　　＝1,300万円

2　分配時点までにおける剰余金の変動額は次のように計算する。

剰余金＝期末日の剰余金の額＋（自己株式処分差益＋資本金減少額）

　　　－（自己株式の消却額＋剰余金の配当額＋準備金の積立額）

　　　＝1,300万円＋（20万円※＋50万円）－（30万円＋300万円＋30万円）

　　　　　　　＝1,010万円

　　※　20万円＝70万円－50万円

3　分配可能額は次のように計算する。

　分配可能額＝剰余金の額

　　　　　　　　　　　＋（臨時決算期間の損益＋臨時決算期間の自己株式処分額）

　　　　　　　　　　　－（保有自己株式の簿価＋期末日後における自己株式処分額）

　　　　　　　＝1,010万円＋（400万円＋70万円）－（120万円＋70万円）

　　　　　　　＝1,290万円

4　上記の設例では諸資産のなかにのれんと繰延資産がない。

　1）諸資産のなかにのれんが2,000万円，繰延資産が3,000万円含まれているときには，

のれん等調整額＝のれん2,000万円×1/2＋繰延資産3,000万円＝4,000万円
その結果，のれん等調整額4,000万円＜資本等金額6,900万円（資本金6,000万円＋資本準備金400万円＋利益準備金500万円）である。したがって，剰余金の分配可能額に対する規制はない。

　2）［設例9］において，のれんが6,000万円，繰延資産が4,000万円，その他資本剰余金が300万円，任意積立金が400万円で，その他の条件の変更がなければ，

のれん等調整額7,000万円（のれん6,000万円÷2＋4,000万円）＜資本等金額6,900万円＋その他資本剰余金300万円の合計7,200万円の関係となる。したがって，このケースでは分配可能額1,290万円から控除されるのは，のれん等調整額7,000万円から資本等金額6,900万円をマイナスした金額100万円である。この金額が分配規制の対象となる。

　3）［設例9］において諸資産18,000万円（このなかにのれん6,000万円，繰延資産5,000万円を含む。），諸負債9,700万円，その他資本剰余金300万円で，その他について条件の変更がないときには，期末時点の剰余金は次のように計算する。

剰余金＝（18,000万円＋200万円）－（9,700万円＋6,000万円＋400万円＋500万

　　円）

　　　＝1,600万円（これはその他資本剰余金300万円＋任意積立金700万

　　　　円＋繰越利益剰余金600万円の合計額に等しい。）

　このケースでは，のれん等調整額8,000万円（のれん6,000万円÷2＋

5,000万円）＞資本等金額6,900万円＋その他資本剰余金300万円の合計7,200

万円の関係となる。また，のれん6,000万円を2で除した金額，すなわち，

3,000万円＜資本等金額6,900万円＋その他資本剰余金300万円の合計7,200万

円である。したがって，分配可能額2,610万円（1,600万円＋1,010万円）か

ら控除されるのは，のれん等調整額8,000万円から資本等金額6,900万円をマ

イナスした金額，つまり1,100万円である。

　4）3）において，のれんが15,000万円，繰延資産が1,000万円で，その

他の条件が変わらないときには，のれん等調整額8,500万円（のれん15,000

万円÷2＋1,000万円）＞資本等金額6,900万円＋その他資本剰余金300万円の

合計7,200万円である。しかも，のれん15,000万円÷2＝7,500万円＞資本等

金額6,900万円＋その他資本剰余金300万円の合計7,200万円の関係となる。

したがって，分配可能額2,610万円から控除されるのは，その他資本剰余金

300万円と繰延資産1,000万円の合計1,300万円である。

　5　臨時計算書類を作成していない場合は分配可能額は次のように計算する。

　　分配可能額＝剰余金の額

　　　　　　　－（保有自己株式の簿価＋期末日後における自己株式処分額）

　　　　　　　＝1,010万円－（120万円＋70万円）＝820万円

なお，会社法上では分配可能額がマイナスの場合を欠損の額という（会社計

算規則第151条）。

　この自己株式の取得のうちで，①合併や吸収分割などにより相手側の有する

自己株式を取得するケース，②合併，分割，株式交換及び株式移転などによ

り，反対株主からの買い取り請求に基づいて買い受けるケース，③単元未満株

主からの買い取り請求により自己株式を買い受けるケースは，この分配可能額

の算定において財源規制の対象とはならない。

　会社法では新たに最終の事業年度末以降における期中の期間損益も，決算に準じた臨時決算書類を作成しているときには，分配可能額の計算要素に含まれる。但し，臨時計算書類においてこの期間損益の承認を受けるためには，監査役設置会社または会計監査人設置会社は，監査役または会計監査人（委員会設置会社では監査委員会及び会計監査人）の監査を受ける必要がある（会社法第441条2項）。臨時計算書類は取締役会または株主総会の承認を受けねばならない（会社法第441条3項・4項）。

　会社法では配当財産として金銭配当以外に現物配当も新たに認められる。これを実施するには株主総会の決議が必要である（会社法第454条4項）。

　株式会社の純資産額が300万円を下回るときには，剰余金の配当はできない（会社法第458条）。

　なお，連結配当規制適用会社（連結計算書類に基づいて株式会社の分配可能額を算定する会社）においては，分配可能額から以下の式で算定される金額が控除される（会社計算規則第158条第4号）。

　　分配可能控除額＝(個別の株主資本＋その他有価証券評価差額金＋土地再評
　　　　　　　　　　価差額金)－のれん等調整額(のれん等調整額＞資本金＋資
　　　　　　　　　　本剰余金＋利益準備金の合計額のときのその差額)＋(最終
　　　　　　　　　　事業年度の末日後に子会社から取得した自社の株式に関す
　　　　　　　　　　る親会社の持分相当額)－(連結の株主資本＋その他有価証
　　　　　　　　　　券評価差額金＋土地評価差額金)－のれん等調整額

　なお，上式におけるその他有価証券評価差額金と土地再評価差額金はいずれも評価損（マイナス）の場合を前提とする。

　これより，個別ベースでの剰余金等の金額が連結ベースでの剰余金等の金額を上回るときには，その差額が分配可能額から除外される。

7　評価・換算差額等

評価・換算差額等には以下の項目が含まれる。

①　その他有価証券評価差額金

これは，純資産の部に計上されるその他有価証券の時価が取得原価を上回る評価差額を指す。

② 繰延ヘッジ損益

これは，ヘッジ対象に関する損益が認識されるまで繰り延べられるヘッジ手段に関する損益又は時価評価差額をいう。

③ 土地再評価差額金

これは，土地の時価が取得原価を上回る評価差額をいう。

8　株式引受権

　2021年1月に実務対応報告第41号「取締役の報酬等として株式を無償交付する取引に関する取扱い」が公表され，それに伴ない企業会計基準第5号「貸借対照表の純資産の部の表示に関する会計基準」が同時に改正された。

　取締役の報酬等として株式を無償交付する取引は，自社の株式オプションを報酬とする点で，以下の9で触れるストック・オプションに類似する。前者には，対象勤務期間の開始後速やかに，契約上の譲渡制限が付された株式の発行等が行われ，権利確定条件が達成された場合には譲渡制限が解除され，権利確定条件が達成されない場合には，企業が無償で株式を取得する①「事前交付型」と，契約上，株式の発行等について権利確定条件が付されており，権利確定条件が達成された場合に株式の発行等が行われる②「事後交付型」とがある。

　①の「事前交付型」に関して新株発行のケースでは，割当日には発行済株式数は増加するが，財産等の増加はないので払込資本は増加させない。対象勤務期間については，取締役等が提供するサービスを費用に計上し，その金額は株式の公正な評価額に基づいて，資本金または資本準備金に計上する。没収に伴い，企業が無償で株式を取得するときには，自己株式数のみを増加させる。これに対して，自己株式を処分するケースでは，割当日に自己株式の帳簿価額を減額し，同額のその他資本剰余金を減額する。対象勤務期間では報酬費用とそれに対応するその他資本剰余金を計上する。没収に伴い，割当日に減額した自

己株式の帳簿価額のうちで無償取得した部分の額の自己株式を増額し，同額の
その他資本剰余金を増額する。

　②の「事後交付型」に関しては，新株発行のケースでは後述するストック・
オプションと同様に対象勤務期間に報酬費用とそれに対応する株式引受権を計
上する。割当日には株式引受権を資本金または資本準備金に振り替える。これ
に対して自己株式を処分するケースでは，対象勤務期間では報酬費用とそれに
対応する株式引受権を計上する。割当日に自己株式の取得原価と，株式引受権
の帳簿価額との差額を自己株式処分差額として，その他資本剰余金に増減させ
る。

9　新 株 予 約 権

　新株予約権とは，株式会社に対して行使することにより，その会社の株式の
交付を受けることができる権利を指す。株式会社がこの新株予約権を交付する
ときには，新株予約権と交換された金銭の払込みの金額，金銭以外の財産の給
付額あるいは当該会社に対する債権との相殺の額等を増加すべき新株予約権の
額とする（会社計算規則第55条）。

　新株予約権は誰にでも発行でき，株主総会の決議で金銭の払込みを要しない
発行や，第三者への有利発行も認められる（会社法第238条第1項②）。

　平成17年に公表された「ストック・オプション等に関する会計基準」による
と，ストック・オプションとは，企業がその従業員等にその報酬として自社株
式オプションを付与したものである。自社株式オプションは，一定の金額の支
払により株式を取得する権利（これを自社株式を原資産とするコール・オプシ
ョンという。）であり，会社法上では新株予約権がこれに該当する。ストッ
ク・オプションは以下のように会計処理される。

（1）　ストック・オプションの権利が確定するまでの処理

①　ストック・オプションを付与し，企業が従業員等から取得するサービスを，その取得に応じて費用に計上する。そのサービスの取得価額は，付与されたストック・オプションの公正な評価額で算定する。

②　各期間の費用額（人件費）は，ストック・オプションの公正な評価額を，対象勤務期間を基礎とする方法等に基づいて配分し，その相手科目についてはストック・オプションの権利の行使または失効が確定するまでの間で，純資産の部として計上する。

　　かりに，ストック・オプションの付与日から権利確定日まで期間が2年で，ストック・オプションの評価額が1,000万円，付与日から当期末の決算日まで6ヶ月が経過したと仮定すると，1,000万円に6ヶ月／24ヶ月を乗じた金額，すなわち250万円が次のように仕訳される（但し権利の失効はないとする）。

（借）　株式報酬費用　2,500,000　　（貸）　新株予約権　　　　2,500,000

（2）　権利確定日以降の処理

①　権利行使期間5年以内にストック・オプションの行使を受けて新株を発行したときには，新株予約権として計上された金額のうちでその行使対応分を払込資本に振り替える。いま，行使時の払込額が3,000万円で，新株予約権に対する行使対応分が40％であれば，100万円（250万円×40％）が払込資本に振り替えられる。その全額を資本金に計上すると，次のように仕訳される。

（借）　現金預金　　30,000,000　　（貸）　資　本　金　　　31,000,000
　　　　新株予約権　1,000,000

②　ストック・オプションの行使に対して自己株式を交付すると，払込額および新株予約権と自己株式の簿価との間に，自己株式処分差損益が生じる。自己株式の簿価が2,900万円とすると，次のように仕訳される。

（借）　現金預金　　30,000,000　　（貸）　自己株式　　　　29,000,000
　　　　新株予約権　1,000,000　　　　　　自己株式処分差益　2,000,000

③　ストック・オプションの権利が権利行使期間内に行使されず失効した
　　ときには，利益に戻し入れる。未行使分を50万円とすると，次のように
　　仕訳される。

　　　（借）　新株予約権　　　500,000　　　　（貸）　新株予約権戻入益　　　500,000

　なお，上の（1）において，国際的な基準（国際財務報告基準書第2号およ
び米国財務会計基準書第123号）では貸方を払込資本の増加として処理する。

　会社法上，自己新株予約権を取得できるが，それを行使することは自己株式
の取得となるので，できない（会社法第280条第6項）。

§9　貸借対照表の性格

　貸借対照表項目は原則として適正な期間損益計算を中心とした動態論の立場
から一義的に決定される。たとえば，繰延資産や引当金の貸借対照表への計上
はそれを示すし，また原価主義に基づく資産評価もそれを明示している。つま
り，制度会計上の貸借対照表能力と評価は，利益計算中心の動態論の枠組みで
規制されている。その意味で動態論的思考の重要性は強調されるべきである。
　しかし，貸借対照表はこの動態論によってすべて説明しうるものではない。
それを状態表示的側面を中心とした静態論によって補完することが不可欠であ
る。この具体例が次の諸点である。
　第1は，貸借対照表全体に関する一般的な説明に関してである。企業会計原
則では貸借対照表は企業の財政状態を示すといい，会社法ではそれは財産状況
を示すとしている。その具体的内容は必ずしも明らかではないが，少なくとも
その表現からは貸借対照表に関して，ある種の状態表示機能が考えられている
とみてよい。その点に関して，たとえば次のような解釈も可能である。株主中
心の立場からは，株主から調達した資本とその運用状況に基づく純資産表示が
重要となる。また，企業の立場からは，資本の経営効率の面で企業が調達した
資本総額とその運用状況に関する状態表示が重要となる。いずれにせよ，貸借
対照表の全体的な説明において静態論的解釈が必要である。

　第2に，動態論によってあらかじめその計上が決定された項目に関して，客観性を考慮してその計上を限定しようという考え方が存在する。すなわち，単に次期以降に対して収益への貢献もしくは費用の発生が見込まれるからといって，それらの項目がすべて貸借対照表にただちに計上されるわけではない。資産および負債の実在性が確認されてはじめて，貸借対照表への計上が最終的に認められるのである。繰延資産や引当金に関しては，特にこの客観性の面から貸借対照表への計上が限定される。

　第3に，低価基準はある面で静態論と無関係ではない。低価基準を適用する際の原価と比較すべき時価に関して再調達原価を前提とする場合には，たしかに原価の有効性として低価基準をとらえる損益計算的立場が主張されていた。しかし，時価の内容を正味売却価額ととらえる場合には，そこでは回収可能性が問題となるので，静態論的解釈も可能である。また，低価基準の適用は部分的な時価主義の適用となり，それは債権者保護の見地に役立つ保守的経理に通じる。したがって，この面から低価基準は静態論と一定の関係を有する。

　第4に，貸借対照表の最終合計数値もしくは純資産の金額に積極的な意味をもたせようとする資本在高計算（資本計算）も，実は静態論と緊密な関係を有する。企業が実際に調達した資本額を貸借対照表に表示させようという考え方に立てば，社債発行費は社債の評価勘定と解される。株式交付費も同様に考えることができる。また，資本運用の面からは，贈与資産をゼロ評価すべきではなく，それが営業活動に利用され利益獲得に貢献しているので，それを適正に評価して資産計上すべきである。これによって，資本の効率的利用の目安となる企業の資本利益率$\left(\dfrac{利益}{資本}\right)$が正しく算定されるからである。

　第5に，貸借対照表の分類も静態論的思考を明示している。いわゆる流動・固定の区分を前提とし，流動性配列法に基づく一般的な貸借対照表分類論は短期的な支払能力の判定を目的とする。それは利益計算思考とは明確に区別されねばならない。財務構造の健全性を重視する固定性配列法もまた，静態論と関連性をもつ。

第6に，貸借対照表を対象に行われる財務分析，特に流動比率$\left(\dfrac{流動資産}{流動負債}\right)$をはじめ固定比率$\left(\dfrac{固定資産}{自己資本}\right)$，負債比率$\left(\dfrac{他人資本}{自己資本}\right)$，当座比率$\left(\dfrac{当座資産}{流動負債}\right)$，長期資本適合率$\left(\dfrac{固定資産}{自己資本＋固定負債}\right)$などの静態比率は，明らかに貸借対照表における静態論的思考をある意味で示す。ここで，自己資本は純資産から株式引受権及び新株予約権を控除した金額で計算する。

　このようにみてくると，貸借対照表において利益計算中心の動態論の重要性は一義的に否定できないとしても，その補完的役割を果たす静態論を軽視すべきではない。つまり，貸借対照表は動態論と静態論の両面を有しており，この2つの面によってはじめて，貸借対照表を性格づけることができる。

　(注)　一口に静態論といっても多種多様なものが存在するが，次の2つは特に重要である。1つは企業の事実上の会計主体を事業主ないし株主ととらえ，この立場から貸借対照表を考察する考え方である。これに従うと，貸借対照表は事業主ないし株主に対する一種の財産状態を表示する。すなわち，事業主ないし株主から調達した資本とその運用結果を表示し，あるいは純資産をその実在面と源泉面とから示したものと解される。いずれにせよ，ここでは資産－負債＝資本という資本等式に基づく解釈が重要となる。たとえば純資産（ただし，新株予約権を除く。）に対する税引後当期純利益の割合を示す自己資本利益率（return on equity；ROE）や，株価を1株当たりの純資産で除して算定される株価純資産倍率（price book-value ratio；PBR）などの比率はこの静態論と関係する。

　これに対して，もう1つは，事業主ないし株主の見地に代えて企業自体の見地から貸借対照表を考察する考え方である。この企業の見地からは，負債は資産から控除されるべき性質というよりは，むしろ資本と同じ性質，つまり企業に投下された名目資本ないし企業が調達した資本の一部と解される。その結

果，この立場では貸借対照表の貸方側は企業が調達した資本総額を，また借方側はその運用形態を示すと解される。言い換えれば，貸方側は資本調達の源泉を，借方側はその資本の具体的な存在形態（いかなる資産に具体的に投資しているかどうか）を表示するのである。これはまさしく資産＝負債＋資本という貸借対照表等式に基づく解釈ということができる。たとえば，総資本利益率 (rate of return on total assets, rate of return on investment ; ROI) や経営資本利益率 (rate of return on operating capital) などのように，資本の経済的な利用効率を問題とした動態比率の一部も，この静態論と関係する。

　この2つの静態論のうちで，事業主もしくは株主の立場に基づく静態論は，制度会計との結びつきが強いが，しかし企業の立場に基づく静態論もまた，企業の合理的な経営管理の面から重要である。

参 考 文 献

1　貸借対照表の全般に関するもの：
シュマーレンバッハ著，土岐政蔵訳『動的貸借対照表論』森山書店，1950年。
シュマーレンバッハ著，土岐政蔵訳『第12版・動的貸借対照表論』森山書店，1959年。
山下勝治『貸借対照表論』中央経済社，1965年。
谷端長『動的会計論』（増補版）森山書店，1968年。
飯野利夫『資金的損益貸借対照表への軌跡』国元書房，1979年。
土方久『近代会計の基礎理論』森山書店，1981年。
土方久『貸借対照表能力論』森山書店，1998年。
新田忠誓『動的貸借対照表論の原理と展開』白桃書房，1995年。
五十嵐邦正『静的貸借対照表論の研究』森山書店，1996年。
五十嵐邦正『現代静的会計論』森山書店，1999年。
五十嵐邦正『現代財産目録論』森山書店，2002年。
五十嵐邦正『会計理論と商法・倒産法』森山書店，2005年。

2　貸借対照表の各論について論じたもの：
嶌村剛雄『資産会計の基礎理論』中央経済社，1976年。

片野一郎編『資産会計論』（近代会計学体系・第4巻）中央経済社，1970年。
斎藤静樹編『企業会計における資産評価基準』第一法規，1994年。
渡辺進『棚卸資産会計』森山書店，1958年。
番場嘉一郎『棚卸資産会計』国元書房，1963年。
平敷慶武『動的低価基準論』森山書店，1990年。
太田哲三『固定資産会計』国元書房，1951年。
沼田嘉穂『新版固定資産会計』ダイヤモンド社，1972年。
高瀬荘太郎『グッドウォルの研究』森山書店，1933年。
久野秀男『無形固定資産会計序説』同文舘，1969年。
古賀智敏『知的資産の会計』（改訂増補版）千倉書房，2012年。
古賀智敏編『知的資産ファイナンスの探究』中央経済社，2007年。
伊藤邦雄編『無形資産の会計』中央経済社，2006年。
米山正樹『減損会計』（増補版）森山書店，2003年。
梅原秀継『減損会計と公正価値会計』中央経済社，2001年。
カー著，徳賀芳弘訳『負債の定義と認識』九州大学出版会，1987年。
横山和夫『引当金会計制度論』森山書店，2013年。
今福愛志『年金の会計学』新世社，2000年。
丹波康太郎『資本会計』中央経済社，1957年。
新井清光『資本会計論』中央経済社，1965年。
番場嘉一郎編『持分会計論』（近代会計学体系・第5巻）中央経済社，1970年。
中村忠『資本会計論』（増訂版）白桃書房，1975年。
弥永真生『資本の会計』中央経済社，2003年。
堀村不器雄監修・日本公認会計士協会編，『Q&A資本取引等をめぐる会計と税務』清文社，2007年。
五十嵐邦正『資本会計制度論』森山書店，2008年。
石川鉄郎・北村敬子編『資本会計の課題』中央経済社，2008年。
山田純平『資本会計の基礎概念』中央経済社，2012年。
池田幸典『持分の会計』中央経済社，2016年。
佐藤信彦編『引当金・準備金制度論』中央経済社，2021年。

Ⅳ 損益計算書

§1 損益計算書の分類

損益計算書は一期間における企業の経営成績を表示したもので，貸借対照表と並んで重要な財務表である。その簡単な分類についてはすでに触れた。ここではそれについてやや詳しく説明する。

1 企業会計原則に基づく損益計算書

企業会計原則によれば，損益計算書の本質は当期の収益と費用によって当期純利益を計算表示するものである。損益計算書は，以下に示すように，営業損益計算，経常損益計算，純損益計算，さらに当期未処分利益計算による区分計算が前提となる。このうちで企業会計原則では，純損益計算の区分までが損益計算書の固有の領域であり，当期未処分利益計算は厳密には損益計算書にとって不可欠な要素ではない。制度上，商法との調整から損益計算書のなかに，この未処分利益計算の部が設けられていた。したがって，それは正確には損益および利益処分結合計算書というべきものである。そして，この当期未処分利益によって，制度的には貸借対照表と損益計算書とが結びついていた。

しかし，会社計算規則の制定により，当期純損益の金額までが損益計算書となり，財務諸表等規則もこれと同様となった。

企業会計原則に基づく損益計算書
自平成×年×月×日　至平成×年×月×日

Ⅰ　営業損益
　1　売上高　　　　　　　　　　　　　　×××
　2　売上原価　　　　　　　　　　　　-)×××
　　　売上総利益　　　　　　　　　　　×××
　3　販売費および一般管理費　　　　　-)×××
　　　営業利益　　　　　　　　　　　　×××
Ⅱ　経常損益計算
　1　営業外収益　　　　　　　　　　　+)×××
　2　営業外費用　　　　　　　　　　　-)×××
　　　経常利益　　　　　　　　　　　　×××
Ⅲ　純損益計算
　1　特別利益　　　　　　　　　　　　+)×××
　2　特別損失　　　　　　　　　　　　-)×××
　　　税引前当期純利益　　　　　　　　×××
　3　法人税・住民税額等　　　　　　　-)×××
　　　当期純利益　　　　　　　　　　　×××
Ⅳ　当期未処分損益計算
　1　前期繰越利益　　　　　　　　　　+)×××
　2　積立金取崩額　　　　　　　　　　+)×××
　3　中間配当額　　　　　　　　　　　-)×××
　4　中間配当に伴う利益準備金積立額　-)×××
　　　当期未処分利益　　　　　　　　　×××

2　財務諸表等規則に基づく損益計算書

　財務諸表等規則では損益計算書は，基本的には企業会計原則に類似しているが，営業損益計算の部・経常損益計算の部・純損益計算の部・当期未処分利益計算の部に区分表示されていない。そこでは売上高・売上原価・販売費および一般管理費・営業外収益・営業外費用・特別利益・特別損失に分けて表示される。

財務諸表等規則に基づく損益計算書
自平成×年×月×日　至平成×年×月×日

I	売上高	×××
II	売上原価	－)×××
	売上総利益	×××
III	販売費および一般管理費	－)×××
	営業利益	×××
IV	営業外収益	＋)×××
V	営業外費用	－)×××
	経常利益	×××
VI	特別利益	＋)×××
VII	特別損失	－)×××
	税引前当期純利益（税引前当期純損失）	×××
	法人税，住民税及び事業税	－)×××
	法人税等調整額	±)×××
	当期純利益（又は当期純損失）	×××

　なお，平成23年度からは，上場企業は連結財務諸表において国際的な会計基準との対応から従来の損益計算書を発展させて新たに次の２つの方式のいずれを選択適用する。

［１計算書方式］		［２計算書方式］	
〈連結損益及び包括利益計算書〉		（1）〈連結損益計算書〉	
⋮		⋮	
当期純利益	×××	当期純利益	×××
その他の包括利益：		（2）〈連結包括利益計算書〉	
その他有価証券評価差額金	×××	当期純利益	×××
繰延ヘッジ損益等	×××	その他の包括利益	
その他の包括利益合計	×××	その他有価証券評価差額金	×××
包括利益	×××	繰延ヘッジ損益等	×××
		その他の包括利益合計	×××
		包括利益	×××

3　会社計算規則に基づく損益計算書

　会社計算規則に基づく損益計算書は以下のように分類される。それからわかるように財務諸表等規則との違いはない。

　このように，わが国の損益計算書はいずれも区分計算が前提である。これ

会社計算規則に基づく損益計算書 ｛ 自平成×年×月×日
至平成×年×月×日

売上高	×××
売上原価	－) ×××
売上総利益	×××
販売費および一般管理費	－) ×××
営業利益	×××
営業外収益	＋) ×××
営業外費用	－) ×××
経常利益	×××
特別利益	＋) ×××
特別損失	－) ×××
税引前当期純利益（税引前当期純損失）	×××
法人税等	－) ×××
法人税等調整額	±) ×××
当期純利益（又は当期純損失）	×××

は，区分計算を通じて企業の経営成績に関する種々の情報提供をめざすためである。なお，この区分損益計算書に対照的なのが無区分損益計算書である。これは収益から控除されるべき費用の優先的順序を否定し，たとえば売上総利益や営業利益などの中間的な利益概念は一切示されない。それは，総収益と総費用との比較によって当期純損益を一括して算出する損益計算書の方式である。ここでは，収益全体と費用全体とのそれぞれ同質性を前提としている。

4　収益および費用の一般概念

　収益は財貨または役務の提供を通じて得られた資産増加または負債減少の原因をいい，株主資本の増加をもたらす。これに対して，費用は収益を獲得するために犠牲にされた財貨または用役の消費を意味する。したがって，これは資産減少または負債増加の原因であり，株主資本の減少をもたらす。収益および費用はいずれもフロー（flow）の概念である。

　収益および費用は総額（グロス）でとらえる場合と，純額（ネット）でとらえる場合とがある。営業損益のときには総額でとらえ，営業外損益や特別損益のときには純額でとらえるのが一般的である。その理由は，本来の営業活動で

はその業績内容を詳しく分析するため，総額による情報がぜひとも必要であるのに対して，それ以外の付随的な営業活動や経常的に発生しない損益については，その取引の結果が正味の現金流入額または流出額に与える影響に着目して，純額が重視されるからである。

　この収益および費用は，それぞれ収入および支出によって測定される。しかし，注意すべきは，すでにⅡの§2における経過勘定項目のなかで説明したように，当期の収益はただちに当期の収入をもたらすとはかぎらず，同様に当期の費用はただちに当期の支出を意味しない点である。つまり，両者の期間帰属は相違するため，決算手続を通じてこの収入および支出の期間帰属を正しく行う必要がある。このような会計を**発生主義会計**といい，それは，当期の収支をただちに当期の損益に計上する**現金主義会計**と対立している。

§2　営業収益の計算

1　営業収益の認識基準

　主たる営業活動に基づいて発生した収益が営業収益である。これを把握するためには，それをいつの時点で収益として把握するのか，またそれをいかなる金額で計上するのかという2つにわけて考える必要がある。前者が収益の認識基準であり，後者が収益の測定基準である。

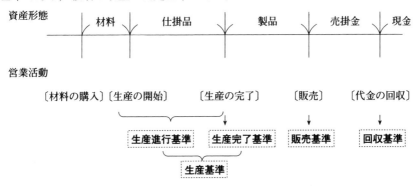

　営業収益の認識基準には，上記に示す販売基準（sale　basis），回収基準（collection basis)，生産基準（production basis），時間基準（time basis）などがある。

　なお，ここで注意すべきは，企業の収益が，実質的には材料の購入から生産過程を経て，販売および代金の回収といった一連の営業活動全体によって稼得されている点である。しかし，会計上はそれぞれの活動がどれだけ収益に貢献したかを計数的に把握することは困難である。そこで，ある特定の事実ないし事象に関係づけて客観的に収益を認識せざるをえない。この点から，収益の稼得と収益の認識時点を明確に区別する必要がある。

（1） 販 売 基 準

① 通常の販売形態

　販売基準は，通常の販売形態では商製品の販売時点で営業収益を認識する。これは市場生産に基づく製造業や商品売買業に適用される。継続的ではなくて１回かぎりの用役の提供の場合にも，その提供時点で同様に収益が認識される。通常，この販売基準は**実現原則**（realization principle）の典型とみなされる。法律上は売り手から買い手への所有権の移転をもって販売の成立とみなすのに対して，会計上は企業から財貨が流出する経済的事実を重視して，仕切り状の作成をもって販売の成立とみなすのが一般的である（出荷基準）。ただし，注文した商製品の検収後にはじめて販売が成立する場合もある（検収基準）。

　新収益認識会計基準（304頁参照）によると，財またはサービスを提供し，顧客に資産に対する支配が移転する時点で収益を認識する。したがって，検収基準がメインである。但し出荷から検収まで通常の期間内（数日間）であれば，出荷基準を従来通り適用できる。

　販売基準が今日，営業収益の一般基準となるのは，以下の理由に基づく。

　a　販売を通じて生産物の販売価格が明確となり，収益の確実性がある。

　b　販売活動が経済活動のなかで最も重要な財務的事象である。

　c　生産物に生じた原価およびそれに関連するコストの把握が，販売時点で可能となる。

　d　販売時点で，貨幣請求権の裏付けのある処分可能な利益を把握できる。

> (注)　実務では，商品の売買に関して消費税が課せられている。消費税を最終的に負担すべき者は消費者である。したがって，企業にとってはこの消費税に相当する金額を一時的に支払ったり，あるいは預かっているにすぎない。消費税の処理には，税抜方式と税込方式とがある。

〔設例1〕

1　商品10,000円を掛けで仕入れ，消費税10%を含めて現金で支払った。
2　上記の商品を15,000円で現金で販売し，10%の消費税を含めて現金で受け取った。
3　企業が納付すべき消費税を期末に計上する。

A　税抜方式
1　(借) 仕　　入　　10,000　　(貸) 現　　　金　　11,000
　　　　仮払消費税　　1,000
2　(借) 現　　金　　16,500　　(貸) 売　　　上　　15,000
　　　　　　　　　　　　　　　　　　仮受消費税　　1,500
3　(借) 仮受消費税　1,500　　(貸) 仮払消費税　　1,000
　　　　　　　　　　　　　　　　　　未払消費税　　　500

B　税込方式
1　(借) 仕　　入　　11,000　　(貸) 現　　　金　　11,000
2　(借) 現　　金　　16,500　　(貸) 売　　　上　　16,500
3　(借) 租税公課　　　500　　(貸) 未払消費税　　　500

② 特殊な販売形態

特殊な販売形態の場合には，収益はそれぞれ次のように認識される。
委託販売においては，受託者が委託品を販売し，顧客が財の支配権を獲得した時点で収益が認識される。

〔設例2〕

1　委託販売のため，商品（原価50,000円，売価80,000円）を発送し，運
　賃3,000円は現金で支払った。
2　上記の商品に関する売上計算書が到着し，委託販売に対する手数料
　3,000円を差し引いた金額を当座預金とした。

1	（借）積送品	53,000		（貸）仕　　入	50,000		
				現　　金	3,000		
2	（借）当座預金	77,000		（貸）積送売上	80,000		
	販売手数料	3,000					

　　なお，この販売時点または決算日に次の仕訳が必要となる。

　　　（借）仕　　入　　　53,000　　　（貸）積送品　　　53,000

　試用販売においては，得意先が買取の意思を表示し，財の支配権を獲得した
時点で収益が認識される。

〔設例3〕

1　得意先に試用販売のため，商品（原価30,000円，売価50,000円）を引
　き渡した。
2　得意先から上記の商品を買い取る旨の通知があった。

1	（借）試用品	30,000	（貸）仕　　入	30,000
2	（借）売掛金	50,000	（貸）売　　上	50,000

　　この販売時点または決算時に次の仕訳が必要となる。

　　　（借）仕　　入　　　30,000　　　（貸）試用品　　　30,000

　予約販売では，商品等を引き渡した時点で収益が認識される。
　割賦販売では，原則として商製品の引き渡し時点で収益が認識される。
　なお，企業の内部の本店，支店，営業所などに独立した会計単位を導入し，
かつ相互間の商製品の移動に際して経営管理目的から，原価に一定の金額を加
算している場合がある（これを振替価格という。）。そこでの相互間における商

製品の移動は販売ではなく，期末に売残りがあるときには，この振替価格に含まれる内部利益を，本支店全体の財務諸表の作成に際して控除する。

（2） 回収基準の取扱い

　回収基準は，販売した財貨または提供した用役の対価の支払期限が到来した日（支払期日到来基準）または入金の時点（入金基準）で収益を認識する基準である。これは，これまで割賦販売や延払条件付譲渡・延払条件付請負（これは対価の支払が3回以上に及び，譲渡または請負の目的物の引渡しの期日の翌日から最終的な支払期限まで2年以上で，譲渡または請負の目的物の引渡期間までの合計額が対価の3分の2以下である契約をいう。）の場合に適用された。

　回収基準の根拠は次のとおりである。

　a　回収の危険性がある。

　b　販売後の代金回収等に多くのアフターコスト（事後費用）がかかる。

　c　収益の計上に関して最も確実性を重視する。

　顧客に資産の支配が移転する時点で収益を認識する新収益認識会計基準の設定に伴い，回収基準は廃止される。但し，税務上リース取引は，従来通り延払基準を適用できる。

（3） 生 産 基 準

　製造過程との関連で収益を認識するのが生産基準である。これには，生産の完了した時点で収益を認識する生産完了基準と，生産の進行度合に応じて収益を認識する生産進行基準とがある。

① 生産完了基準

　これは主に穀物等の農産物経営や貴金属業などに適用可能とされる。その根拠は次のとおりである。

　a　売価が生産完了時点でほぼ確実であり，また市場価格が安定している。

　b　販売費が比較的かからない。

　c　通常はいつでも売却が可能である。

　d　企業活動の中心が販売活動よりもむしろ生産活動にある。

この生産完了基準は，売渡価格が予め定められている穀物等に適用される場

合が多いので，収穫基準（crop basis）とも呼ばれる。また，採油業のように石
油の市場価格が時期によってはかなり変動しても，それは一般にいつでも売却
可能であるから，その業種にも適用可能であるが，実務上の適用例はない。こ
の基準を適用すると，当該生産物について販売価格から見積処分費を控除した
金額で評価される。つまり，時価評価に基づいて収益が計上され，未実現利益
の計上につながり，実現原則に反する結果となる。

　生産完了基準では，顧客にまだ資産の支配が通常は移転していないので，そ
の適用は新収益認識基準の設定によりできない。

　②　生産進行基準

　これは主に建設業や造船業などのように長期請負工事に適用され，そのよう
な生産の度合に応じて収益を認識する基準を**工事進行基準**という。これと対照
的なのが，工事が完了しそれを引き渡した時点で収益を認識する工事完成基準
である。これは，すでに述べた販売基準と事実上同じである。

　この工事進行基準の根拠は，いわゆる業績評価の観点であり，会計上費用収
益対応の原則に基づく。工事を開始してから完成するまでに数年間を要する場
合，もし販売基準の一種と解される工事完成基準を適用すると，工事が完成す
る年度までの間には一切の収益も費用も認識されない結果となる。したがっ
て，その期間中には企業の経営努力は何ら損益計算に反映されず，企業の業績
を評価するときには必ずしも望ましくない。そこで，工事の進行度合に応じ
て，経営努力とその成果を損益計算に反映させるのが工事進行基準である。

　A　工事進行基準の適用

　新収益認識会計基準では，以下の要件のいずれも満たし，工事進捗度を合理
的に見積もることができる場合には，工事進行基準を適用する。

　①　契約上の義務履行に応じて顧客が便益を享受する。

　②　義務履行により顧客に資産が発生したり，または資産価値が増加する。

　③　義務履行に伴い別の用途への転用ができない資産が生じ，かつ履行義務
　　の完了部分について対価として強制力のある権利を有する。

　進捗度の見積りには（a）アウトプット法（顧客の価値に対する直接的な見

積りと契約における約束した財またはサービスとの比率で収益を認識する）
と，（ｂ）インプット法（契約の取引開始日から履行義務を完全に充足するま
での予想されるインプットの合計に占める割合に基づいて収益を認識する）と
がある。

〔設例5〕

　工期が6年かかる長期請負工事の工事請負価格は4,000万円（見積総工
事原価3,000万円），第1年度の実際工事原価は600万円であった。工事の
実際原価で工事の進捗度を合理的に見積ることができる。

（借）	未成工事支出金	6,000,000	（貸）	材料費等	6,000,000
	工事未収金	5,000,000		工事収益	8,000,000※
	契約資産	3,000,000			

※　工事完成度合は600万円÷3,000万円＝20％。したがって，工事収益は4,000
　万円×20％＝800万円となる。その結果，未成工事支出金600万円が費用とし
　て，また800万円が収益としてそれぞれ計上され，工事利益は200万円となる。

> **(注)**　工事未収金は対価に対する企業の権利が無条件の法的債権で
> ある。これに対して契約資産は，企業が顧客に移転した財また
> はサービスと交換に受け取る対価に対する企業の権利のうち
> で，顧客との契約から生じた法的な債権以外をいう。つまり契
> 約資産はまだ法的な債権に至っていない経済的債権である。

B　工事損失引当金の計上

　工事契約に関して工事原価の総額が工事収益の総額を上回る可能性が高く，
その金額の合理的な見積りができるときには，その差額のうちですでに計上し
た損益額をマイナスした残額を工事損失として工事損失引当金を計上する。

　例えば3期に及ぶ工事を80億円で請け負い，受注時点における工事原価の総
額の見積が70億円であったとする。第1期及び第2期にそれぞれ工事利益を5
億円と2億円を計上したが，第3期に資材価額及び人件費の高騰で原価が12億

円増加する見込みである。工事請負額80億円と工事原価額82億円（70億円＋12億円）との差額，すなわちマイナス2億円と，すでに計上した利益総額7億円（5億円＋2億円）との差額，つまりマイナス9億円を工事損失引当金として第3期に計上する。

> **（注）** 進捗度が合理的に見積ることができないケースであっても，当該履行義務を充足するに応じて原価を回収できる範囲で収益を認識する（原価回収基準）。例えば，その時点までに発生した工事原価1,000万円を費用に計上するとともに，完成工事高としての収益を1,000万円両建てで計上する。
>
> 　工事がきわめて短期の工事契約に限り，重要性の原則から工事完成基準を適用できる。

> **（注）　実現概念：**
> 　伝統的な実現概念は次の2つの要件を必要とする。すなわち，a　財貨または用役の提供　b　流動性ある資産の取得がこれである。したがって，これらの要件を満たすのは通常は販売時点であり，この意味での実現主義は販売基準と同義である（最狭義の実現概念）。その結果，この実現概念を前提とすると，販売基準の適用からは実現利益が，また生産基準の適用からは未実現利益が生じる。
> 　このほかにも，いくつかの考え方がある。
> 　その1つが実現を単に収益だけに限定せず，費用や資産などについても拡張し，広く会計上の認識の意味で実現概念をとらえる考え方である（最広義の実現概念）。もう1つは収益の認識基準と同義に実現をとらえ，その要件として実現を考える考え方である（広義の実現概念）。この考え方によると，①客観的測定可能性，②市場取引の存在，③収益獲得活動における決定的

事象の有無の3つが実現の要件と解される。ここでは，収益の
要件として確実性が重視され，伝統的な実現概念の場合と違っ
て実現利益と未実現利益とを区別する実益はなくなる。

第2編のⅨで取り上げるデリバティブ取引との関連で，自由
な取引市場と客観的な市場価格があり，収益（および費用）を
確定しさえすれば，たとえ財貨または用役を授受していなくて
も，収益（および費用）を認識できるとする実現可能性（客観
性）を重視した実現主義の方向が重視されている。

2 営業収益の測定基準

営業収益は，わが国では売買契約で定められた取引価格に基づいて測定され
るのが普通である（取引価格基準）。したがって，それは，現在または将来に
おいて企業に現金増加としての収入をもたらす。貸倒れは，わが国では営業収
益の測定と切り離して処理される。

(1) 取引価格基準

新収益認識会計基準では，取引価格は財またはサービスの顧客への移転と交
換に企業が権利を得ると見込まれる対価の額である。この取引価格のうちで当
該履行義務に配分した額で収益の額を算定する。顧客と約束した対価のうちで
変動する可能性のある部分を変動対価という。この見積りには，① 対価の最
も可能性の高い単一の金額（最頻値）による方法か，あるいは② 発生すると
見込まれる対価の額を確率で加重平均した金額（期待値）による方法のいずれ
か適切に予測しうる方法を用いる。

この変動対価の対象となりうるのが重要な履行義務に該当する値引き，リベ
ート，返品権付き販売，ポイント付与などである。

なお，顧客との契約に重要な金融要素が含まれるときには，取引価格の算定
にあたって約束した対価の額に含まれる金利相当額の影響を調整する。その結
果，収益は財またはサービスに対して顧客が支払うと見込まれる現金販売価格

で計上する。この考え方に基づいて，一定期限内に代金を回収する場合，早期にその代金の一部を減額する売上割引は従来，支払利息の一種として営業外費用に表示されたが，それは削除された。但し支払代金の早期決済に伴う一種の受取利息とみなされる仕入割引は，収益認識基準とは直接関係しないので，従来通り営業外収益に表示する。

(2)　値引きの処理

　例えば，A製品とB製品をそれぞれ独立販売価格60万円と40万円で単独で販売している。A製品とB製品をセットで販売したときには90万円のセット価格である。この場合，セット販売のときには10万円の値引きとなる。そこで，この10万円の値引きについて各製品の独立販売価格の比率で配分する。その結果，A製品には6万円（10万円×(60万円÷100万円)），B製品には4万円（10万円×(40万円÷100万円)）が配分される。

> **(注)**　値引きは，財またはサービスのそれぞれの独立販売価格の合計額が当該契約上の取引価格を上回るケースをいい，この値引きについては契約におけるすべての履行義務に比例配分する。この意味の値引きは従来の売上品に対する量目不足等を原因とする販売価格のマイナスを意味していた売上値引とイコールではない。この売上値引の見込み額についてはペナルティー等の形態により対価の額が変動する場合に該当する。したがって，変動対価の対象となり，返金負債を計上する。
>
> 　なお，仕入値引は収益認識基準と関係しないので，従来通り仕入品の量目不足，品質不良，破損等による代価の控除を意味する（財務諸表等規則第79条）。

§3　営業費用の計算

　営業収益を獲得するために犠牲となった財貨または用役の消費が，営業費用である。これは支出額に基づいて測定される。これには，売り上げられた商製品の原価を示す売上原価と，営業収益を獲得するのに要した広告宣伝費，給料などの販売費および一般管理費（これを営業費ともいう。）とがある。なかでも売上原価の計算は，企業の経営成績を適正に表示する面から特に重要である。これについて，商品売買業と製造業とに分けて説明する。

1　商品売買業の売上原価

(1)　販売基準を前提とした売上原価

　商品売買業における簡単な売上原価の計算について仕入勘定を用いて図示すると，〔図1〕のようになる。

　つまり，前期から繰り越された商品在高（a）と当期に仕入れた商品（b）の合計，すなわち商品の購入に要した支出額（取得原価）が，商品を媒介として期末に売れ残っており次期に繰り越されるべき商品原価（c）と，当期中に払い出された商品原価（d）とに分割される。ここでは，常にa＋b＝c＋dという関係が成り立つ。これを棚卸資産に関する原価配分（費用配分）の原則

〔図1〕　**商品売買業における販売基準に基づく売上原価**

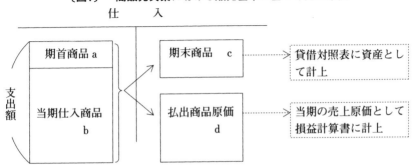

という。

> **(注)**　この原価配分の原則は，すでに述べた固定資産の減価償却に
> ついても当てはまる。すなわち，固定資産の要償却額（取得原
> 価マイナス残存価額）は，常に各期間に配分された減価償却費
> の合計に等しい（76頁参照）。この点は繰延資産についても同様
> である。

そして，a＋bの合計をどのようにcとdとに分けるのかが重要となる。これを決定するのが費用収益対応の原則である。これは，商品を媒介としてa＋bの合計額を，払い出された商品原価と，まだ売却されずに在庫している商品原価とに分ける計算原則である。その結果，前者が売上原価，後者が期末の商品原価（次期以降の売上原価）となるわけである。これが成り立つのは，営業収益の認識基準として販売基準を前提とする場合である。

（2）　回収基準を前提とした売上原価

新収益認識基準の設定以前に適用されていた回収基準を前提とした場合には，商品の払出原価はただちに売上原価になるとは限らない。なぜならば，代金の回収に基づいて収益を認識するのが回収基準であるので，代金の未回収分があるときには，このなかに含まれる原価相当部分（〔図2〕のd①）もまた，

〔図2〕　商品売買業における回収基準に基づく売上原価

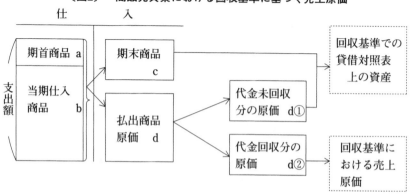

未販売商品の原価（〔図2〕のc）とともに，期末に資産として計上されねば
ならないからである。

2　製造業の売上原価

　製造業における売上原価の計算は商品売買業よりも複雑である。それを理解
するためには，生産過程における製造原価を正しく計算しなければならない。

（1）　販売基準を前提とした売上原価

　製品の生産に必要なのが原価の三要素，つまり材料費・労務費・経費であ
る。注文生産の個別原価計算にせよ，市場生産（見込生産）の総合原価計算に
せよ，材料・労働用役・その他の経費の消費分を支出額に基づいて把握し，当
期の総製造原価をまず算定する。次に，これを当期中に完成した製品と，まだ
生産過程にある期末仕掛品とに分ける必要がある。個別原価計算の場合には製
造指図書に基づいて，また総合原価計算の場合には期末仕掛品の完成品に対す
る換算量に基づいて，その配分が行われる。製品原価（商品売買業の〔図1〕
におけるa＋bに相当）が当期中に払い出された製品原価の部分（商品売買業
の〔図1〕におけるd）と，期末にまだ在庫している製品原価の部分（商品売
買業の〔図1〕におけるc）とにさらに分割され，このうちで前者（〔図3〕

〔図3〕　製造業における販売基準に基づく売上原価

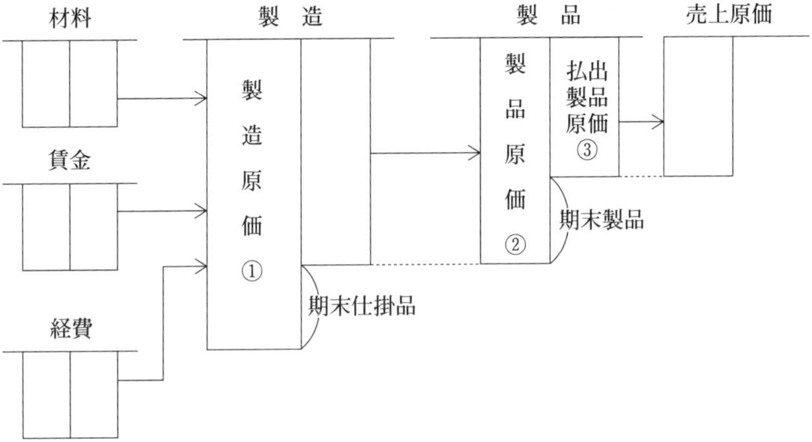

の③）が製造業における売上原価となる。これを図示すると，〔図3〕のようになる。

（2）　回収基準を前提とした売上原価

新収益認識基準の設定前にかつて適用されていた回収基準を前提とする場合には，払い出された製品原価はただちに当期の売上原価とはならない。未回収分（〔図4〕の③2））については，商品売買業で説明したのと同様に，それを控除しなければならない。〔図4〕の③1）が回収基準における売上原価となる。

〔**図4**〕　**製造業における回収基準に基づく売上原価**

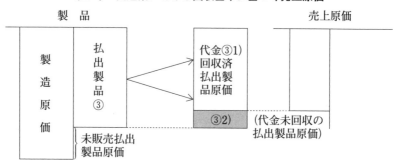

（3）　生産基準を前提とした売上原価

かりに生産基準を営業収益の認識基準とした場合には，売上原価の計算が異なる。

まず生産完了基準を前提とすると，生産完了時点で収益が認識されるのに呼応して，その時点で売上原価も認識される。それは，事実上すでに示した製品原価の金額（〔図3〕の②）に一致する。

これに対して，生産進行基準を適用する場合には，事情はまた異なる。生産の進行度合いに応じて収益を認識するのが生産進行基準だから，それに応じて売上原価が認識されねばならない。その結果，この場合の売上原価は製造原価の金額（〔図3〕の①）と一致する。

このように，営業収益の認識基準のどれを前提とするかによって，売上原価

の認識時点とその金額も相違することに留意する必要がある。

　売上高から，このように計算された売上原価を差し引いたのが**売上総利益**である。これは粗利（あらり）ともいわれ，これと売上高との比率は企業の業績を判断する際に重要な指標の1つである。

　なお，主に用役の提供を中心としたサービス業においては商製品と違って用役のストックは考えられないため，売上原価の把握はそれほど複雑ではない。

3　販売費および一般管理費

　営業収益を獲得するには，商製品の売上原価以外にも給料や広告宣伝費などのさまざまな費用が必要である。売上原価のほかに営業収益の獲得のために発生する営業上の費用を販売費および一般管理費といい，単に**営業費**ともいう。

　商製品の販売や役務の提供活動にともなって生じる費用が**販売費**である。たとえば販売手数料，広告宣伝費，見本費，貸倒引当金の見積額，研究開発費などがそうである。これに対して，一般管理業務に関して発生した費用が**一般管理費**である。たとえば給料，旅費交通費，通信費，減価償却費，保険料などがこれに属する。平成17年11月に設定された企業会計基準第9号「役員賞与に関する会計基準」では，従来から議論のあった役員賞与も費用に計上されることになった。なお，このなかに含められる減価償却費は本店・支店などの建物・備品等に関するもので，工場で用いられている機械・建物などの固定資産に関する減価償却費については，販売基準を前提とする場合には製造原価に算入される。当該製品が売却された時点で，それは売上原価に計上される（売却されないときには，当期の費用とはならず資産として計上される。）。

　この営業費は，財貨または用役が消費された時点で当期の費用に認識され，その支出額に基づいて測定される。この考え方は売上原価の計算と同様である。ただ，売上原価の計算は当期の収益たる売上高との緊密な関連で決定されるのに対して，営業費は直接的に売上高との関連をたどらずに，原則として当期に認識された金額がそのまま当期の費用に計上される。その理由は次のとおりである。

a 販売費は一般に当期の収益を獲得したり現在の販売能力を維持するため
の費用だから，当期の発生額をただちに当期に負担させてもよい。

b 一般管理費の多くは一定の規模の企業活動を支えるために毎期発生する
ので，販売費と同様に期間発生額をそのまま当期の費用に計上し，それを
回収するのが望ましい。

この理由から，営業費はその発生した期間に費用化される。つまり，営業費
は営業収益との直接的な対応関係をたどらずに，その期間帰属が決定される。

売上総利益から営業費を差し引いて**営業利益**が算出される。これは企業の主
たる営業活動に基づく業績を示すと同時に，売上高と営業利益の比率を示す売
上高営業利益率は期間比較および企業比較において重要な指標の一つである。

§4 営業外損益計算

企業の主目的たる営業活動以外の付随的活動，特に財務活動または金融活動
から生じる損益で，毎期経常的に発生する損益が**営業外損益**である。

1 営 業 外 収 益

営業外収益に属するのは，ほとんどが財務活動で発生した収益である。たと
えば，受取利息，有価証券利息，受取配当金，売買目的有価証券の評価益およ
び売却益などであり，そのほかに営業活動との関連で生じるが，支払代金の早
期決済に伴う一種の利息の受取りと解される仕入割引もこれに属する。

〔設例1〕

売買目的の株式1,000株（帳簿価額200万円）を1株あたり3,000円で売
却し，代金は現金で受け取った。

（借）現　　金　　3,000,000　（貸）有価証券　　　　2,000,000
　　　　　　　　　　　　　　　　　　　有価証券売却益　　1,000,000

2 営業外費用

この営業外収益と対照的なのが営業外費用である。この多くは財務活動によって生じるが，それ以外のものもある。

① 財務活動によるもの：支払利息，社債利息，社債発行費償却，有価証券の評価損・売却損などがある。売上割引は新収益認識基準により削除された。

〔**設例2**〕

受取手形30万円を割引き，割引料3,000円を差し引いて手取金を当座預金とした。割引時の保証債務の時価は1,000円である。

(借) 当座預金　　297,000　　(貸) 受取手形　　　　300,000
　　　手形売却損　　3,000
(借) 保証債務費用　1,000　　(貸) 保証債務　　　　1,000

② 企業の存続期間が負担すべきもの：創立費償却，開業費償却がある。
③ 損失的の性質を有するもので経常的に発生するもの：これには原価性（売上原価または営業費としての性質）のない棚卸減耗損，経常的な見積りをこえて異常に発生した貸倒損失などがある。

　営業外収益と営業外費用との間には，営業収益と営業費用との関係と違って，損益発生に関する因果関係はない。営業外収益と営業外費用はそれぞれ独立して発生し，営業外収益を獲得するために営業外費用が発生したわけではない。

　なお，今日において営業外損益の要素として重要なのが，外貨建債権および債務の円換算および決済に伴う為替損益である。（第2編のⅧ参照）

　営業利益にこの営業外損益を加減して算出されるのが**経常利益**（経常損失）である。これは企業の経常的な損益を示し，企業の短期的な業績もしくは正常な収益力を示す数値として最も重視される。かつての当期業績主義（current operating performance basis）に基づく損益計算書（昭和49年前）ではこの経常利益が損益計算書の最終的な"当期純利益"とみなされていた。

§5   特別損益計算と当期純損益計算

　当期の経常的で且つ正常な収益力の算定要素から除外された損益が**特別損益**である。これには臨時損益と前期損益修正損益とがある。

1   臨 時 損 益

　当該期間において非経常的で臨時的に生じた損益が**臨時損益**である。たとえば，これには固定資産の売却損益，転売以外の目的で取得した有価証券の売却損益，災害による損失，負ののれん発生益，減損損失などがある。これらは正常な収益力を示さないので，経常利益までの算定要素には含められず，特別損益に計上される。

〔設例1〕

　備品（取得原価40万円，減価償却累計額28万円）を2万円で売却し，代金は翌月受け取ることにした。

（借）	減価償却累計額	280,000	（貸）	備　　　品	400,000
	未　収　金	20,000			
	固定資産売却損	100,000			

2   前期損益修正損益の取扱い

　過年度の損益を修正する場合に生じるのが**前期損益修正損益**である。これには，たとえば過年度における引当金の過不足修正額（貸倒引当金戻入など），過年度の減価償却に関する過不足額，過年度の棚卸資産の訂正額，過年度の償却済債権の取立額（償却債権取立益）などがある。

　この前期損益修正項目は「会計上の変更及び誤謬会計基準」の設定により，特別損益への計上ができなくなった。引当金や減価償却費の過不足が過去の計上時の見積り誤りに起因するときには，過去の誤謬に該当するので，過去の財

務諸表における誤謬を訂正し（修正再表示），当期首の繰越利益剰余金に加減させて修正する。これに対して，過去の見積り時には誤りがなく当期中の状況変化に基づく会計上の見積り変更のときには，変更時の差額または実績が確定したときの見積差額との差額は，その性質によりその期の営業損益または営業外損益として計上する。その結果，上記の会計基準を適用する上場企業では前期損益修正項目はなくなった（財務諸表等規則第95条の2・95条の3）。

　なお，特別損益に関して，金額的にみて重要でなく且つ企業の正常な収益力の判定に大きな影響を及ぼさないものは，重要性の原則から，経常損益のなかに含めることができる。

　経常利益に特別損益を加減して算出されるのが**税引前当期純利益**である。

3　当期純損益計算

　この税引前当期純利益から法人税等を控除して**当期純損益**が計算される。

（1）　税　金　の　種　類

　企業が納付する税金には次の種類がある。

　①　財産の取得または保有等に基づく税金

　財産の取得または保有に対して課せられる税金がある。前者には不動産取得に直接的に要した不動産取得税があり，それは不動産の取得原価に算入される。後者の不動産の保有に課せられる固定資産税や印紙税などは一般管理費〈租税公課〉として費用計上される。消費税は企業に納税義務はなく，仮払消費税または仮受消費税として処理される。このほかに，資本金や売上高，従業員数等から課税する外形標準課税もある。

　②　課税所得に基づく税金

　課税所得に基づく税金には法人税，住民税及び事業税がある。

　法人税は，法人の所得に対して国が課税する税金であり，法人税法の規定により納付すべき法人税が損益計算書に表示される。また，貸借対照表では期中にすでに納めた中間申告額（予定申告または中間決算による仮決算に基づいて納付した金額）を除いた納税額が，未払法人税として表示される。

〔設例 2 〕

1　ある企業は予定申告に基づく中間申告を行い，法人税額500万円を小
　　切手を振り出して支払った。
2　決算において当期に納付すべき法人税1,200万円を計上する。

1	（借）仮払法人税	5,000,000	（貸）当座預金	5,000,000
2	（借）法人税	12,000,000	（貸）仮払法人税	5,000,000
			未払法人税	7,000,000

　未払法人税は税法上支払義務のある金額を意味し，損益計算書の税引前当期
純利益に見合う会計上の税額ではない。

　この法人税の性質については，二つの異なる見解が対立する。一つは法人税
を費用とみる見解であり，他の一つはそれを利益処分とみる見解である。前者
の論拠は，a　法人税が国家の社会的および経済的秩序の維持に対して不可欠
な支出であり，b　法人税の納税義務が事業年度終了の日に成立するために生
じる社会的に強制的な費用である点である。後者の論拠は，a　法人税は利益
を課税標準としており，b　法人税は収益獲得に随伴する費用ではない点であ
る。企業会計原則は，当期純利益の算定要素のなかに法人税を含める点で費用
説ともみなされうるが，他の費用とも明確に区別している点で利益処分説とも
みなされ，これまで特定の見解を明示してこなかった。後述する税効果会計の
導入は法人税の額を適切に期間配分する点で費用説を示したともいえる。

　法人税の追徴額または還付額があるときには，費用説では前期損益修正損益
となり，利益処分説では利益処分の修正と解される。

　住民税は，課税所得に基づいて変動的な部分（所得割）と，企業の規模に応
じて課せられる固定的な部分（法人割）とからなる。前者は明らかに利益処分
的な性質を有するのに対して，後者は費用的性質を有する。したがって，住民
税は両者の性質を兼ね備えている。

　事業税も，基本的に課税所得を課税標準とする（これを所得割という。但し

資本金が1億円を超える法人には，付加価値に課す付加価値割及び資本金の額
に対する資本割も課せられる。付加価値割及び資本割は原則として販売費及び
一般管理費に表示し，合理的な配分方法によりその一部を売上原価に表示でき
る。）。この面に着目すれば，事業税も法人税等のなかに含まれる。ただし，事
業税は本来，事業の存続に不可欠な費用としての側面を有すると考えれば，一
種の営業費として処理すべきものとなりうる。税法では事業税を支払った期間
の損金計上が認められ，実務上この処理が一般的である。事業税が課税所得に
課せられる点から，現金主義に代えて発生主義に見積計上する。

　法人税・住民税・事業税（所得割）の3つの税金は，いずれも所得を課税標
準とするので，法人税等として一括処理する。

（2） 税 効 果 会 計

　会計上は適正な期間損益計算の面から収益及び費用に基づく利益が計算され
るのに対して，税務上は課税の公平性の面から益金及び損金に基づく課税所得
が計算される。両者の間には目的の違いから差異が生じる。その結果，会計上
の税引前当期純利益と，納付すべき法人税額との間には直接的な対応関係はな
い。そこで，税引前当期純利益に見合う法人税額を適切に期間配分する処理が
税効果会計（tax effect accounting）である。

　税効果の適用には，会計上の収益費用と税務上の益金損金の差異のうち期間
差異のみを対象とする繰延法と，会計上の資産負債と税務上の資産負債との差
異のうち将来期間にその差異が解消する一時差異を対象とする資産負債法とが
ある。現行制度は前者の期間差異も含む後者を採用し，その差額に関する税金
の額を適切に期間配分する。但し，そこでは差異が将来期間に解消しない永久
差異（例えば税務上の交際費に対する損金算入限度額の超過額や受取配当金の
益金不算入など）は税効果の対象外である。一時差異には次の種類がある。

① 将来減算一時差異

　将来減算一時差異は，会計上の資産の額が税務上の資産の額を下回り，ある
いは会計上の負債の額が税務上の負債の額を上回るケースに生じる。例えば前
者は会計上不良債権を処理するために貸倒引当金の額を税務上の貸倒引当金の

損金計上限度額よりも多く設定した場合である。後者は会計上賞与引当金を計
上するけれども，税務上それを計上できない場合である。

　この将来減算一時差異から生じるのが繰延税金資産である。これは将来の法
人税等の前払額と解されるので，資産としての性質をもつ。

　②　将来加算一時差異

　将来加算一時差異は，会計上の資産の額が税務上の資産の額を上回り，ある
いは会計上の負債の額が税務上の負債の額を下回るときに生じる。前者はその
他有価証券の時価がその取得原価を超えたり，税務上特別償却を実施した場合
である。後者は利益処分により租税特別措置法上の準備金を計上したり，減価
償却資産について利益処分（積立金方式）で圧縮記帳を実施した場合である。

　この将来加算一時差異は将来の法人税額等の支払額を増額する効果をもつの
で，負債としての性質（法人税等の未払額）をもつ。

　一時差異に関する繰延税金資産及び繰延税金負債の額は回収または支払いが
行われると見込まれる期の予測税率に基づいて計算する。

　税務上の繰越欠損金制度は9年間にわたって繰越控除前課税所得の80％をマ
イナスできるので，それを一時差異と同様に扱う。ただし，繰越期間内に課税
所得の発生する可能性が低く，繰越欠損金を控除できないと認められるときに
は，相当額を控除する。

　いま，会計上不良債権50万円を処理すると税引前当期純利益が250万円とな
るが，税務上はまだその損金計上ができず課税所得が300万円であり，法定実
効税率（法人税と，住民税及び事業税のうちで利益を課税標準とする部分とを
含めた企業利益に対する実質的な税金負担割合をいう。）を30％と仮定する。
当期に納付すべき法人税等の金額は90万円（300万円×30％）であるが，会計
上の税引前当期純利益に見合う法人税等の額は75万円（250万円×30％）であ
る。そこで，以下の仕訳を行い，将来の法人税等の減額効果をもつ繰延税金資
産と，損益計算上法人税等の費用額のマイナスを示す法人税等調整額が生じ
る。

（借）法　人　税　900,000　　（貸）未 払 法 人 税 等　900,000

　　　繰延税金資産　150,000　　　　法人税等調整額　150,000

損益計算書は以下のように示される。

税引前当期純利益	2,500,000
法人税，住民税及び事業税額	900,000
法人税等調整額	△ 150,000
当期純利益	1,750,000

　逆に，会計上において当期に負担すべき法人税が，当期に納付すべき法人税よりも大きいときには，繰延税金負債（未払法人税）が貸方に生じる。

　繰延税金資産および繰延税金負債は，従来これらに関連した流動資産または流動負債と投資その他の資産または固定負債とに分けて表示していた。繰延税金資産は換金性のない資産であり，決算日後に税金を納付するわが国では1年以内に解消される一時差異等は1年以内にキャッシュ・フローは生じないので，同一納税主体の繰延税金資産と繰延税金負債を相殺し，非流動区分の投資その他の資産または固定負債の区分に表示する。（但し，納税主体が異なるときには，両者を相殺しないで表示する。）なお，繰延税金資産については将来の支払税金を減額する効果（将来の回収の見込み）を毎期検討し，収益力やタックス・プランニング等に基づく回収可能性の面から必要に応じて減額する。

　一般に繰延税金資産及び繰延税金負債は税金額の減額または増額をそれぞれ示すので，経済的な意味での資産及び負債を示す。債権者保護を重視するドイツ商法では債務弁済能力に役立つものだけが資産であり，第三者に対する外部義務を負債とみなすのが特徴である。このため，一時差異に基づく税効果項目のすべてを厳密な資産及び負債とは解しておらず，借方繰延税金及び貸方繰延税金を貸借対照表において特別項目として表示する。

　税務上の繰越欠損金の額が重要なときには，繰延税金資産から，①税務上の繰越欠損金に関する評価性引当額と，②将来減算一時差異に関する評価性引当額の両者をマイナスする。

（3）　当 期 純 損 益

　税引前当期純利益から法人税等を控除して算出されるのが**当期純利益**である。本来の損益計算書はこの段階で終了する。会社法制定前の損益計算書は，商法において重要な株主総会で処分の対象となる未処分利益をも表示させるために，この後に未処分損益計算の区分が結合されていた。その結果，最終的に未処分利益が損益計算書の末尾に表示され，この未処分利益を通じて，貸借対照表と損益計算書が結合していた。

　個別財務諸表では，当期純利益の算出段階で損益計算書は終了する。貸借対照表のなかではこの当期純利益の金額自体は繰越利益剰余金に含まれてしまい，直接的に当期純利益が示されない。ある意味で，損益計算書は貸借対照表に示される繰越利益剰余金の明細記録とも解される。

　（注）　国際的な会計基準との対応から，上場企業の連結財務諸表に対して当期純利益の後にその他の包括利益及び包括利益が表示される。現行制度では，まだ個別財務諸表においてそれは制度化されていない。ここで**その他の包括利益**とは，包括利益のうちで当期純利益に含まれない部分をいう。したがって，包括利益の概念がその他の包括利益を理解するうえで重要となる。**包括利益**は，ある企業の特定期間に認識された純資産の変動額のうちで，当該企業の純資産に対する持分所有者（株主）との直接的な取引によらない部分である。

　　　　包括利益＝当期純利益＋その他の包括利益

　かりに個別財務諸表においてその他の包括利益を示すとすると，そこには，これまで貸借対照表のみ示されているが，損益計算書には示されていない評価・換算差額等のなかに表示される項目，すなわちその他有価証券評価差額金，繰延ヘッジ損益及び土地再評価差額金の３つの項目が示される。これらの項目に関して原則として税効果控除後の額で表示する。

当期純利益とその他の包括利益の表示方法には，以下の2つの方式があり，いずれかを選択適用する。

① 1計算書方式

ここでは，両者の利益を1つの損益及び包括利益計算書のなかで表示する。

② 2計算書方式

ここでは，当期純利益までは従来の損益計算書で示し，その他の包括利益及び包括利益については，包括利益計算書の2つで表示する。

この包括利益を表示すると，貸借対照表との連携が一層明確化する。つまり，株主との資本取引以外の株主資本の増減が当該期間の利益に等しくなる（これを純資産と包括利益とのクリーン・サープラス関係という。）。

なお，注意すべきは，この包括利益は§6で触れる当期純利益計算までを対象とする包括主義と名称は似ているが，前頁の式で示した通り内容を異にする点である。

当面の間，包括利益の表示は個別財務諸表には適用しない。

§6 損益計算に対する基本思考

以上，損益計算書の区分に即して各損益計算の概要について説明した。ここで損益計算書との関連で，損益計算に関する基本思考について触れる。1つは期間損益に関する考え方，2つめは損益計算における費用収益対応の原則，3つめは損益計算の方法（損益法と財産法）である。

1 当期業績主義と包括主義

会計上の期間利益については当期業績主義的利益概念と，それに対立する包

括主義的利益概念とが対立する。

（1）　当 期 業 績 主 義

利 益 剰 余 金 計 算 書

Ⅰ	前期未処分利益剰余金		×××
Ⅱ	利益剰余金処分額		−) ×××
	繰越利益剰余金		×××
Ⅲ	繰越利益剰余金増加高		
	臨時利益項目	×××	
	前期損益修正益	+) ×××	+) ×××
Ⅳ	繰越利益剰余金減少高		
	臨時損失項目	×××	
	前期損益修正損	+) ×××	−) ×××
	繰越利益剰余金期末残高		×××
Ⅴ	当期純利益		+) ×××
	当期未処分利益剰余金		×××
	法人税等		−) ×××
	法人税等控除後当期未処分利益剰余金		×××

　当期業績主義は，期間利益たる当期純利益が当期の正常な経営活動による業績を示すように，費用および収益の範囲を限定する考え方である。したがって，当期の業績を示さず正常な収益力の判定に役立たない臨時項目や前期損益修正項目は損益計算書から除外され，例示した利益剰余金計算書に収容される。つまり，現行の損益計算書における経常利益を"当期純利益"ととらえて，この段階で終了するのが当期業績主義に基づく損益計算書である。

　当期業績主義の主な論拠は次のとおりである。

　a　損益計算書は経営者の経営能力を判断できるように，企業の正常な収益力を示すべきである。

　b　投資家は損益計算書の最終的な数値に特に関心があり，それによって企業の業績を判断する。

（2）　包　括　主　義

　包括主義（all-inclusive basis）は，当期に認識された損益をすべて損益計算書

に収容するものである。昭和49年以降の企業会計原則はこれを採用している。その主な論拠は次のとおりである。

　a　特別損益を損益計算書から除外する際に主観的な判断が介入しやすい。

　b　特別損益の除外は，利益操作や利益の平準化といった会計政策に利用されやすい。

　c　会計計算では，さまざまな仮定や見積を前提とするため，企業の収益力は短期的ではなくて数期間の平均的な趨勢に基づいて判断すべきである。

2　費用収益対応の原則

　企業の損益計算を行ううえで，重要な考え方が**費用収益対応の原則**である。これには，損益計算原則としての対応原則と，それによって得られた損益を適正に表示させるための表示原則としての対応原則とがある。

（1）　損益計算原則としての対応原則

　損益の計算原則として対応原則を考える場合，次の2つの対応のさせ方がある。1つは収益に基づいて費用を限定する考え方である。したがって，この考え方に即していえば，収益費用対応の原則という表現のほうがむしろ適切である。もう1つは，それとは逆に費用が収益を規定する考え方である。今日の会計学では収益の把握に際して確実性を重視する立場から，一般に前者が中心であり，後者は例外的に想定されるにすぎない。具体的にいえば，原価補償契約がその典型である。そこでは発生したコストに一定の割合の利益を付加して収益が決定される。

　さて，前者の費用収益対応の原則を前提とするとき，次の考え方がある。

　①　第1の考え方は，文字どおり収益が費用の金額を決定する実質的な計算原則として作用する面を重視するものである。つまり，商品や製品といった生産物を媒介として，当期の収益とその生産物の原価を対応させて当期の費用額の期間帰属を決定するという考え方である。その典型が売上高と売上原価との関係である。ここでは両者の間で金額的に因果関係がある。

　たとえば，収益の認識基準として販売基準を前提とすれば，当期に仕入れた

商品原価（前期からの繰越分も含む。）を，生産物を媒介として，売り上げら
れ払い出された商品の原価と，まだ販売されておらず次期に繰り越されるべき
商品の原価とに区別し，前者を当期の収益に見合う売上原価として認識する。
これを費用収益の直接的対応もしくは個別的対応という。この原則は厳密には
収益と原価を対応させて当期の費用（売上原価）を限定する。

　②　第2の考え方は，①で述べた対応の仕方のほかに，当期の収益獲得に必
要と考えられる財貨および用役の消費も，期間を媒介として対応するとみなす
考え方である。ここでは，収益と費用との間には金額的な因果関係はない。収
益の計算基準との関係をたどらずに，独自の計算基準によって決定された特定
の費用がそのまま当期の収益に貢献したはずであるとみなして，当期の費用に
計上される。これを費用収益の期間的対応あるいは間接的対応という。この期
間的（間接的）対応の典型が，売上高と営業費との関係である。

　(注)　この期間的対応には，その費用の範囲をめぐっていくつかの
　見解がある。
　　第1は，営業費だけに売上高との期間的対応を認める見解で
　ある（狭義説）。
　　第2は，営業費のほかに支払利息のような財務的費用といっ
　た営業外費用（ただし損失的性質をもつ項目を除く。）につい
　ても，期間的な対応関係を認める見解である。これは，収益獲
　得に直接的に貢献したとみなされる狭義の費用（ただし損失を
　除く）に関して，期間的な対応を認めるものである（広義説）。
　　第3は，さらに損失もまた損益計算的には最終的に当期の収
　益に負担させ回収せねばならないので，損失を含む広義の費用
　と収益との対応関係を求める見解である（最広義説）。ここで
　は，当期の収益に貢献した点にウェイトを置くのではなく，当
　期の収益に負担させて収益から控除されるべきものすべてが対
　応関係を有するととらえるのがその特徴である。

費用収益対応の原則
$\left\{\begin{array}{l}\end{array}\right.$
(1) 損益計算原則
　① 個別的あるいは直接的対応

　② 期間的対応あるいは間接的対応
　　1）その範囲を営業費に限定する。(狭義説)
　　2）狭義の費用（財務費用を含めるが，損失性のものを除く。）にも期間的対応を認める。(広義説)
　　3）損失を含む広義の費用に対しても期間的対応を認める。(最広義説)

(2) 表示原則

　これらの考え方のうちで，厳密に実質的な計算原則としての費用収益対応の原則を示すのは，①の見解である。これに対して，②の見解は，それを費用に関する厳密な金額決定の意味でとらえずに，いわゆる損益計算に関する全般的な会計思考の意味で，やや抽象的かつ形式的にとらえる点に違いがある。

（2）　表示原則としての対応原則

　計算原則で把握された費用と収益を，損益計算書のなかで対応関係を有するように適切に表示させるのが表示原則としての対応原則である。

　この立場からわが国の損益計算書の様式をみると，企業会計原則および財務諸表等規則における損益計算書において，費用収益の対応表示がなされているのは，売上高と売上原価との関係だけである。両者の比較によって算出されるのが売上総利益である。しかし，これ以外の項目に関しては，たとえば売上総

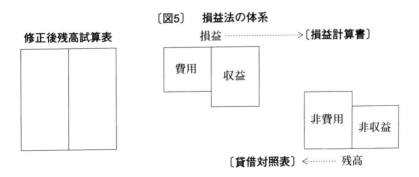

〔図5〕　損益法の体系

利益という１つの中間的な利益概念に営業損益が加減されており，厳密にはそれは費用と収益との対応表示とはいえない。その点は営業利益および経常利益についても当てはまる。また営業外収益と営業外費用あるいは特別利益と特別損失は，それぞれ加減され，両者に伴う中間的な利益概念が示されていないため，両者ともやはり対応表示されていない。

　旧商法施行規則の損益計算書においては，営業収益と営業費用とが比較対応され，その結果として営業利益が算定されたこともある。これは明らかに費用収益の対応表示である。しかし，これ以下の部分は，前述の企業会計原則および財務諸表等規則の場合と同様に，単に中間的な利益概念に種々の損益計算区分の結果がプラス・マイナスされており，対応表示は見出しがたい。

　費用収益対応の原則について整理すると，前頁の通りである。

3　損益計算の方法

　損益計算の方法としては，一会計期間における費用および収益というフローに基づいて損益を計算する方法と，二時点間における資本ストックの差額に基づいて損益を計算する方法とがある。一般に前者を**損益法**，後者を**財産法**もしくは**資本比較法**という。

（1）　損 益 法 の 体 系

　損益法では，フローとしての収益費用アプローチによって利益が計算される。したがって，そこでは何よりも費用および収益の認識基準および測定基準が重要となる。その結果，この損益法の計算体系における貸借対照表は，すでに説明したシュマーレンバッハの学説と同様に，当期の損益計算に関係しない項目（非費用項目と非収益項目）を収容したものと解される。それは，すでにⅡで触れたように，修正後残高試算表が損益勘定と残高勘定に分割され，その分割にあたって当期の収益と費用を収容した損益勘定を最も重視する考え方である。つまり，修正後残高試算表が単純に損益勘定と残高勘定に形式的に二分割されるのではない。損益勘定に振り替えられる収益及び費用の諸勘定がまず最初に実質的に決定された後で，それ以外の残余項目は残高勘定に自動的に振

り替えられ，これが貸借対照表の基礎となる。言い換えれば，貸借対照表に計上される項目を規制するのは，収益および費用の計算基準である。この関係を図示すると，〔図5〕のようになる。

（2） 財産法の体系

これに対して，財産法はストックとしての資本在高を把握することが前提である。この資本在高は一般に純資産を指す。したがって，この考え方に従えば，次のように期首の純資産と期末のそれとの比較によって損益を算定する。

期末純資産－期首純資産＝損益

その結果，純資産を把握するためには，まず最初に期首および期末の資産と負債を確定する必要がある。つまり，ここでは資産および負債の能力論と評価論が特に重要となる。その場合，財産目録によってその資産および負債の実在高を把握し，それらについてそれぞれの計算目的に適合する評価をしなければならない。期首の純資産と期末の純資産とで損益を算定するためには，期中に増資や減資，さらに留保利益の社外流出がないことが条件である。もし，これがあれば以下のように上述の計算式を修正する必要がある。

期末純資産－（期首純資産＋増資－減資－留保利益の社外流出）＝損益

左辺の括弧内の金額を期末元入資本という。期末純資産の額は，期末における資本の実在高を示す。これに対して，期末元入資本は，損益がないとすれば当然，期末に存在すべき資本の当在高を示す。

財産法において，期末純資産と期末元入資本とによって期間損益が一括して計算されるとすれば，両者の構成要素となる期末資産および負債の実在高と，資産および負債の当在高との個別的な比較によっても同様に，期間損益がストックによる比較の結果として算定されるはずである。それは，財産法における一種の損益計算書ともいえる。しかし，それは各資産及び負債の実在高と当在高とを比較して得られたもので，損益法におけるフローたる収益および費用を収容した損益計算書とは明らかに異なるものである。

なお，損益法と財産法は損益計算に対するアプローチの違いであって，ある特定の評価基準を予定するものではない。損益法は原価主義または時価主義の

いずれとも結合しうるし，また財産法も時価主義または原価主義のいずれとも
同様に結合しうるからである。

　わが国の企業会計は，基本的に損益法の体系を前提とし，これを財産法の体
系が補完しており，二元的な計算体系を示す。一方では，基本的に複式簿記記
録のなかから当期の費用および収益に属する項目を決定することが最も重要で
あり，他方では特に資産および負債に関して実地棚卸に基づいてその実在高を
把握するという会計手続もまた，それを補完する意味で不可欠である。

　なお，国際的な動向では，資産負債アプローチを中心とした財産法を重視
し，引当金の定義及び収益認識がこれを示す。わが国でも後者について新収益
認識会計基準が設定された。

参 考 文 献

山下勝治『損益計算論』泉文堂，1950年。

岩田巖『利潤計算原理』同文館，1956年。

高田正淳『収支損益計算論』千倉書房，1965年。

山下勝治編『損益計算論』（近代会計学体系・第2巻）中央経済社，1970年。

井尻雄二編『会計測定の理論』（体系近代会計学・第3巻）中央経済社，1979年。

若杉明『企業利益の測定基準』中央経済社，1985年。

斎藤静樹『企業会計──利益の測定と開示』東京大学出版会，1988年。

弥永真生・足田浩『税効果会計』中央経済社，1997年。

藤井秀樹『現代企業会計論』森山書店，1997年。

手塚仙夫『税効果会計の実務』清文社，1998年。

斎藤真哉『税効果会計論』森山書店，1999年。

與三野禎倫『ストック・オプション会計と公正価値測定』千倉書房，2003年。

伊藤邦雄編『年金会計とストック・オプション』中央経済社，2004年。

V　その他の財務諸表等

　企業会計において特に重要な財務諸表が貸借対照表と損益計算書である。しかし，この2つを補完する財務諸表もまた存在する。そこで，ここでは株主資本等変動計算書・キャッシュ・フロー計算書・附属明細表等について取り上げ，四半期財務諸表にも触れる。

§1　株主資本等変動計算書

　これまでは**利益処分計算書**が，利益処分の結果についての報告書であった。株式会社では利益処分の権限は原則として株主総会にあるため，決算日から3ヵ月以内に開催される株主総会において，取締役はその利益処分案（あるいは損失処理案）を提出し，それを決定しなければならない。この利益処分にあたって重要なのが，株主総会で処分の対象となる利益を示す当期未処分利益であった。

　新会社法の制定に伴い，一定の条件のもとで剰余金の配当がいつでもできるようになり，かつ純資産の内部の各項目に関する変動を明示する必要が生じた。そこで，利益処分計算書（または損失処理計算書）に代わって新たに制度化されたのが**株主資本等変動計算書**である。これは，一会計期間における純資産の部の各項目に関する期首から期末までに至る変動とその結果を一覧表として示したものである。これを例示すると，次頁の通りである。

株主資本等変動計算書

	株主資本												評価・換算差額等			株式引受権	新株予約権	純資産合計
		資本剰余金			利益剰余金						自己株式	株主資本合計	その他有価証券評価差額金	繰延ヘッジ損益	評価・換算差額等合計			
						任意積立金等												
	資本金	資本準備金	その他資本剰余金	資本剰余金合計	利益準備金	××積立金	圧縮積立金	任意積立金等合計	その他利益剰余金	利益剰余金合計								
当期首残高	×××	×××	×××	×××	×××	×××	×××	×××	×××	×××	△×××	×××	×××	×××	×××	×××	×××	×××
当期変動額																		
新株の発行	×××	×××		×××								×××						×××
剰余金の配当					×××				△×××	△×××		△×××						△×××
圧縮積立金の積立						×××		×××	△×××	×××		×××						×××
圧縮積立金の取崩						△×××		△×××	×××	×××		×××						×××
当期純利益									×××	×××		×××						×××
株主資本以外の項目の当期変動額(純額)													×××	×××	×××	×××	×××	×××
当期変動額合計	×××	×××	—	×××	×××		—	×××	×××		—	×××	×××	×××	×××	×××	×××	×××
当期末残高	×××	×××	×××	×××	×××		×××	×××	×××	△×××		×××	×××	×××	×××	×××	×××	×××

〔設例 1 〕

1　A社における平成×1年 4 月 1 日の期首貸借対照表における純資産の部は以下の通りであった。

　Ⅰ　株主資本（資本金3,000万円，資本剰余金150万円，このうち資本準備金100万円，その他資本剰余金50万円，利益剰余金680万円，このうち利益準備金80万円，その他利益剰余金600万円このうち新築積立金100万円，繰越利益剰余金500万円，自己株式△70万円）

　Ⅱ　評価・換算差額等（その他有価証券評価差額金160万円，繰延ヘッジ損益90万円）

　Ⅲ　株式引受権　10万円

　Ⅳ　新株予約権　30万円

2　平成×1年 6 月25日の株主総会において，以下の利益処分案が提出され承認された。

　　　株主配当金　300万円，利益準備金　30万円，新築積立金　150万

円，残額は次期に繰り越す。

3　A社の平成×1年4月1日から平成×2年3月31日までの期間における当期純利益は650万円であった。

1　（借）繰越利益剰余金　4,800,000　（貸）未 払 配 当 金　3,000,000
　　　　　　　　　　　　　　　　　　　　　利 益 準 備 金　　　300,000※
　　　　　　　　　　　　　　　　　　　　　新 築 積 立 金　1,500,000

2　（借）損　　　　　益　6,500,000　（貸）繰越利益剰余金　6,500,000

※　剰余金の配当300万円の10分の1

株主資本等変動計算書

(単位：万円)

	株主資本											評価・換算差額等			株式引受権	新株予約権	純資産合計
	資本金	資本剰余金			利益剰余金					自己株式	株主資本合計	その他有価証券評価差額金	繰延ヘッジ損益	評価・換算差額等合計			
		資本準備金	その他資本剰余金	資本剰余金合計	利益準備金	その他利益剰余金		その他利益剰余金合計	利益剰余金合計								
						新築積立金	繰越利益剰余金										
当期首残高	3,000	100	50	150	80	100	500	600	680	△70	3,760	160	90	250	10	30	4,050
当期変動額																	
剰余金の配当					30		△300 △30	△330	△300		△300						△300
新築積立金の積立						150	△150										
当期純利益							650	650	650		650						650
当期変動額合計					30	150	170	320	350		350						350
当期末残高	3,000	100	50	150	110	250	670	920	1,030	△70	4,110	160	90	250	10	30	4,400

　なお，欠損の填補に際しては，まずその他利益剰余金で填補し，これで填補できないときには，次にその他資本剰余金，さらにそれでも足りなければ，利益準備金，資本準備金の順序となる。

§2　キャッシュ・フロー計算書

　アメリカにおいては，貸借対照表および損益計算書と並んで，古くから第3の財務表として資金計算書 (fund statement) が重視されてきている。これは，

当初，流動資産から流動負債を控除した正味運転資本（net working capital）を資金概念として，短期的な支払能力の判定目的から，1期間におけるその資金の源泉とその運用に関する計算書として作成された。その後，そのような資金概念のもとでは転換社債の転換や現物出資などの重大な財務事象が除外されるために，資金概念を運転資本から総資産資金に拡張し，それに基づく財政状態変動表（statement of changes in financial position）の作成が義務づけられた。

　現在，アメリカでは1987年以降，この財政状態変動表に代えて，キャッシュ・フロー計算書（statement of cash flows）の作成が義務づけられている。これは，資金概念を現金および現金同等物（流動性の高い短期投資をいい，現金への変換が確定し，かつ利率の変動による価値変動の危険が少ないものを指す。）に限定するのがその特徴である。そこでは，企業活動を営業活動，投資活動及び財務活動の3つに区別し，各活動ごとの現金収支額を計算表示して，正味現金に関する調達額と運用額を示したのが，キャッシュ・フロー計算書である。

　わが国では，かつて資金収支の状況について資金収支表が作成されていたが，これはまだ財務諸表の範囲外の補足情報として位置づけられていた。ここでは資金の範囲は現金預金および市場性ある一時所有の有価証券とやや広くとらえられていた。これに代えて，新たにキャッシュ・フロー計算書の作成が制度化された。これは，キャッシュ・フロー計算書が貸借対照表および損益計算書と同様に企業全体の活動の把握として重要な情報を提供する財務諸表の構成要素の一つと考えられるようになったからである。ここでの資金の範囲は，現金（手許現金および要求払現金）並びに現金同等物（事実上取得日から3ヶ月以内に満期日または償還日が到来する短期的投資）である。

キャッシュ・フロー計算書の概要 （直接法）

Ⅰ　営業活動によるキャッシュ・フロー
　　　営業収入　　　　　　　　　　　　　×××
　　　原材料又は商品の仕入による支出　－×××
　　　人件費の支出　　　　　　　　　　－×××
　　　法人税等の支払額など　　　　　　－×××
　　　　営業活動によるキャッシュ・フロー　　　　×××

II　投資活動によるキャッシュ・フロー
　　　有形・無形固定資産取得による支出　　− ×××
　　　有形・無形固定資産売却による収入　　　×××
　　　投資有価証券取得による支出　　　　　− ×××
　　　投資有価証券売却による収入など　　　 ×××
　　　　投資活動によるキャッシュ・フロー　　　　　　 ×××
III　財務活動によるキャッシュ・フロー
　　　短期借入れによる収入　　　　　　　　　×××
　　　短期借入金の返済による支出　　　　　− ×××
　　　株式・社債発行による収入　　　　　　　×××
　　　社債償還による支出など　　　　　　　− ×××
　　　　財務活動によるキャッシュ・フロー　　　　　　 ×××
IV　現金および現金同等物にかかわる換算
　　差額　　　　　　　　　　　　　　　　　　　　　　 ×××
V　現金および現金同等物の純増加額　　　　　　　　　 ×××
VI　現金および現金同等物の期首残高　　　　　　　　　 ×××
VII　現金および現金同等物の期末残高　　　　　　　　　 ×××

キャッシュ・フロー計算書の概要（間接法）

I　営業活動によるキャッシュ・フロー
　　　　税引前当期純利益　　　　　　　　　　×××
　　　　減価償却費　　　　　　　　　　　　　×××
　　　　貸倒引当金の増加額　　　　　　　　　×××
　　　　売上債権の増加　　　　　　　　　　− ×××
　　　　棚卸資産の増加　　　　　　　　　　− ×××
　　　　仕入債務の減少など　　　　　　　　− ×××
　　　営業活動によるキャッシュ・フロー　　　　　　　 ×××
II　投資活動によるキャッシュ・フロー
　　　　有形固定資産の取得による支出　　　− ×××
　　　　有形固定資産の売却による収入　　　　×××
　　　　投資有価証券の取得による支出　　　− ×××
　　　　投資有価証券の売却による収入など　　×××
　　　投資活動によるキャッシュ・フロー　　　　　　　 ×××

III　財務活動によるキャッシュ・フロー

　　　　　　　短期借入れによる収入　　　　　　　×××

　　　　　　　短期借入金の返済による支出　　　－×××

　　　　　　　株式発行・社債発行による収入　　　×××

　　　　　　　社債の償還・自己株式の取得による支出　－×××

　　　　財務活動によるキャッシュ・フロー　　　　　　　　　×××

IV　現金および現金同等物にかかわる換算差額　　　　　　　×××

V　現金および現金同等物の増加額　　　　　　　　　　　　×××

VI　現金および現金同等物期首残高　　　　　　　　　　　×××

VII　現金および現金同等物期末残高　　　　　　　　　　　×××

　このキャッシュ・フロー計算書の作成には，収入と支出の総額を表示する直接法と，純利益に必要な調整項目を加減して表示する間接法とがあり，これらの方法の選択適用が認められる。この概要は，上記の通りである。

　これは，第1に企業の支払能力の判定，第2に将来のキャッシュ・フローの予測，第3に企業比較，第4に会計上の純利益と営業活動によるキャッシュ・フローの比較を通じて利益の実質的な内容の検討といった点に役立つ。

§3　附属明細表

　附属明細表は，財務諸表に記載される重要な項目についての明細を表示したものである。その主なものには，特に期首残高から期末残高までにいたる有価証券明細表，有形固定資産明細表，長期借入金明細表，資本金明細表，関係会社貸付金明細表，引当金明細表などがある。たとえば，有形固定資産等明細表を例示すると，次のとおりである。

有形固定資産等明細表

資産の種類	期首残高	当期増加高	当期減少高	期末残高	減価償却累計額又は償却累計額		差引期末残高	摘　要
					当期償却額	償却累計率		
	円	円	円	円	円	円		円
計								

§4　会社法における注記表と附属明細書

　会社法においては，すでに触れた計算書類のなかに，個別注記表と附属明細書が含まれている。

1　個 別 注 記 表

　注記表とは，旧商法施行規則において貸借対照表及び損益計算書の注記として設けられていたものを，さらに会計全般にまで範囲を拡大し，会計情報の有用性を高めるために義務づけられた書類である。そこに記載すべき内容は以下の通りである。

　1)　継続企業の前提に関する注記（会社計算規則第98条・第100条）

　財務指標の悪化の傾向，重要な債務の不履行など財政破綻の可能性や，その他会社が将来にわたって事業を継続する前提に重要な疑義を抱かせる事象又は状況が存在するときには，①当該事象又は状況が存在する旨とその内容，②継続企業の前提に関する重要な疑義の存在の有無，③それらの解消又は大幅な改善の経営計画について注記する。

　2)　重要な会計方針に関する注記（会社計算規則第98条・101条）

　重要な会計方針に関する注記には，①資産の評価基準及び評価方法，②固定資産の減価償却の方法，③引当金の計上基準，④収益及び費用の計上基準等がある。また，会計方針を変更し，会計処理の原則または手続を変更したときには，変更の内容や変更の理由及び当該変更の影響を注記する。表示方法を変更したときには，その変更内容を注記する。

　3)　貸借対照表・損益計算書・株主資本等変動計算書に関する注記（会社計算規則第103条～第105条）

　4)　その他の注記（会社計算規則第107条～第114条）

　1)から3)までの注記のほかに，その他の注記として，①税効果会計及びリース固定資産に関するもの，②1株あたり情報，③重要な後発事象などがあ

る。さらに，会計上の変更・誤謬会計基準の設定により，以下の注記が要求される。

5)　会計方針の変更に関する注記（会社計算規則第102条の2）

6)　表示方法の変更に関する注記（会社計算規則第102条の3）

7)　会計上の見積りの変更に関する注記（会社計算規則第102条の4）

8)　誤謬の訂正に関する注記（会社計算規則第102条の5）

ただし，会計監査人設置会社以外の会社や，会計監査人設置会社以外の公開会社では，上記の注記の一部を省略することができる。

2　附属明細書

各事業年度における株式会社の計算書類に関する附属明細書は，貸借対照表，損益計算書，株主資本等変動計算書及び個別注記表の内容を補足したものである。これには次の項目が表示される（会社計算規則第117条）。

①　有形固定資産及び無形固定資産の明細

②　引当金の明細

③　販売費及び一般管理費の明細

④　関連当事者との取引についての注記に関して，会計監査人設置会社以外の株式会社が注記の一部を省略した場合

なお，この計算書類の附属明細書のほかに，計算書類には含まれない事業報告の附属明細書もある。これは，事業内容を補足する重要な事項，例えば他の会社の業務執行取締役，執行役等を兼ねる会社役員の兼務の状況の明細などを示したものである（会社法施行規則第128条）。

§5　中間財務諸表

金融商品取引法による企業内容の開示制度に伴い，投資家の投資意思決定をより的確に判断させる目的から制度化されたのが，半期報告書としての中間財・・・
務諸表（interim financial statements）である。これは，営業年度を1年とする有

価証券報告書の提出が義務づけられた会社のうちで四半期財務諸表の提出義務がある上場会社以外等の会社（株式ではなくて社債を発行する企業等）が，事業年度の6ヵ月間に関する財務内容の概況を示す報告書である。

中間財務諸表の作成にあたって，かつては業績の予測に役立つ情報提供面の重視から，いわゆる予測主義の立場が採られていた。しかし，これに伴う恣意的な判断の介入を避けるとともに，中間連結財務諸表に関して実績主義を採用する点との調整から，中間財務諸表においても原則として年度の「財務諸表」の作成に適用される原則および手続に準拠した実績主義の立場から中間財務諸表が作成がされる。

中間財務諸表（中間貸借対照表，中間損益計算書，中間キャッシュ・フロー計算書）の作成に関する一般原則は次の通りである。

① 中間財務諸表は，中間会計期間にかかわる企業の財政状態，経営成績およびキャッシュ・フローに関する有用な情報を提供しなければならない。

② 前事業年度において採用した会計処理の原則および手続は，中間会計期間においてこれを継続して適用し，みだりに変更してはならない。

すでに触れた通り，中間財務諸表は年度決算に適用される会計処理の原則および手続に準拠して作成するのが原則である。ただし，中間会計期間に関する企業の財政状態および経営成績について利害関係者の判断を誤らせない限り，簡便な決算手続も認められる。たとえば，中間決算時の棚卸高を前事業年度に関する実地棚卸高を基礎として合理的な方法で算定したり，あるいは固定資産について定率法を採用している場合に，事業年度の減価償却額の見積額を期間按分する方法も認められる。

この中間財務諸表制度は，営業年度を1年とする会社が会社法上の中間配当制度（会社法第454条5項），あるいは事業年度が6ヵ月をこえる法人が，事業年度開始の日以後6ヵ月を経過した日から2ヵ月以内に行う法人税上の中間申告制度（これには前年度の法人税に基づく予定申告する方法と，中間決算に基づく仮決算で申告する方法とがある。）から区別されねばならない。

§6　四半期財務諸表

　金融商品取引法第24条の4の7の規定により有価証券報告書の提出が義務づけられている上場会社は，中間財務諸表の作成に代えて四半期財務諸表を作成しなければならない。平成23年3月に公表された「四半期財務諸表に関する会計基準」では，その作成方法について次のように定めている。

　四半期連結財務諸表の範囲は，①四半期連結貸借対照表，②四半期連結損益計算書及び四半期連結包括利益計算書（または四半期連結損益及び包括利益計算書）並びに③四半期連結キャッシュ・フロー計算書から成る。

　連結の対象となる子会社が存在しない上場会社では四半期個別財務諸表（四半期個別貸借対照表・四半期個別損益計算書・四半期個別キャッシュ・フロー計算書）を開示する。

　子会社が存在する上場会社では四半期連結財務諸表のみを開示し，四半期個別財務諸表の開示は原則として必要でない。四半期株主資本等変動計算書または四半期連結株主資本等変動計算書の開示は必要ない。

　但し，第1四半期及び第3四半期においては四半期連結財務諸表も四半期個別財務諸表も四半期キャッシュ・フロー計算書の作成を省略することができる。その作成を省略したときには，期首からの累計期間に関する有形固定資産及びのれんを除く無形固定資産の減価償却費及びのれんの償却額（負ののれんの償却額を含む。）を注記する。

　四半期報告書に含まれる四半期損益計算書及び四半期包括利益計算書（または四半期損益及び包括利益計算書）の開示対象期間は，期首から累計期間及び前年度における対応期間とする。但し，四半期会計期間の開示は従来とは異なり，任意である。

　四半期財務諸表の作成にあたっては，中間財務諸表の場合と同様に年度の財務諸表の作成に際して適用される会計処理の原則及び手続に準拠し，実績主義をベースとする。その作成に関して中間財務諸表と同様に，簡便的な会計処理

も認められる。例えば棚卸資産の実地棚卸の省略や減価償却において定率法を採用している場合の減価償却費の期間按分計算などがこれに該当する。

四半期財務諸表に特有の会計処理として，法人税等について累進税率が適用されるときには年度の法人税等の計算に適用される予測税率を用いることができる。また，標準原価計算等を採用しているときの原価差異が操業度等の季節的な変動に起因して発生し，かつ原価計算期間末までにほぼ解消が見込まれる場合には，当該原価差異を流動資産または流動負債ととして継続適用を条件に繰り延べることが認められる。

このような四半期財務諸表に対しては，公認会計士または監査法人による四半期レビュー基準による監査証明を受けねばならない。その場合，継続企業の前提に重要な疑義が生じたときには，注記が必要である。

参 考 文 献

染谷恭次郎『資金会計論』中央経済社，1956年。
武田隆二『貸借対照表資金論』同文舘，1962年。
バッター著，飯岡透・中原章吉訳『バッター資金会計論』同文舘，1971年。
染谷恭次郎編『資金会計論』（体系近代会計学・8巻）中央経済社，1980年。
伊藤邦雄・醍醐聰・田中建二編『事例研究・現代の企業決算'92』中央経済社，1992年。
佐藤倫正『資金会計論』白桃書房，1993年。
朝日監査法人編『会社の決算と開示』中央経済社，1996年。
鎌田信夫編『現金収支情報の開示制度』税務経理協会，1997年。
北村敬子・今福愛志編『キャッシュフロー割引計算』中央経済社，2000年。
小西範幸『キャッシュフロー会計の枠組み』岡山大学経済学部編，2004年。
伊藤邦雄編『キャッシュ・フロー会計と企業評価』中央経済社，2004年。
今福愛志『企業統治の会計学』中央経済社，2009年。

Ⅵ　財務諸表の一般原則

§1　企業会計原則の概要

　これまで述べてきた貸借対照表や損益計算書を中心とした財務諸表の作成に際して，その作成上の指針となる一般原則が存在する。これが企業会計原則における一般原則である。この企業会計原則は，①　企業会計の実務のなかで慣習として発達したもののなかから，一般に公正妥当と認められたものを要約したものであり，必ずしも法令で強制されなくても遵守すべき基準であり，②　公認会計士が金融商品取引法に基づく財務諸表の監査をなす場合に従わなければならない基準である。

　企業会計原則は，第一　一般原則，第二　損益計算書原則，第三　貸借対照表原則，そして企業会計原則注解から成り立つ。ここでは一般原則について説明する。

　一般原則は次の7つから構成される。

　　　真実性の原則
　　　正規の簿記の原則
　　　資本取引・損益取引区分の原則
　　　明瞭性の原則
　　　継続性の原則
　　　保守主義（安全性）の原則
　　　単一性の原則

　これらを主として財務諸表作成上，処理を伴う実質的な基準に関するもの

と，処理を伴わず，むしろその形式的な報告基準とに分けると，次のように整理することができる。このなかで真実性の原則は，両者を包括する上位の原則としての性質を有する。

真実性の原則
$\Big\{$
財務諸表作成の実質基準：資本取引・損益取引区分の原則，継続性の原則，保守主義の原則

財務諸表作成の形式基準：正規の簿記の原則，明瞭性の原則，単一性の原則

§2　真実性の原則

　真実性の原則は，企業会計が企業の財政状態および経営成績に関して真実の報告をしなければならないという原則である。これは，いわば企業会計の全般にわたる包括的な原則であり，他の6つの原則の上位をなす。

　ここでいう真実性の原則とは，いわゆる絶対的な真実性を要求するものではない。その理由は，企業会計が人為的な期間損益計算を前提とし，しかもそこではさまざまな仮定や見積りによる主観的な判断に頼らざるをえないからである。したがって，企業会計は相対的な真実性を問題にするにすぎないのである。この真実性の原則を事実上支えるのが，他の6つの原則である。言い換えれば，この6つの原則の厳格な遵守が真実性の原則に不可欠である。つまり，一般に公正妥当な会計基準によって作成された財務諸表は，真実性の原則に適合すると考えられる。

　わが国の真実性の原則に相当するのが，イギリスにおける「真実且つ公正な概観」(true and fair view) という考え方である。ここでは"真実"という用語が用いられているが，重要なのはむしろ"公正"のほうである。これは，"適正"という意味をもち，すでに述べた"相対的真実性"とほぼ同じ内容である。

　なお，実務上では会社の財政状態，経営成績及びキャッシュ・フローの状況に関する真実な内容を表示することが要求される（財務諸表等規則第5条）。

§3　正規の簿記の原則

　すべての取引について，正規の簿記の原則にしたがって正確な会計帳簿の作成を要請するのが**正規の簿記の原則**である。正規の簿記の要件は，記録に関する網羅性・検証可能性・秩序性である。これらの要件を満たしさえすれば単式簿記でもよいが，一般にそれを必要且つ十分に満たすのが複式簿記である。今日では，この複式簿記と同じ機能を有する OA 機器に基づく帳簿システムが広く採用されている。

　このように，正規の簿記の原則は総じて財務諸表の形式面を有するが，しかし他方では実質面とも簿外資産や簿外負債（これは，実在するが，しかし帳簿には示されない資産または負債である。）を通じて，ある程度関わっている。つまり，重要性の乏しいものについては本来の厳密な会計処理によらずに，簡便法による処理方法（**重要性の原則**）も正規の簿記の原則として認められている。そして，そのような処理方法が，貸借対照表における完全性の原則の例外として容認されるのである。

　重要性の原則の適用例は次のとおりである。

① 消耗品，消耗工具器具備品について，その買入時または払出時に費用化できる。

② 前払費用・未収収益・未払費用・前受収益を経過勘定項目として処理しないことができる。

③ 棚卸資産の付随費用について，取得原価に算入しないことができる。

> （注）　重要性には，ここで述べた金額の重要性のほかに，科目の重要性がある。これは，仮払金，寄付金，取締役と会社間の債権債務等について，財務諸表の判断を誤らせないような会計処理を要求する。

なお，この正規の簿記の原則を，会計全般に関する原則と解する考え方もあ

る。その典型が，商取引と財産の状態に関する帳簿記入を要求するドイツの正
規の簿記の諸原則（Grundsätze ordnungsmäßiger Buchführung；GoB）である。ま
たそれは，わが国の旧商法にあった商業帳簿作成に関する“公正なる会計慣行
を斟酌すべき”という考え方（旧商法第32条2項）と相通じる。なお，改正商法
では，一般に公正妥当と認められる会計の慣行に従って商業帳簿が作成される
ことになった（商法第19条1項）。

§4　資本取引・損益取引区分の原則

　資本取引・損益取引区分の原則は，資本取引と損益取引を区別し，資本剰余
金と利益剰余金を混同しないように要求する原則である。今日の企業会計にお
いて期間損益計算が中心課題であるため，この資本と利益の区分原則は特に重
要な役割を果たす。ここで資本取引とは，株主の払い込んだ資本がその典型で
あるように，元手としての資本の直接的な変動を伴う取引である。それは，そ
の運用結果として獲得された果実としての資本，すなわち損益取引から明確に
区別されなければならない。

　資本取引の内容としては，①　単に株主が払い込んだ資本だけでなく，それ
に準じるものをも広くとらえて，企業が国民経済的にみて維持すべき資本と解
する考え方と，②　株主が払い込んだ資本だけに，それを限定する考え方があ
る。前者の立場に立てば，たとえば資本助成目的の国庫補助金や工事負担金，
著しい貨幣価値変動に伴う固定資産の再評価差益や保険差益，欠損填補を目的
とした債務免除益などが広義の資本取引（資本剰余金）とみなされる。これに
対して，後者の立場に立てば，それらの資本性はすべて否定される。

　企業会計原則はかつて前者の立場に立っていたが，昭和49年以降，商法との
関係で後者の処理に従わざるをえない。なお，平成13年の商法改正に伴い，減
資差益および自己株式処分差益は，株主が払い込んだ資本の性質をもつので，
その他資本剰余金に属することになったが，いずれの取崩額も株主総会の決議
により，配当可能利益と取扱われることになった。現行会社法ではそれらは剰

余金の配当に含められる。しかし，この処理は明らかに従来堅持されていた厳格な資本と利益の区別に反する。

§5　明瞭性の原則

　企業会計は，財務諸表を通じて利害関係者に対して，必要な会計事実を明瞭に表示し，企業の状況に関する判断を誤らせないようにしなければならない。これを**明瞭性の原則**という。これは特に**ディスクロージャー**（情報開示）制度の面から重要である。

　この明瞭性の原則の具体的適用には，主に貸借対照表および損益計算書に関する区分・配列や，総額主義がある。すでに触れたように，貸借対照表は流動・固定の区分原則に基づき，原則として流動性配列法に従う。また，損益計算書は損益の発生原因に基づく区分計算を前提とし，最終的な当期純利益の算定にいたるまでの過程で，それぞれの区分計算ごとに中間的な段階で各種の利益概念が，経営成績の判断に役立つように表示される。総額主義は，特に資産と負債，収益と費用それぞれの相殺禁止を要請するものである。たとえば，貸付金と借入金との相殺を禁止することによって，利害関係者に重要な判断を誤らせないようにしようというわけである。

　このような明瞭性の原則との関連性を有するのが重要な会計方針や後発事象に関する注記の要請である。注記とは，さまざまな財務諸表の数値以外で，企業の財政状態および経営成績の判断を行う際に，不可欠な補足情報を示したものである。これには財務諸表全般に関わる注記と，それ以外の注記とがある。

1　財務諸表全般に関する注記
　財務諸表全般に関する注記に属するのが，重要な会計方針と重要な後発事象に関する注記である。
（1）　重要な会計方針
　会計方針とは，貸借対照表における財政状態および損益計算書における経営

成績を正しく示すために，採用された会計処理の原則および手続並びに表示の方法をいう。これにはたとえば次のようなものがある。

a　有価証券の評価基準および評価方法

b　棚卸資産の評価基準および評価方法

c　固定資産の減価償却方法

d　繰延資産の処理方法

e　引当金の計上基準

f　費用・収益の計上基準

　なお，資産及び負債や収益及び費用の額に関する会計上の見積りに不確定性があるときには，財務諸表作成時に入手可能な情報に基づいてその合理的な金額を算出する。

（2）　重要な後発事象

　貸借対照表日以降に発生した事象で次期以降の財政状態および経営成績に影響を及ぼすのが後発事象である。これには次のものがある。

a　火災，出水等による重大な損害の発生

b　多額の増資または減資および多額の社債発行または繰上償還

c　会社の合併，重要な営業の譲渡または譲受

d　重要な係争事件の発生または解決

e　主要な取引先の倒産

（3）　会計上の変更・誤謬の訂正

　会計上の変更・誤謬会計基準の設定により，以下の注記も要求される。

a　会計方針の変更

b　表示方法の変更

c　会計上の見積りの変更

d　修正再表示（誤謬の訂正等）

　このうちでa・b・dについては遡及処理するが，cについては遡及処理しない。たとえば耐用年数の変更及び残存価額の変更が見積りの変更に該当するときには，変更時点から将来に向かって影響させる。減価償却方法の変更は会

計方針の変更に該当するが，その変更については会計上の見積りの変更として取り扱う。

2 その他の注記

　このほかに重要な注記の1つが，1株当たり当期純利益（Earnings Per Share；EPS）および1株当たり純資産額（Book-value Per Share；BPS）である。前者は普通株式に関する当期純利益を期中の平均株式数で除して算出する。ただし，損益計算書上の当期純利益のなかに普通株式に帰属しない金額を分子から除き，また普通株式の期中平均自己株式数を分母から除く。なお，潜在株式（新株予約権のように普通株式を取得できる権利や新株予約権付社債・転換予約権付株式などのように普通株式に転換できる請求権・取締役等の報酬に株式を無償交付する事後交付型等）の権利の行使を仮定して算出した潜在株式調整後1株当たり当期純利益も記載する。後者は期末の純資産額（新株予約権・株式引受権等を控除）を期末における普通株式の発行済株式総数（ただし，普通株式の自己株式数を除く。）で除して算出する。

　まだ法的な債務ではなく，将来に債務となりうる恐れのある偶発債務，たとえば保証債務や係争事件に関する賠償義務，また担保となっている資産なども注記する。なお，リスク分担型企業年金としての確定拠出制度の内容についての注記も又要求される（実務対応報告第33号）。

　注記はまだ要求されてはいないが，株価を1株当たりの純利益で除して算定される株価収益率（price earnings ratio；PER）あるいは株価を1株当たりの純資産額で除した株価純資産倍率（PBR）は，注記との関連で企業の財務内容の判断に際して重要な数値の1つである。

§6　継続性の原則

　継続性の原則は，会計処理の原則および手続を毎期継続して適用し，みだりに変更してはならないことを要請する原則である。人為的な期間計算を前提と

する場合，すでに真実性の原則のなかで触れたように，今日の継続企業におけ
る会計計算は，いろいろな仮定や見積に基づいている。したがって，会計処理
は唯一つだけ存在するのではなくて，合理的な範囲で選択の余地がある。その
決定にあたっては，企業の業種や特殊事情が考慮される。いずれにせよ，一度
採用された会計処理や手続が継続的に適用されなければ，会計記録の信頼性は
失われる。その理由は，継続性の原則が期間比較の確保と利益操作の防止にと
って不可欠だからである。その意味で，継続性の原則は真実性の原則を保証す
るための重要な原則の1つであるといえる。

　ただし，継続性の原則は正当な理由があれば，その変更が認められる。たと
えば，業務内容や取引方法・経営組織が変化した場合，あるいは急激な貨幣価
値の変動が生じたり，関連法令が変化した場合などがそれに該当する。

　なお，会社法上も会計処理の原則又は手続の変更は個別注記表の記載事項で
あり（会社計算規則第101条の2），継続性の原則は間接的に要求される。

§7　保守主義の原則

　保守主義の原則は，企業の財政に不利な影響を及ぼす可能性がある場合に，
健全な会計処理を要請する原則である。これは安全性の原則とか慎重の原則と
も呼ばれる。繰り返し述べたように，会計計算のなかには，会計処理の選択や
将来の見積に関する判断が必要となる。そこで，会計処理や将来の見積に対し
て企業の財務内容が良好とみえるよりも，むしろ控え目に示したほうがベター
であるという考え方から，健全な会計処理を要請するのが，この保守主義の原
則である。

　保守主義の原則は一般に損益計算との関連で論じられる場合が多い。すなわ
ち，未実現損失は計上するが，未実現利益は計上しないという考え方がこれで
ある。しかし，保守主義の原則は，他面では貸借対照表における資産および負
債の評価問題とも関係することに注意しなければならない。

　保守主義の原則の適用とみなされるのは，たとえば①　割賦販売に関して回

収基準を適用する場合，② 棚卸資産について低価基準を適用する場合，③ 固定資産の減価償却について定率法を採用する場合，④ 繰延資産を支出時点で費用化したり，できるだけ早期に償却する場合，⑤ 固定資産の耐用年数や残存価額および引当金の設定について予測される判断のうちで，最も控え目なものを計上する場合などである。また，今日の損益計算の中核を形成する販売基準（実現主義）に基づく収益の認識基準自体を，保守主義の原則の適用とみる見解もある。

　合理的な許容範囲を逸脱して過度の保守主義の原則を適用することは真実性の原則に違反するため，厳に慎まなければならない。

§8　単一性の原則

　単一性の原則は，目的の違いから異なる形式の財務諸表を作成する場合，いずれも信頼しうる同じ会計記録から作成すべきことを要求する原則である。

　この単一性の原則に関しては，形式の多元化を認めるが，しかしその実質の一元化を厳格に要求すると解する見解と，信頼しうる会計記録に基づくかぎり，実質について多少の相違を容認する見解とがある。後者に従えば，目的に応じて一部に異なる評価基準も可能となる。この立場を積極的に展開すると，単一性の原則そのものの否定につながる恐れがある。異なる目的に適する形式が望ましいと解され，実質多元で且つ形式多元とみる見解がこれである。

参 考 文 献

嶌村剛雄『会計原則コンメンタール』中央経済社，1979年。
新井清光『企業会計原則論』森山書店，1985年。
嶌村剛雄『会計制度史料訳解』白桃書房，1985年。
番場嘉一郎『詳説企業会計原則』（全訂版）森山書店，1986年。
浅地芳年・松士陽太郎・藤田厚生『財務諸表規則逐条詳解』中央経済社，1997年。
若杉明『会計ディスクロージャと企業倫理』税務経理協会，1999年。
新井清光『日本の企業会計制度』中央経済社，1999年。

斎藤静樹『企業会計とディスクロージャー』第2版，東京大学出版会，2003年。

須田一幸編『会計制度改革の実証分析』同文舘，2004年。

須田一幸編『ディスクロージャーの戦略と効果』森山書店，2004年。

須田一幸編『会計制度の設計』白桃書房，2008年。

第2編　財務会計の発展理論

Ⅶ　連結財務諸表

§1　連結財務諸表制度の概要

1　連結財務諸表の意義と目的

　法律上は，法人格を有する各株式会社を対象（これを法的実体という。）として財務諸表が作成される。これが個別財務諸表である。これに対して，法人格は異なるが，経済的にみて単一の組織体とみなしうる企業集団を対象（これを経済的実体という。）に作成されるのが連結財務諸表である。金融商品取引法上，企業の多角化および国際化を背景に投資判断を的確に行う目的から，新たに連結財務諸表が主で，個別財務諸表が従という財務諸表の体系化が制度化されている。この連結財務諸表の主な目的は，a　親会社の株主および債権者を中心とし，その他の利害関係者に対して企業集団に関する会計情報を提供すること，b　企業集団に対する監査を充実させること，c　経営者に対する経営管理の手段として役立たせること，d　課税の合理化を図り，企業集団に対して課税すること（連結納税制度）などである。わが国の連結納税制度は，一般に個別企業の課税所得をベースとし，連結財務諸表の数値と関係しない。

2　連結の一般原則

　連結財務諸表の作成に際して，個別財務諸表の場合と同様に一般原則がある（連結財務諸表原則第二・一般原則）。これは次の4つの原則，すなわち真実性の原則，基準性の原則，明瞭性の原則，そして継続性の原則である。

(1)　真実性の原則

　これは，連結財務諸表が企業集団の財政状態，経営成績及びキャッシュ・フローの状況に関して真実な報告を提供しなければならないという原則である。したがって，その内容は個別財務諸表上の真実性の原則に呼応する。

（2）　基準性の原則

　基準性の原則は，連結財務諸表が企業集団に属する親会社および子会社に関して，一般に公正妥当と認められる企業会計の基準に準拠して作成した個別財務諸表を基礎として作成しなければならないという原則である。この原則から，連結財務諸表の作成基盤が個別財務諸表を前提とすることがわかる。この場合，親会社および子会社の財務諸表上の数値が，（たとえば減価償却費の過不足，資産及び負債の過大または過小評価などの原因で，）当該会社の財政状態および経営成績を適正に示していないときには，まずそれを修正してから連結財務諸表を作成しなければならない。ただし，連結財務諸表に重要な影響を与えないときには，その修正をする必要はない。

（3）　明瞭性の原則

　これは，連結財務諸表が企業集団の状態に関する判断を誤らせないように，利害関係者に対して必要な財務情報を明瞭に表示しなければならないという原則である。ただし重要性の原則を適用し，小規模の子会社を連結の範囲から除外したり，あるいは持分法の適用の範囲から除外したり，子会社の決算日と連結決算日とが相違する場合に，仮決算の手続をすることが認められる。

（4）　継続性の原則

　これは，連結財務諸表の作成のために採用した基準および手続を毎期継続して適用し，みだりにこれを変更してはならないという原則である。これもまた，個別財務諸表上の継続性の原則と内容的にほぼ一致するとみてよい。

3　連結の一般基準

　連結財務諸表の作成にあたって，連結の対象となる範囲を決定することが重要である。これには持株基準と支配力基準とがある。前者は議決権の過半数による実質的な所有に基づいて連結の範囲を決定する考え方で，形式的な基準で

ある。これに対して後者は，取締役等の派遣による取締役会の支配や，多額の融資による実質的な支配の有無によって連結の対象となるべき範囲を決定する考え方である。かつては，客観性を有する持株基準が一般的であったが，現在ではそれに代わって支配力基準が中心となっている。これによると，ある企業（会社及び会社に準ずる事業体をいい，会社，組合その他これらに準ずる事業体を指す。）が他企業の意思決定機関を支配しているとき，前者を親会社（支配会社）といい，後者を子会社（従属会社）という。その場合，意思決定機関を支配していることが明らかに示されない限り，以下のケースは子会社に該当する。

　　イ　他の企業（但し更生会社や破産会社等は除く。）の議決権の過半数を実質的に所有している場合

　　ロ　他の企業の議決権の所有割合が40％以上50％以下で，財務上または営業上もしくは事実上の関係からみて当該企業の意思決定機関を支配している一定の事実が認められる場合

　　注意すべきは，直接的な所有の会社と，間接的な所有の会社の区別である。いま，下図のようにP社がA社の株式を実質的に70％所有すれば，P社が親会社で，A社がその子会社である。また，P社がB社株式の20％を保有し，A社が同じくB社株式の25％をそれぞれ保有しているとき，個別的にはたしかにP社とA社はそれぞれ過半数を所有していない。しかし，P社とA社を経済的に同一の企業集団とみなし，両者がB社の意思決定機関を支配しているときは，

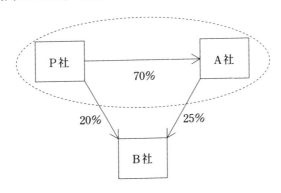

やはりB社も連結の対象となる。B社を孫会社という。

　なお，破産会社・更生会社・清算会社などのように，有効な支配従属関係が
なく組織の一体性を欠く会社は子会社に該当しない。

　ただし，子会社であっても次の場合には連結から除外される（非連結子会社）。

　a　支配が一時的と認められる会社

　b　上記のa以外の企業で，連結することにより利害関係者の判断を著し
　　　く誤らせるおそれのある会社

　c　企業集団の財務内容に関する合理的な判断を妨げない質的・量的に重要
　　　性の乏しい子会社（資産・売上・利益等を考慮する）

　なお，子会社等には「資産の流動化に関する法律」に基づく特別目的会社
（SPC）や，投資事業組合（投資事業有限責任組合，民法上の任意組合，商法
上の匿名組合）も支配力基準により含められる。

　連結財務諸表の作成に関する期間は1年とし，親会社の会計期間に基づいて
定める。子会社の決算日と連結決算日との差異が3ヵ月を超えない場合には，
子会社の正規の決算を基礎として連結決算を行うことができる。この場合には
連結会社間の取引に関する会計記録上の重要な不一致について修正する。

　会計監査人設置会社は連結計算書類（連結貸借対照表・連結損益計算書・連
結株主資本等変動計算書・連結注記表）を作成することができ，大会社で金融
商品取引法上有価証券報告書を提出しなければならない会社は連結計算書類の
作成義務がある（会社法第444条1項・3項，会社計算規則第61条～第69条）。

§2　連結貸借対照表

　連結貸借対照表を作成にあたって重要となるのは，次の諸点である。

　①　親会社および子会社の個別貸借対照表における資産，負債および資本の
　　　金額を基礎とする。

　②　親会社の投資と子会社の資本を相殺消去する。

　③　親会社と子会社間の債権および債務を相殺消去する。

〔設例 1〕（全部保有の場合）

　P社は，S社の発行済株式数の100％を平成×年 3 月31日に8,000万円で取得した。決算日は両会社とも 3 月31日である。平成×年 3 月31日の貸借対照表は次のとおりである。なお，P社とS社との間には，債権および債務関係はない。

貸借対照表（P社）　　（単位：万円）

諸資産	7,000	諸負債	3,000
S社投資	8,000	資本金	8,000
		利益剰余金	4,000
	15,000		15,000

貸借対照表（S社）　　（単位：万円）

諸資産	9,000	諸負債	2,000
		資本金	6,000
		利益剰余金	1,000
	9,000		9,000

　連結財務諸表を作成する場合，P社およびS社の各帳簿のほかに，連結上の消去仕訳を含む一覧表（連結精算表）の作成が便利である。

連 結 精 算 表
（単位：万円）

科　目	個別貸借対照表		消去仕訳		連結貸借対照表
	P 社	S 社	借方	貸方	
諸資産	7,000	9,000			16,000
S社投資	8,000			8,000	
のれん			1,000		1,000
借方合計	15,000	9,000			17,000
諸負債	3,000	2,000			5,000
資本金	8,000	6,000	6,000		8,000
利益剰余金	4,000	1,000	1,000		4,000
貸方合計	15,000	9,000			17,000

　親会社のS社投資8,000万円と子会社の資本金6,000万円および剰余金1,000万円とが相殺消去され，その結果，借方に投資消去差額1,000万円が生じる。これはのれんとして処理する。このれんが借方に生じる原因は，第 1 に，子会社の資産および負債の帳簿価額とその時価とが相違する場合であり，第 2 に，子会社が超過収益力を有する場合である。このうちで前者は，後述するよ

うに，資本連結に先立って，あらかじめ修正されるため，借方に生ずるのれんは事実上後者による無形固定資産を示したものである。

　これは企業結合会計基準と同様に原則としてその計上後20年以内に定額法その他合理的な方法によって償却しなければならない。ただし，その金額に重要性が乏しい場合には，それを発生した期間の損益に処理できる。

　のれんは貸方残のケースもある。これは，例えば何らかの原因で帳簿上の金額よりも安く株式を購入できた場合である。この負ののれんについては子会社の資産及び負債の把握並びにそれらに対する取得原価の配分の妥当性を確認し，その見直しを行ってもなお負ののれんが生じるときには，それが発生した事業年度の利益として処理する。

　　〈相殺消去仕訳〉

　　（借）Ｓ社資本金　　　6,000万円　　（貸）Ｓ社投資　　　8,000万円
　　　　　Ｓ社利益剰余金　1,000
　　　　　のれん　　　　　1,000

連結貸借対照表　（単位：万円）

諸資産	16,000	諸負債	5,000
のれん	1,000	資本金	8,000
		利益剰余金	4,000
	17,000		17,000

（注）連結貸借対照表上の資本金および剰余金の金額は，いずれも親会社の資本金および剰余金の金額に一致する。

〔設例2〕（部分保有の場合）

①　P社は，Ｓ社の発行済株式数の60％を平成×年3月31日に4,000万円で取得した。決算日は両会社とも3月31日である。平成×年3月31日のP社およびＳ社の貸借対照表は次のとおりである。

	貸借対照表（P社）	（単位：万円）		貸借対照表（S社）	（単位：万円）
諸資産	6,000	諸負債 1,000	諸資産 8,000	諸負債	2,000
S社投資	4,000	資本金 7,000		資本金	5,000
		利益剰余金 2,000		利益剰余金	1,000
	10,000	10,000	8,000		8,000

②　P社はS社に対して500万円の貸付金がある。

連結精算表

（単位：万円）

科　目	個別貸借対照表		消去仕訳		連結貸借対照表
	P社	S社	借　方	貸　方	
諸資産	6,000	8,000		② 　　500	13,500
S社投資	4,000			① 4,000	
のれん			① 　　400※		400
借方合計	10,000	8,000			13,900
諸負債	1,000	2,000	② 　500		2,500
資本金	7,000	5,000	① 5,000		7,000
利益剰余金	2,000	1,000	① 1,000		2,000
非支配株主持分				① 　2,400※※	2,400
貸方合計	10,000	8,000			13,900

※　4,000－(5,000＋1,000)×60%
※※　(5,000＋1,000)×40%

〈相殺消去仕訳〉

（借）資本金　　　　　5,000万円　　（貸）S社投資　　　　4,000万円
　　　利益剰余金　　　1,000　　　　　　　非支配株主持分　2,400
　　　のれん　　　　　　400
（借）借入金　　　　　　500　　　　（貸）貸付金　　　　　　500

(注)　まず，P社におけるS社投資とS社の資本金および剰余金とを相殺消去する。その場合，S社投資4,000万円は，S社の純資産6,000万円（資産総額8,000万円－負債総額2,000万円）の60%，つまり3,600万円に相当する。その結果，投資消去差額は借方に400万円生じる。また，S社の株式のうちでP社の保

有していない株式40％については，非支配株主持分（かつての
少数株主持分）として表示する。それは，Ｓ社の純資産6,000
万円に40％を乗じて計算される。この非支配株主持分は，子会
社の資本のうちで親会社の持分に属さない部分である。これは
次の２つの部分からなる。

　　a　株式の取得日現在での持分
　　b　株式取得以降に生じた子会社剰余金に対する持分
　ただし，子会社の欠損のうちで，当該子会社に関わる非支配
株主持分に割り当てられる金額が，当該非支配株主の負担すべ
き金額を超える場合には，その超過額は親会社の持分に負担さ
れねばならない。その後，その子会社が利益を計上したときに
は，親会社の負担した欠損が回収されるまで，その利益の金額
を親会社の持分に加算する。

　この非支配株主持分は，連結貸借対照表において純資産のう
ちで新株予約権の後に，表示される。子会社株式を追加取得し
た場合に追加取得持分と追加出資額との差額あるいは子会社株
式を一部売却した場合に親会社持分の減少額と売却価額との差
額は資本剰余金として処理する。(237ページ(注)参照)

　また，連結会社相互間における債権および債務は，経済的な
単一企業体という観点から，相殺消去する。

連結貸借対照表　（単位：万円）

諸資産	13,500	諸負債	2,500
のれん	400	資本金	7,000
		利益剰余金	2,000
		非支配株主持分	2,400
	13,900		13,900

(注) この部分保有の場合でも，連結貸借対照表上の資本金と剰余金の金額は，親会社Ｐ社の資本金と剰余金の金額に一致する。

(注)　子会社の資産および負債の帳簿価額とその時価とが相違する

場合，支配獲得日における子会社の資産および負債の評価には次の2つの方法がある。1つは，親会社の持分に相当する部分について，株式の取得日ごとに子会社の資産および負債を公正な評価額（時価）で評価する方法（部分時価評価法）である。もう1つは，子会社の資産および負債のすべてを，支配獲得日の時価で評価する方法（全面時価評価法）である。

いま，〔設例2〕において子会社（S社）の資産のうちで土地の帳簿価額が2,000万円，その時価が2,600万円であるとする。

イ 部分時価評価法

この方法では、土地の時価（2,600万円）と，その帳簿価額（2,000万円）との差額（600万円）のうちで，親会社の持分に相当する部分だけ土地の評価額を引き上げ，それに基づいて親会社の投資と子会社の資本とを相殺消去する。

（借）土　地　　　360※　　（貸）評価差額　　　360

　　※　600万円×60％＝360万円

（借）資本金　　5,000　　（貸）S社投資　　4,000
　　利益剰余金　1,000　　非支配株主持分 2,400※
　　評価差額　　　360
　　のれん　　　　40

　　※　（5,000万円＋1,000万円）×40％＝2,400万円

この方法による連結貸借対照表は次のようになる。

連結貸借対照表（部分時価評価法）　（単位：万円）

諸資産	13,860※	諸負債	2,500
のれん	40	資本金	7,000
		利益剰余金	2,000
		非支配株主持分	2,400
	13,900		13,900

　　※　6,000万円＋8,000万円＋360万円－500万円＝13,860万円

ロ 全面時価評価法

　この方法では，土地の時価と帳簿価額との差額を親会社だけでなく非支配株主持分に相当する部分も含めて計上する。

（借）	土　　地	600	（貸）	評価差額	600
（借）	資　本　金	5,000	（貸）	S社投資	4,000
	利益剰余金	1,000		非支配株主持分	2,640※
	評価差額	600			
	のれん	40			

　　※　(5,000万円＋1,000万円＋600万円)×40％＝2,640万円

その結果，この方法による連結貸借対照表は次のようになる。

連結貸借対照表（全面時価評価法）　　　（単位：万円）

諸資産	14,100※	諸負債	2,500
のれん	40	資本金	7,000
		利益剰余金	2,000
		非支配株主持分	2,640
	14,140		14,140

　　※　6,000万円＋8,000万円＋600万円－500万円＝14,100万円

ハ　税効果会計の適用

　連結財務諸表においては，すでに触れた税効果会計が適用される結果，繰延税金資産または繰延税金負債が計上されねばならない。いま，法定実効税率を30％とすると，部分時価評価法では，次のような税効果に関する仕訳が必要となる。

| （借） | 評価差額 | 108※ | （貸） | 繰延税金負債 | 108 |

　　※　360万円×30％＝108万円

それに伴って，投資と資本との相殺消去は次のようになる。

（借）	資　本　金	5,000	（貸）	S社投資	4,000
	利益剰余金	1,000		非支配株主持分	2,400
	評価差額	252			
	のれん	148			

また，全面時価評価法による仕訳は次の通りである。

（借）　評価差額　　　180※　　（貸）　繰延税金負債　180

　　　　＊600万円×30％＝180万円

それに伴って，相殺消去仕訳は次のようになる。

（借）　資 本 金　　5,000　　（貸）　S 社投資　　4,000

　　　　利益剰余金　1,000　　　　　　非支配株主持分 2,640

　　　　評価差額　　　420

　　　　のれん　　　　220

　なお，平成20年12月に設定された企業会計基準第22号「連結財務諸表に関する会計基準」では，企業結合会計基準では部分時価評価法を前提としておらず，しかも実務でもそれが採用される例が少なく，国際的な動向も考慮した結果，部分時価評価法を廃止し，全面時価評価法のみとする。部分時価評価法の削除に伴い，親会社を中心とした考え方が低下したが，その考え方は依然として堅持されている。この部分時価評価法は後述する持分法適用会社について従来と同様に用いられる。

§3　連結損益計算書

連結損益計算書の作成に際しては，次の点が重要である。

イ　親会社および子会社間の取引を消去し，

ロ　そこに含まれる未実現損益を消去しなければならない。

この未実現損益を消去する場合，棚卸資産と固定資産に分けて考える必要がある。

棚卸資産に含まれる未実現損益の消去方法には，次の考え方がある。

①　親会社から子会社に商品を販売した場合（ダウン・ストリームという。）には，子会社がまだ企業集団の外部に販売せずに，子会社の棚卸資産に含まれる未実現損益の部分については，その金額を全額消去する。これには次の考え方がある。

　イ　未実現損益の全額を親会社に負担させる方法（全額消去・親会社負担
　　方式）
　ロ　未実現損益の全額を持分割合に応じて按分負担させる方法（全額消
　　去・持分按分負担方式）
②　非支配株主がいる子会社から親会社に商品を販売した場合（アップ・ス
　トリームという。）には，さらにいくつかの考え方がある。
　イ　未実現損益を全額消去するが，その消去方法にはすべてを親会社に負
　　担させる方法（全額消去・親会社負担方式）
　ロ　未実現損益の全額を持分割合に応じて按分負担させる方法（全額消
　　去・持分按分負担方式）
　ハ　非支配株主持分に相当する部分については実現したとみなし，親会社
　　の部分だけを部分消去する方法（部分消去・親会社負担方式）
　連結会計の主体を，親会社の株主と子会社の株主とを一体にした経済的単一
説の立場に立てば，未実現損益を全額消去し，かつこれを持分に按分して負担
させる①のロ及び②のロの方式が妥当である。また，親会社の株主を中心とし
た親会社実体説の立場に立てば，①のイ及び②のハの方式が妥当である。わが
国の連結基準では，ダウン・ストリームでは①のイの方式が，またアップ・ス
トリームについては②のロの方式を適用する。
　固定資産に含まれる未実現損益も，この棚卸資産の場合と同様に除去する。
但し，未実現損失のうちで売手側の帳簿価値のなかで回収不能と認められる部
分は消去しない。未実現損益の金額に重要性が乏しい場合には，これを消去し
ないことができる。

〔設例3〕　連結損益計算書の作成

　P社はA社の株式を80％所有しており，平成×1年4月1日から平
成×2年3月31日までの両者の損益計算書と，両者に関係する損益取引
は次の通りであった。

損益計算書（P社）（単位：万円）					損益計算書（A社）（単位：万円）				
売上原価	4,000	売上高	5,600		売上原価	1,700	売上高	3,000	
営業費	1,200	受取配当金	80		営業費	950			
その他費用	180				その他費用	250			
当期純利益	300				当期純利益	100			
	5,680		5,680			3,000		3,000	

〈取引内容〉

① 　P社がA社に販売した商品は600万円で，そのうち150万円の商品をA社は在庫している。なお，P社はA社に対して20％の利益を付加して商品を販売している。

② 　P社の受取配当金80万円はA社からの支払分である。

③ 　のれんを10万円償却する。

① 　a）まず，P社とA社間の販売取引は，連結企業全体では内部取引であるので，それを相殺消去する。

　　（借）　売　　　上（P）　　600万円　（貸）　売上原価（A）　600万円

　　b）このうちで，A社の期末商品棚卸高となっており，連結企業の外部に販売していない150万円のなかには，未実現利益が含まれている。そこで，それを除去する必要がある。

　　（借）　売上原価　　　　　30※　　（貸）　当期純利益　　　　30

　　　　※　150万円×20％＝30万円

② 　P社がA社から受け取った配当金も同様に内部取引である。それを相殺消去する。

　　（借）　受取配当金　　　　80　　　（貸）　当期純利益　　　　80

③ 　のれんを償却し，連結損益計算書上の費用に計上する。

　　（借）　のれん償却　　　　10　　　（貸）　当期純利益　　　　10

④ 　A社の当期純利益のうちで非支配株主持分に相当する部分を計上する。

（借）　非支配株主持分損益　20※　　　（貸）　当期純利益　　　20

　　※　100万円×20％＝20万円

連 結 精 算 表

（単位：万円）

科　　　目	P社	A社	消 去 仕 訳 借　方		消 去 仕 訳 貸　方		連結損益 計算書
売上高	5,600	3,000	① a)	600			8,000
受取配当金	80		②	80			
貸方合計	5,680	3,000					8,000
売上原価	4,000	1,700	① b)	30	① a)	600	5,130
営業費	1,200	950					2,150
のれん償却			③	10			10
その他の費用	180	250					430
非支配株主当期純損益			④	20			20
親会社株主当期純利益	300	100			① b)	30	
					②	80	
					③	10	
					④	20	260
借方合計	5,680	3,000					8,000

連結損益計算書

（単位：万円）

売上原価	5,130	売上高	8,000
営業費	2,150		
のれん償却	10		
その他の費用	430		
非支配株主当期純利益	20		
親会社株主当期純利益	260		
	8,000		8,000

〔設例4〕　連結貸借対照表及び連結損益計算書の作成

①　P社およびS社の平成×1年4月1日から平成×2年3月31日までの
　損益計算書および貸借対照表は以下のとおりである。なお，P社（平
　成×1年4月1日の資本金7,000万円，資本剰余金500万円，利益剰余金

1,500万円）はS社の発行済株式総数の60%を4,000万円で取得しており，その取得時のS社の資本金は5,000万円，剰余金は1,000万円であった。

損益計算書（P社）（単位：万円）

仕入	2,000	売上	3,700
S社仕入	500	受取配当金	60
営業費	560	備品売却益	100
当期純利益	800		
	3,860		3,860

損益計算書（S社）（単位：万円）

仕入	900	売上	1,000
営業費	400	P社売上	500
当期純利益	200		
	1,500		1,500

貸借対照表（P社）（単位：万円）

諸資産	6,800	諸負債	1,000
S社投資	4,000	資本金	7,000
		資本剰余金	500
		利益剰余金	2,300
	10,800		10,800

貸借対照表（S社）（単位：万円）

諸資産	8,200	諸負債	2,100
		資本金	5,000
		利益剰余金	1,100
	8,200		8,200

② P社の期末商品のうち，S社から仕入れた分は300万円である。なお，未実現損益は全額消去・持分按分負担方式による。S社の売上総利益率は40%とする。

③ P社の純利益のうちで，備品売却益100万円はS社に対して備品を売却したものである。この備品の当該年度の期首の簿価は200万円，残存価額0，耐用年数5年，定額法で償却しているものとする。

④ のれんは10年間に均等償却する。

⑤ P社の損益計算書における受取配当金60万円は，S社から全額受け取ったものである。なお，S社はこれ以外の配当金を非支配持主に40万円支払った。P社の利益処分はなかったものとする。

⑥ 当期の未払法人税額は400万円であり，また税効果の法定実効税率は税金等調整前当期純利益の30%とする。

連 結 精 算 表

(単位：万円)

科　　目	個別損益計算書 P社	個別損益計算書 S社	消去仕訳 借　方	消去仕訳 貸　方	連結損益計算書
売上高	3,700	1,000			4,700
受取配当金	60		d　　60		
備品売却益	100		c 1)　100		
P社売上		500	b 1)　500		
貸方合計	3,860	1,500			4,700
仕入	2,000	900	b 2)　120		3,020
S社仕入	500	－		b 1)　500	
営業費	560	400		c 2)　　20	940
のれん償却	－	－	e　　40		40
法人税等			f　　400	f　　190	210
非支配株主当期純損益			a 2)　80	b 2)　48	32
親会社株主当期純利益	800	200	c 2)　20	a 2)　80	
				b 2)　72	
				c 1)　100	
				d　　60	
				e　　40	
				f　　400	
法人税等調整額			f　　190		458
借方合計	3,860	1,500			4,700

科　　目	個別貸借対照表 P社	個別貸借対照表 S社	消去仕訳 借　方	消去仕訳 貸　方	連結貸借対照表
諸資産	6,800	8,200	c 2)　20	b 2)　120	
				c 1)　100	14,800
S社投資	4,000			a 1)　4,000	
のれん			a 1)　400	e　　40	360
繰延税金資産			f　　190		190
借方合計	10,800	8,200			15,350
諸負債	1,000	2,100			3,100
未払法人税等				f　　400	400
資本金	7,000	5,000	a 1)　5,000		7,000
資本剰余金	500				500

利益剰余金	2,300	1,100	a 1) 1,000	c 2) 20		
			a 2) 80	d 60		
			b 2) 72	d 40		
			c 1) 100			
			d 60			
			e 40			
			f 210		1,958	
非支配株主持分			b 2) 48	a 1) 2,400		
			d 40	a 2) 80	2,392	
貸方合計	10,800	8,200			15,350	

(注)

a　P社の投資とS社の資本との相殺消去および持分の振替仕訳

　1）P社がS社の株式を取得した時点の投資と資本との相殺は次のように行われる。

〈連結貸借対照表の修正仕訳〉

（借）　S社資本金　　　5,000万円　　（貸）　S社投資　　　4,000万円

　　　　S社利益剰余金 1,000　　　　　　　非支配株主持分　2,400※

　　　　のれん　　　　　　400

　　　　　※　（5,000＋1,000）×40%

　2）当期中にS社の剰余金が200万円（1,200万円－1,000万円）だけ増加した結果，非支配株主持分に相当する部分40%，すなわち80万円を振り替える。

〈連結損益計算書の修正仕訳〉

（借）　非支配株主持分損益　80万円　（貸）　当期純利益　　　80万円

〈連結貸借対照表の修正仕訳〉

（借）　利益剰余金　　　　　80　　（貸）　非支配株主持分　　80

　b　1）P社とS社の取引を相殺消去する。

（借）　P社売上　　　　　500　　（貸）　S社仕入　　　　500

　2）P社の棚卸資産に含まれるS社からの仕入に伴う未実現損益の除去は次のように計算される。

（S社からの仕入れた在庫分300万円）×（S社の売上総利益率40％）＝120万円。

　この金額を持分割合で計算すると，P社は72万円（120万円×60％），非支配株主持分は残りの48万円となる。これらがそれぞれの未実現利益であり，控除する。連結損益計算書では，費用（売上原価）の増加として処理される。

〈連結損益計算書の修正仕訳〉

（借）　仕入（売上原価）　120　　　（貸）　当期純利益　　　　72
　　　　　　　　　　　　　　　　　　　　　非支配株主持分損益　48

〈連結貸借対照表の修正仕訳〉

（借）　利益剰余金　　　　72　　　（貸）　諸資産（商品）　120
　　　　非支配株主持分　　48

　c 1）備品の売却益100万円を相殺消去する。

〈連結損益計算書の修正仕訳〉

（借）　備品売却益　　　　100　　　（貸）　当期純利益　　　100

〈連結貸借対照表の修正仕訳〉

（借）　利益剰余金　　　　100　　　（貸）　諸資産　　　　　100

　2）連結財務諸表上における減価償却費の過大分を修正する。つまり，S社は個別財務諸表では300万円で当期の減価償却費を計上しているが，連結財務諸表では本来200万円で計算すべきであるから，その過大分について修正する必要がある。

　　　（300万円－200万円）÷ 5 年＝20万円

〈連結損益計算書の修正仕訳〉

（借）　当期純利益　　　　20　　　（貸）　営業費　　　　　20

〈連結貸借対照表の修正仕訳〉

（借）　諸資産（備品）　　20　　　（貸）　利益剰余金　　　20

　d　P社がS社から受け取った配当金を相殺消去する。

〈連結損益計算書の修正仕訳〉

| (借) | 受取配当金 | 60 | (貸) | 当期純利益 | 60 |

〈連結貸借対照表の修正仕訳〉

| (借) | 利益剰余金 | 60 | (貸) | 利益剰余金 | 60 |

　　非支配株主への配当金支払で，非支配株主持分を減少させる。

| (借) | 非支配株主持分 | 40 | (貸) | 利益剰余金 | 40 |

　e　aで計算したのれん400万円を償却する。

$$（400万円÷10年＝40万円）$$

〈連結損益計算書の修正仕訳〉

| (借) | のれん償却 | 40 | (貸) | 当期純利益 | 40 |

〈連結貸借対照表の修正仕訳〉

| (借) | 利益剰余金 | 40 | (貸) | のれん | 40 |

　f　当期の法人税等（但し，これは税金等調整前当期純利益700
　　に基づいて算出する。）と未払法人税等を計上する。

〈連結損益計算書の修正仕訳〉

| (借) | 法人税等 | 400 | (貸) | 当期純利益 | 400 |
| (借) | 法人税等調整額 | 190 | (貸) | 法人税等 | 190 |

〈連結貸借対照表の修正仕訳〉

| (借) | 利益剰余金 | 210 | (貸) | 未払法人税等 | 400 |
| | 繰延税金資産 | 190 | | | |

連結損益計算書　　（単位：万円）

売上原価	3,020	売上	4,700
営業費	940		
のれん償却	40		
法人税等	210		
非支配株主当期純利益	32		
親会社株主当期純利益	458		
	4,700		4,700

連結株主資本等変動計算書

(単位：万円)

	株 主 資 本				非支配株主持分	純資産合計
	資本金	資本剰余金	利益剰余金	株主資本合計		
当期首残高	7,000	500	1,500	9,000	2,400	11,400
当期変動額						
剰余金の配当					△ 40	△ 40
当期純利益			458	458		458
子会社の当期純利益割合					80	80
棚卸資産の未実現利益調整					△ 48	△ 48
当期変動額合計			458	458	△ 8	450
当期末残高	7,000	500	1,958	9,458	2,392	11,850

連結貸借対照表

(単位：万円)

諸資産	14,800	諸負債	3,100
のれん	360	未払法人税等	400
繰延税金資産	190	資本金	7,000
		資本剰余金	500
		利益剰余金	1,958
		非支配株主持分	2,392
	15,350		15,350

　連結損益計算書の作成において，税金等調整前当期純利益に法人税等を加減した結果得られる当期純利益に，非支配株主に帰属する当期純損益を加減して親会社株主に帰属する当期純利益を表示する。これに従うと，法人税等調整額の金額190万円は，未払法人税等400万円と，法人税等の金額210万円｛(売上4,700万円－売上原価3,020万円－営業費940万円－のれん償却40万円)×30％｝との差額となる。その結果，当期純利益は490万円（税金等調整前当期純利益700万円－法人税等210万円）なので，これから非支配株主に帰属する当期純利益32万円を差し引くと，親会社株主に帰属する当期純利益は458万円となる。これについて，連結損益計算書作成時の一部を例示すると，以下の通りである。

税金等調整前当期純利益	700万円
法人税，住民税及び事業税	400万円
法人税等調整額	190万円
法人税等合計額	210万円
当期純利益	490万円
非支配株主に帰属する当期純利益	32万円
親会社株主に帰属する当期純利益	458万円

　上場企業に対して従来の連結損益計算書をさらに発展させてその他の包括利益及び包括利益を表示させる次の2つの方式のいずれかが選択適用される。

[1計算書方式]

〈連結損益及び包括利益計算書〉

⋮

税金等調整前当期純利益	×××
法人税等	×××
当期純利益	×××
(内訳)	
親会社株主に帰属する当期純利益	×××
非支配株主に帰属する当期純利益	×××
その他の包括利益：	
その他有価証券評価差額金	×××
繰延ヘッジ損益	×××
為替換算調整勘定	×××
退職給付に係る調整額	×××
持分法適用による持分相当額	×××
その他の包括利益合計	×××
包括利益	×××
(内訳)	
親会社株主に係る包括利益	×××
非支配株主に係る包括利益	×××

[2計算書方式]

(1)〈連結損益計算書〉

⋮

税金等調整前当期純利益	×××
法人税等	×××
当期純利益	×××
非支配株主に帰属する当期純利益	×××
親会社株主に帰属する当期純利益	×××

(2)〈連結包括利益計算書〉

当期純利益	×××
その他の包括利益：	
その他有価証券評価差額金	×××
繰延ヘッジ損益	×××
為替換算調整勘定	×××
退職給付に係る調整額	×××
持分法適用による持分相当額	×××
その他の包括利益合計	×××
包括利益	×××
(内訳)	
親会社株主に係る包括利益	×××
非支配株主に係る包括利益	×××

　その他の包括利益に含められていた項目が当期純利益に含められると，組替調整額の開示が必要となる。

　例えば，平成×1年3月31日の決算日にその他有価証券の原価1,000，時価が1,200であり，翌期中にそれを400だけ売却した結果，投資有価証券売却益は100であったとする。平成×2年3月31日の決算日にその他有価証券の時価が750であり，法定実効税率を30%とする。

平成×1年3月31日（期末）

（借）	その他有価証券	200	（貸）	その他有価証券評価差額金	200
	その他有価証券評価差額金	60		繰延税金負債	60

平成×1年4月1日（期首）

（借）	その他有価証券評価差額金	200	（貸）	その他有価証券	200
	繰延税金負債	60		その他有価証券評価差額金	60

平成×1年×月×日（売却時）

（借）	現　　　　金	500	（貸）	その他有価証券	400
				投資有価証券売却益	100

平成×2年3月31日（期末）

（借）	その他有価証券	150	（貸）	その他有価証券評価差額金	150
	その他有価証券評価差額金	45		繰延税金負債	45

　その結果，その他の包括利益累計額に関する連結貸借対照表の表示は以下の通りである。

連結貸借対照表	平成×1年3/31日	平成×2年3/31日
Ⅰ　株主資本		
Ⅱ　その他の包括利益累計額	140	105

　連結貸借対照表におけるその他の包括利益累計額の期首の額は140である。その期中の変動額は35だけ減少した。この35の減少額は次の2つの要素からの結果を示す。

　一方で，税効果調整後における投資有価証券の売却益100による組替調整額は70（100−100×30%）だけ減少した。

　他方で，その他有価証券の評価に関して期末の評価差額金（税効果考慮前）150から期首その他有価証券評価差額金戻入額（税効果考慮前）200をマイナスし，さらに売却による組替調整額100（税効果考慮前）をプラスすると，その差額は50である。このため，税効果額は15である。したがって，税効果調整後の評価損益35である。

　その結果，その他の包括利益累計額の期末の額は，この２つの変動額マイナス70とプラス35に基づきマイナス35となり，最終的に105（140−35）となる。

　２計算書方式により包括利益計算書を作成した場合には，その他の包括利益（ここではその他有価証券評価差額金）は△35となる。この額はその他有価証券評価差額金の当期変動額△35と一致する。また，その他有価証券の評価損益の増減内訳のうち税効果調整後評価損益の期首残高140と期末残高105との差額△35とも一致する。

　繰延ヘッジ損益，為替換算調整勘定及び退職給付に関する調整額についても上記のその他有価証券評価差額金と同様に組替調整額の計算が必要となる。

(注)　親会社による子会社持分の追加取得と一部売却

A　追加取得

　たとえばすでに親会社のP社が子会社S社の発行済株式数の60%を7,500万円で取得しており，その時点のS社における評価差額はないものとする。その後，P社はさらにS社株式を1,200万円で20%追加取得し，その時点のS社純資産の額は12,000万円であるとする。

　① 追加取得時点における非支配株主持分の金額は4,800万円（純資産12,000万円×40%）である。

　② この4,800万円のうち20%をP社がさらに取得したので，非支配株主持分は960万円（4,800万円×20%）だけ減少する。

　その結果，次の仕訳を行い，差額は連結親子間の資本取引のため
資本剰余金として処理する。

（借）非支配株主持分 960万円　　（貸）Ｓ社関係会社株式1,200万円
　　　資本剰余金　　　 240万円

B　一部売却

　Ｐ社が7,000万円で取得したＳ社株式を70％（評価差額はないも
のとする。）のうち10％を1,170万円で売却し，売却益は170万円で
あるとする。その時点のＳ社純資産の額は13,000万円である。

①　一部売却に伴い非支配株主持分の増加額は1,300万円（13,000
　　万円×10％）である。

②　個別財務諸表のうえで売却益170万円として処理している仕訳
　　をすべて消去し，差額は資本剰余金として処理し以下のように
　　仕訳する。

（借）Ｓ社関係会社株式 1,000万円　（貸）非支配株主持分1,300万円
　　　Ｓ社関係会社株式　 170万円
　　　売却益
　　　資本剰余金　　　　 130万円

§4　連結株主資本等変動計算書

　これまでは剰余金に関する増減を示した連結剰余金計算書が作成された。個
別財務諸表上で単に剰余金だけでなく純資産の部の各構成要素の変動とその結
果を示す株主資本等変動計算書が制度化されたのに呼応して，連結財務諸表上
でも連結株主資本等変動計算書の作成が義務づけられる。その様式は次の通り
である。

連結株主資本等変動計算書

	株主資本					その他の包括利益累計額					株式引受権	新株予約権	非支配株主持分	純資産合計
	資本金	資本剰余金	利益剰余金	自己株式	株主資本合計	その他有価証券評価差額金	繰延ヘッジ損益	為替換算調整勘定	退職給付に係る調整累計額	その他の包括利益累計額合計				
当期首残高	×××	×××	×××	△×××	×××	×××	×××	×××	×××	×××	×××	×××	×××	×××
当期変動額														
新株の発行	×××	×××			×××									×××
剰余金の配当			△×××		△×××									△×××
親会社株主に帰属する当期純利益			×××		×××									×××
自己株式の処分				×××	×××									×××
株主資本以外の項目の当期変動額（純額）						×××	×××	×××	×××	×××	×××	×××	×××	×××
当期変動額合計	×××	×××	×××	×××	×××	×××	×××	×××	×××	×××	×××	×××	×××	×××
当期末残高	×××	×××	×××	△×××	×××	×××	×××	×××	×××	×××	×××	×××	×××	×××

〔設例 5〕

① 　P社はS社の発行済株式数の60%を平成×1年4月1日に490万円
で取得した。なお，その取得時におけるP社およびS社の純資産の部は
次のとおりである。両者の決算日は3月31日である。

		P社	S社
	資本金	700万円	300万円
	資本剰余金	90	
	利益準備金	100	50
	任意積立金	400	100
純資産の部	繰越利益剰余金	300	200
	自己株式	△ 30	—
	その他の包括利益累計額	80	—
	株式引受権	10	—
	新株予約権	50	—
	合計	1,700万円	650万円

② 　P社およびS社の平成×1年の利益処分の結果は次のとおりである。

	P社	S社
繰越利益剰余金	300万円	200万円
利益処分額：		
配当金	200	50
利益準備金	20	5
任意積立金	40	25
繰越利益剰余金	40万円	120万円

③ 　P社およびS社の平成×1年4月1日から平成×2年3月31日までの
会計期間における繰越利益剰余金の増減は次のとおりである。

	P社	S社
当期純利益	1,060万円	600万円
繰越利益剰余金	40	120
中間配当額	100	50
利益準備金積立額	10	5
	990万円	665万円

④ 平成×2年3月31日のP社およびS社の純資産は次のとおりである。

	P社	S社
資本金	700万円	300万円
資本剰余金	90	0
利益準備金	130	60
任意積立金	440	125
繰越利益剰余金	990	665
自己株式	△ 30	―
その他の包括利益累計額	80	―
株式引受権	10	―
新株予約権	50	―
	2,460万円	1,150万円

a P社がS社の株式を取得した時には，投資勘定と資本勘定との相殺消去が行われる。その結果，S社の純資産の期首残高650万円のうちで40%分（650万円×40%＝260万円）は非支配株主持分に帰属する部分として認識する。

b S社の当期純利益600万円のうちで40%部分は非支配株主の持分である。

（借）当期純利益 240 （貸）非支配株主持分 240

c S社の配当金100万円（50万円＋50万円）のうちで，60%分を当期純利益に振り替え，残りは非支配株主持分からマイナスする。

（借）当期純利益 60 （貸）配 当 金 100
　　　非支配株主持分 40

この結果，連結上の当期純利益額は以下のように算定される。

（P社 1,060万円＋S社600万円）－（非支配株主持分240万円＋配当金60万円）＝1,360万円

d P社の剰余金の配当額は（300万円（200万円＋100万円））である。利益準備金の積立額30万円に関しては，利益剰余金の項目内部での振替えにすぎない。このため，配当金300万円だけが連結ベースでの利益剰余金の純減少となる。一方，S社の剰余金の配当額は100万円（50万円＋50万円）である。このうちで配当金についてはCで示したように相殺消去され，また，利益準備金の積立金は利益剰余金の内部における項目間の振替にすぎない。その結果，S社

の剰余金の配当は連結ベースでの利益剰余金の変動に影響しない。

　　e　非支配株主持分の期末残高は（期首残高260万円＋240万円－40万円）＝
460万円となる。

連結株主資本等変動計算書

	株　主　資　本					その他の包括利益累計額合計	株式引受権	新株予約権	非支配株主持分	純資産合計
	資本金	資本剰余金	利益剰余金	自己株式	株主資本合計					
当期首残高	700	90	800	△30	1,560	80	10	50	260	1,960
当期変動額										
剰余金の配当			△300		△300					△300
親会社株主に帰属する当期純利益			1,360		1,360					1,360
非支配株主に対する利益持分割合									240	240
非支配株主の配当金負担分									△ 40	△ 40
当期変動額合計			1,060	—	1,060				200	1,260
当期末残高	700	90	1,860	△ 30	2,620	80	10	50	460	3,220

§5　連結キャッシュ・フロー計算書

　かつては，わが国では資金収支表が財務諸表の枠外で資金情報を開示する手段として位置づけられてきた。しかし，旧証券取引法に基づくディスクロージャー制度の充実という観点からは，それは不十分であるため，貸借対照表，損益計算書と並んで新たにキャッシュ・フロー計算書が財務諸表の一つとして位置づけられるようになった。連結財務諸表として導入されたのが連結キャッシュ・フロー計算書である。ここでの資金の範囲および作成方法等については，すでに第1編のV「その他の財務諸表」のなかで触れた通りである。

　企業集団に属する各企業が個別キャッシュ・フロー計算書を作成しているときには，それらに一定の修正を加え，企業集団間におけるキャッシュ・フローの流れを相殺消去すれば比較的簡単に連結キャッシュ・フロー計算書を作成で

きる。一部の子会社等においてキャッシュ・フロー計算書を作成していないときには，連結貸借対照表および連結損益計算書等をベースとして連結キャッシュ・フロー計算書を作成することもできる。

〔設例6〕　連結キャッシュ・フロー計算書の作成

期首連結貸借対照表（単位：百万円）

現金・現金同等物	100	買掛金	140
売掛金	250	短期借入金	80
商品	180	長期借入金	280
建物	1,500	貸倒引当金	40
投資有価証券	500	減価償却累計額	240
のれん	120	資本金	1,200
		利益剰余金	350
		非支配株主持分	320
	2,650		2,650

連結損益計算書（単位：百万円）

売上原価	400	売上	800
営業費	160		
のれん償却	10		
支払利息	20		
非支配株主利益	16		
当期純利益	194		
	800		800

期末連結貸借対照表（単位：百万円）

現金・現金同等物	300	買掛金	170
売掛金	265	短期借入金	50
商品	185	長期借入金	320
建物	1,414	貸倒引当金	30
投資有価証券	600	減価償却累計額	310
のれん	110	資本金	1,200
		利益剰余金	466
		非支配株主持分	328
	2,874		2,874

なお，子会社の当期純利益は40百万円で，配当金20百万円を支払い，そのうちで40％は非支配株主に支払われた。

1　直接法による作成

連結キャッシュ・フロー計算書 （単位：百万円）

Ⅰ　営業活動によるキャッシュ・フロー		
売上収入	785(イ)	
商品の仕入支出	－ 375(ロ)	
営業費の支出	－ 100(ハ)	
利息の支払額	－ 20	
営業活動によるキャッシュ・フロー		290
Ⅱ　投資活動によるキャッシュ・フロー		
建物の売却収入	86(ニ)	
投資有価証券の取得による支出	－ 100(ホ)	
投資活動によるキャッシュ・フロー		－14
Ⅲ　財務活動によるキャッシュ・フロー		
短期借入金の返済による支出	－ 30(ヘ)	
長期借入金による収入	40(ト)	
配当金の支払額	－ 86(チ)	
財務活動によるキャッシュ・フロー		－76
Ⅳ　現金および現金同等物の増加額		200
Ⅴ　現金および現金同等物期首残高		100
Ⅵ　現金および現金同等物期末残高		300

イ　期首売掛金残高250＋売上800－期末売掛金残高265＝785

ロ　期首買掛金残高140＋売上原価400－期末買掛金残高170＋期中商品増加
　　高（185－180）＝375

ハ　営業費160＋貸倒引当金減少額10（期首残高40－期末残高30）－減価償却
　　費70（期末残高310－期首残高240）＝100

ニ　建物期首帳簿価額1,500－期末帳簿価額1,414＝86

ホ　投資有価証券の期末帳簿価額600－期首帳簿価額500＝100

ヘ　短期借入金の期首残高80－期末残高50＝30

ト　長期借入金の期末残高320－期首残高280＝40

チ　親会社の配当金の支払78（利益剰余金期首残高350＋当期純利益194－利
　　益剰余金期末残高466）＋非支配株主に支払われた配当金8(20×40％)＝86

2　間接法による作成

連結キャッシュ・フロー計算書

（単位：百万円）

I	営業活動によるキャッシュ・フロー		
	税金等調整前当期純利益		194
	加算：減価償却費	70	
	のれん償却額	10	
	非支配株主持分損益	16	
	買掛金の増加額	30	126
	減算：売掛金の増加額	15	
	商品の増加額	5	
	貸倒引当金の減少	10	30
	営業活動によるキャッシュ・フロー		290
II	投資活動によるキャッシュ・フロー		
	建物の売却収入	86	
	投資有価証券の取得による支出	100	
	投資活動によるキャッシュ・フロー		－ 14
III	財務活動によるキャッシュ・フロー		
	短期借入金の返済による支出	30	
	長期借入金による収入	40	
	配当金の支払額	86	
	財務活動によるキャッシュ・フロー		－ 76
IV	現金および現金同等物の増加額		200
V	現金および現金同等物期首残高		100
VI	現金および現金同等物期末残高		300

なお，ディスクロージャー制度の充実の観点から，四半期財務諸表の提出が義務づけられる上場会社では子会社が存在するときに四半期連結貸借対照表，四半期連結損益計算書及び四半期連結包括利益計算書（または四半期連結損益及び包括利益計算書）並びに四半期連結キャッシュ・フロー計算書の作成が義務づけられる。

§6　持　分　法

　持分法とは，投資株式の評価方法の1つで，被投資会社の純資産および損益のうちで投資会社に帰属する部分の変動に応じて，その投資勘定を各期間ごとに修正する方法である。この持分法と対照的な投資株式の評価方法が原価法である。

〔設例7〕

① 　P社は平成×2年4月1日にS社の発行株式数の40％を現金1,000万円で取得した。両社の決算日は3月31日である。

② 　平成×3年3月31日にS社の当期純利益は150万円であることが判明した。

③ 　P社はS社から30万円の配当金を現金で受け取った。

（単位：万円）

持　　分　　法	原　価　法
①（借）投資有価証券　1,000　（貸）現　金　1,000	（借）投資有価証券　1,000
	（貸）現　金　1,000
②（借）投資有価証券　60（貸）その他の包括利益　60※	仕訳なし
※　150×40％＝60	
③（借）現　金　30　　　（貸）投資有価証券　30	（借）現　金　30　　　（貸）受取配当金　30

　このように，持分法を適用すると，

　a　取得時には被投資会社への投資は，原価法と同様に取得原価で記録される。投資と被投資会社の資本との間に差額があるときには，のれんまたは負ののれんとし，のれんは投資に含めて処理する。

　b　その後に被投資会社の損益に応じて当該投資勘定を増減させる。

　c　被投資会社から配当金を受け取る場合に当該投資勘定をマイナスする。

　なお，連結会社と持分法を適用する会社との間の取引において未実現利益があれば，それを修正する必要がある。

　持分法は，持分法を適用した会社に対して連結を行った連結財務諸表上の純
資産額と結果的に同一の金額を個別財務諸表上で示す。つまり，持分法を適用
する会社の経営成績が，連結したのと同じ結果で個別財務諸表に反映される。
　たとえば，A社（資産10,000万円，負債3,000万円，資本金5,000万円，利
益剰余金2,000万円）がB社（資産6,000万円，負債1,500万円，資本金4,000
万円，利益剰余金500万円）の株式40%を1,800万円で取得し，取得日以降1年
間にA社は500万円，B社は100万円の利益をそれぞれ計上したとする。
① B社がA社の子会社に該当し，連結貸借対照表を作成する場合
　1）B社の株式保有時点では投資と資本の相殺に伴い，投資消去差額は発
　　　生しない（B社純資産4,500万円の40%である1,800万円がA社の投資
　　　額と等しい。）。B社の純資産のうち60%（2,700万円）は非支配株主持
　　　分である。

連結貸借対照表　　　　　（単位：万円）

諸　資　産	14,800	諸　負　債	4,500
(10,000+6,000−1,800		(3,000+1,500)	
+500+100)		資　本　金	5,000
		利益剰余金	2,500
		(2,000+500)	
		その他の包括利益累計額	40
		非支配株主持分	2,760
		(2,700+60)	
	14,800		14,800

　2）B社の利益100万円のうちで40%（40万円）は連結貸借対照表上でそ
　　　の他の包括利益に計上し，残りの60%（60万円）は非支配株主に帰属す
　　　る利益の増加となる。したがって，連結貸借対照表を作成すると，前頁
　　　のようになる。
② B社がA社の関連会社に該当する場合
　このケースではA社における投資有価証券勘定でB社の経営成績を反映さ
せるので，次の仕訳により投資有価証券勘定をA社の40%の持分割合40万円
だけ持分法による投資損益として増加させる。

（借）投資有価証券　　　　40万円　　　　（貸）持分法による投資損益　40万円

その結果，A社の個別貸借対照表は次のようになる。

A社貸借対照表　　　　　（単位：万円）

諸　資　産	8,700	諸　負　債	3,000
(10,000−1,800+500)		資　本　金	5,000
投資有価証券	1,840	利益剰余金	2,540
(1,800+40)		(2,000+500+40)	
	10,540		10,540

　この持分法は，非連結子会社および関連会社に適用される。ただし，持分法の適用により連結財務諸表に重要な影響を与えない場合には，この持分法を適用しないことができる。ここで関連会社は，企業（会社及び会社に準ずる事業体をいい，当該企業が有する子会社を含む。）が，出資，人事，資金，技術，取引等の関係を通じて，子会社以外の他の会社の財務および営業または事業の方針の決定に重要な影響を与えることができる他の会社をいう。関連会社に関するこの基準は影響力基準とも呼ばれる。子会社以外の他の会社の議決権の100分の20以上を実質的に所有している場合，あるいは議決権の所有割合が15％以上で20％未満であっても，財務および営業または事業の方針決定に重要な影響を与える事実がある場合には，関連会社に含まれる。

　なお，親会社，子会社及び関連会社並びに関連会社が影響できるその他の関係会社を総称して関係会社という。

§7　セグメント情報

　今日において，企業の事業内容は，一方では多角化あるいは多様化が進むと同時に，他方で諸外国との国際化もまた進行している。そこで，連結会社の収益性や危険性を適切に判断するために必要となるのが，セグメント情報の開示である。

　平成20年3月に設定された企業会計基準第17号「セグメント情報等の開示に

関する会計基準」では，これまでのようにセグメント情報を連結財務諸表の財務情報として限定せずに，すべての企業の連結財務諸表及び個別財務諸表におけるセグメント情報等の開示が要求される。ただし，連結財務諸表でそれを開示しているときには，個別財務諸表の開示は必要ない。セグメント情報等の開示にあたっては，財務諸表利用者のために企業の過去の業績及び将来のキャッシュ・フローの予測を適切に評価できる情報を提供しなければならない。この基準では，新たに最高経営意思決定機関による経営者の意思決定を重視するマ・ネージメント・アプローチを新たに導入している。これにより，経営者の設定する企業の事業単位を事業セグメント（例えば製品・サービス別，地域別，規模環境別など）とみなし，これに関して量的基準に従い報告すべきセグメントを決定する。量的基準としては売上高基準（10％以上），利益または損失基準（その絶対値が10％以上），資産基準（10％以上）がある。また，場合によっては集約されたセグメントによる報告も認められる。このように，マネージメント・アプローチでは特に類似の製品及びサービス，あるいは事業活動を行う地域に基づくセグメント情報の開示も必要となる。

　また，主要な顧客情報（売上高が10％以上）も関連情報も必要となる。さらに，財務諸表の利用者に有用な情報として固定資産の減損損失及びのれんに関する報告セグメント別情報も開示が要求される。

　以下において，製品・サービス別の報告セグメントと生産・販売を基礎とした地域別中心の報告セグメントの具体例を示す（企業会計基準適用指針第20号「セグメント情報等の開示に関する会計基準の適用指針」による。）。

1　製品・サービス別を中心とした報告セグメント（営業利益をベースとする。）

（1）　報告セグメントの利益（又は損失），資産及び負債等に関する情報

（単位：百万円）

	自動車部品	船舶	ソフトウェア	電子	その他注	合計
売上高						
外部顧客への売上高	3,000	5,000	9,500	12,000	1,000	30,500
セグメント間の内部売上高又は振替高	–	–	3,000	1,500	–	4,500
計	3,000	5,000	12,500	13,500	1,000	35,000
セグメント利益	200	70	900	2,300	100	3,570
セグメント資産	2,000	5,000	3,000	12,000	2,000	24,000
セグメント負債	1,050	3,000	1,800	8,000	–	13,850
その他の項目						
減価償却費	200	100	50	1,000	50	1,400
のれんの償却額	–	–	–	500	50	550
有形固定資産及び無形固定資産の増加額	300	700	500	800	–	2,300

注：その他には，不動産事業，電子機器レンタル事業，ソフトウェア・コンサルティング事業及び倉庫リース事業等を含んでいる。

（2）　地域に関する情報

①　売上高

（単位：百万円）

日本	米国	中国	欧州	その他	合計
19,000	4,200	3,400	2,900	1,000	30,500

注：区分開示が必要な国の開示に加えて，複数の国を括った地域に関する額を示すことができる。

②　有形固定資産

（単位：百万円）

日本	中国	欧州	その他	合計
11,000	4,500	1,500	1,000	18,000

21e4gsm

（3）　主要な顧客に関する情報

（単位：百万円）

相手先	金額	関連するセグメント名
○○販売（株）	5,000	ソフトウェア事業，電子事業

2　生産・販売体制を基礎とした地域別中心の報告セグメント（税金等調整前当期純利益をベースとする。）

（1）　報告セグメントの利益（又は損失），資産及び負債等に関する情報

（単位：百万円）

	日本	米国	欧州	中国	その他	合計
売上高						
外部顧客への売上高	5,200	2,000	1,200	1,100	300	9,800
セグメント間の内部売上高又は振替高	1,400	–	–	400	–	1,800
計	6,600	2,000	1,200	1,500	300	11,600
セグメント利益	600	70	10	100	30	810
セグメント資産	6,600	1,100	900	800	200	9,600
セグメント負債	2,100	800	300	600	100	3,900
その他の項目						
減価償却費	200	110	70	50	–	430
のれんの償却額	100	–	–	10	–	110
受取利息	70	30	10	10	–	120
支払利息	600	150	100	90	–	940
持分法による投資利益又は投資損失（△）	60	–	△10	–	–	50
特別利益	10					10
特別損失	700		350		–	1,050
（減損損失）	(500)	–	(200)	–	–	(700)
持分法適用会社への投資額	740	–	95	–	–	835
有形固定資産及び無形固定資産の増加額	400	200	100	90	–	790

（2）　製品及びサービスに関する情報

（単位：百万円）

	自動車部品等	玩具・模型	その他	合計
外部顧客への売上高	8,300	1,400	100	9,800

（3）　地域に関する情報

①　売上高

（単位：百万円）

日本	米国	欧州	中国	その他	合計
4,000	2,700	1,800	1,000	300	9,800

注：売上高は顧客の所在地を基礎とし，国又は地域に分類している。

②　有形固定資産

（単位：百万円）

日本	米国	欧州	中国	その他	合計
1,720	300	280	400	160	2,860

（4）　主要な顧客に関する情報

開示すべき主要な顧客への売上高はない。

参 考 文 献

監査法人トーマツ編『連結会計ハンドブック』（第3版）中央経済社，2006年。

青山監査法人・プライスウォーターハウス編『総解説・連結納税制度』日本経済新聞社，1998年。

広瀬義州編『連結会計入門』（第4版），中央経済社，2006年。

伊藤邦雄編『連結会計とグループ経営』中央経済社，2004年。

あらた監査法人『連結財務諸表の実務マニュアル』第2版，中央経済社，2015年。

菊谷正人・吉田智也『連結財務諸表要説』同文舘，2009年。

窪田俊夫『国際会計基準　連結会計の実務』清文社，2014年。

Ⅷ　為替変動会計

§1　為替変動会計の概要

1　序

　わが国の企業は活発な海外活動を展開している。現在では国際通貨体制として変動相場制が採用されているため，企業の取引はこの為替の変動に伴う影響を直接的に受けることになる。この外国為替市場の変動を対象としたのが為替変動会計である。以下，これに関して新たに制度化されるわが国の「外貨建取引等会計処理基準」（以下，「外貨基準」という。）を中心に，その会計処理方法について説明する。

　その内容に立ち入る前に触れておく必要があるのは，為替変動で生じた取引および項目に関する換算（translation）である。一般に換算は単に測定単位の変換を意味し，それによって測定されるべき属性には何らの変化ももたらさない。しかし，換算によって金額自体の変化が結果的に生じるわけで，広い意味ではやはり評価ともいえる。と同時に，その換算によって差異が生じた場合，それをどのように理解するかもまた重要である。また，どのような項目に関してどのように換算するかも当然問題となる。このように，一口に換算といっても為替変動会計においては，いくつかの重要な論点がある。

2　換算方法

　換算には次のいくつかの方法がある。
①　流動・非流動法

②　貨幣・非貨幣法
③　テンポラル（temporal）法
④　決算日レート法

　①の流動・非流動法は，流動項目に関して決算日の為替相場（closing rate，以下，CRと略す。）を用いて換算し，また非流動項目に関して取得時または発生時の為替相場（historical rate，以下，HRと略す。）を用いて換算する方法である。この方法によると，本来同じ性質を有する項目（たとえば貸付金や借入金など）が流動項目に属するか，あるいは非流動項目に属するかに応じて，異なる為替相場で換算される結果をもたらす。

　②の貨幣・非貨幣法は，現金・売掛金・借入金などの貨幣項目についてはCRで，また棚卸資産・償却性固定資産などの非貨幣項目についてはHRで換算する方法である。貨幣項目の金額は法令等ですでに確定しているから，CRによって邦貨に換算したときの回収額または返済額で示す必要があるのに対して，非貨幣項目は過去の支出額で一般に評価されているため，HRで換算する。

　③のテンポラル法は，基本的には貨幣・非貨幣法に立脚しながらも，各項目をその基準でストレートにCRもしくはHRで換算するのではなくて，各項目の評価されている属性もある程度考慮して換算する方法である。たとえば，棚卸資産であってもすでに原価で評価されていれば，それに応じてHRによる換算が，また低価基準が適用され時価で評価されていれば，CRによる換算がそれぞれ要請されるのである。

　④の決算日レート法は，すべての項目を一律CRで換算する方法である。

　この種々の換算方法のうちで，わが国の「外貨基準」では，次のような考え方に基づく。

　イ　本店および在外支店の外貨建または外貨表示貨幣項目については，旧基準では②に①を加味した考え方であったが，②を新たに採用する。

　ロ　貨幣項目を除く，在外支店の棚卸資産や有形固定資産等の非貨幣項目には③を採用する。

　ハ　在外子会社の外貨表示財務諸表項目については，④を採用する。

§2 外貨建取引の処理

1 外貨建取引の範囲と円換算

外貨建取引とは，売買価額その他の取引価額が外国通貨で表示されている取引である。このなかには以下のものが含まれる。

① 取引価額が外国通貨で表示されている物品の売買または役務の授受
② 決済金額が外国通貨で表示されている資金の借入または貸付
③ 券面額が外国通貨で表示されている社債の発行
④ 外国通貨による前渡金，仮払金などの受け入れ

この外貨建取引は，原則として当該取引発生時の為替相場（HR）で円換算する。ただし，為替予約等が付されており，外貨建金銭債権債務の決済時における円貨額が確定している外貨建取引については，当該円貨額で記録する。

2 決算日の換算方法と換算差額

外国通貨および外貨建金銭債権債務については，CR で決算時に換算する。ただし，外貨建自社発行社債のうちで，転換請求権期間満了前の転換社債（転換請求の可能性がないものは除く。）については，HR で換算する。また，外貨建有価証券のうちで，① 満期保有目的の外貨建債券は CR で，② 売買目的有価証券およびその他有価証券の時価評価に関しては，外国通貨による時価を CR で，それぞれ円換算する。③ 子会社株式および関連会社株式については HR で円換算する。④ 外貨建有価証券について時価が著しく下落し，または実質価額が著しく低下したときは，その時価または実質価額を CR で円換算する。また，デリバティブ取引等のうちで上述の範囲に含まれていない外貨建の金融商品の時価評価については，外国通貨による時価を CR で円換算する。

以上の決算時における換算で生じた換算差損益は，それぞれの期間の為替差損益として処理する。この為替差損益および決済に伴う損益は，一種の金融損益として営業外損益に計上され，これは経営者の為替相場の変動に対する巧拙

を示す。

〔設例 1〕

1　ある企業（決算日は年 1 回の 3 月31日）は，平成×1年11月20日（この日の 1 ドル＝100円）に1,000ドルの商品を輸入した。

2　平成×2年3月31日のCRは 1 ドル＝95円であった。

3　平成×2年4月30日に代金を決済した。この日のCRは 1 ドル＝102円であった。

1　(借) 仕　　　入　　　　100,000※　　　(貸) 外貨建買掛金　　　100,000

　　※　1,000ドル×100円＝100,000円

2　(借) 外貨建買掛金　　　5,000※　　　(貸) 為替差益　　　　　　5,000

　　※　1,000ドル×(100円－95円)＝5,000円

わが国の「外貨基準」では，外貨建取引の発生と取引の決済を別個のものと解する二取引基準の立場に立つ。その結果，決算時点では為替換算差損益，また決済時点では決済差損益がそれぞれ計上される。いずれも営業外損益として計上される。

3　(借) 外貨建買掛金　　　95,000※　　　(貸) 現　　　金　　　102,000※※
　　　　為替差損　　　　　7,000※※※

　　※　　100,000円－5,000円＝95,000円

　　※※　　1,000ドル×102円＝102,000円

　　※※※　102,000円－95,000円＝7,000円

(注)　この二取引基準に対して，外貨建取引の発生と決済を連続する一つの取引とみなす考え方を一取引基準という。これによると，最終的な決済が完了するまでは費用および収益が確定せず，換算差額および決済金額を資産または負債に増減させ，損益としては計上されない。この一取引基準によると，上述の 2 と 3 は次のように仕訳される。

```
2  （借）外貨建買掛金    5,000    （貸）仕      入    5,000
3  （借）外貨建買掛金   95,000    （貸）現      金   102,000
       仕      入    7,000
```

〔設例2〕

平成×1年4月1日に額面10万ドルの社債（償還期限5年）を額面価額
で発行した。発行時の為替相場は1ドル＝100円であった。

発行時：（借）現金預金 10,000,000（貸）社   債 10,000,000※
　　　　※　100,000ドル×100円＝10,000,000円

外貨建長期金銭債権債務も外貨建短期金銭債権債務と同様に為替相場の変動
リスクを負っているので，決算時のCRで換算する。

社債を発行してから1年経過後にその償還に対して，1ドル＝110円で為替
予約をし，その時点の直物為替相場が1ドル＝105円であったとする。この場
合に借入時から予約時までの間に生じた為替相場の変動による差額（直直差
額）は当期の損益に計上する。また，社債をその予約レートで換算する。為替
予約時の直物為替レートによる円換算額と為替予約による円換算額との差額
（直先差額）は，為替予約日の期間からその償還期間までに合理的に配分する。

1　為替予約時（平成×2年3月31日）：

（借）為 替 差 損   500,000[1]   （貸）社   債   1,000,000
　　長期前払費用   500,000[2]

　1）100,000ドル×（105円－100円）＝500,000円
　2）100,000ドル×（110円－105円）＝500,000円

2　平成×3年3月31日の決算日（社債発行から2年経過し，為替予約か
　ら1年経過）

（借）為 替 差 損   125,000   （貸）長期前払費用   125,000※
　　※　500,000円÷4年＝125,000円

なお，この為替予約と同様に，異種通貨を変換する通貨スワップ取引なども

会計処理する。

§3　在外支店の財務諸表項目に関する換算

在外支店の財務諸表項目については，次のように換算する。

① 　通貨および金銭債権債務は，本店と同様に貨幣・非貨幣法で円換算する。

② 　有価証券は，本店と同様の方法で円換算する。

③ 　棚卸資産や有形固定資産等の非貨幣項目は，HR で円換算する。取得原
価以外の価額が付されている棚卸資産は，当該価額が付されたときの為替
相場で円換算する。

④ 　収益および費用は計上時の為替相場で円換算する。ただし，期中平均相
場も妨げない。

なお，非貨幣項目の額に重要性がない場合には，すべての項目を CR で換算
することができる（決算日レート法）。

〔設例 3〕

① 　在外Ａ支店の平成×１年３月31日における貸借対照表と損益計算書は
次のとおりであった。

<table>
<tr><td colspan="4" align="center">貸借対照表　　　　（単位：ドル）</td><td colspan="2" align="center">損益計算書（単位：ドル）</td></tr>
<tr><td>貨幣資産</td><td align="right">110</td><td>貨幣負債</td><td align="right">260</td><td>売上原価　　400</td><td>売上　600</td></tr>
<tr><td>（現金，売掛金，</td><td></td><td>（買掛金，短期借入金，</td><td></td><td>その他の費用150</td><td></td></tr>
<tr><td>長期貸付金など）</td><td></td><td>長期借入金など）</td><td></td><td>当期純利益　　50</td><td></td></tr>
<tr><td>棚卸資産（商品）</td><td align="right">150</td><td>本店</td><td align="right">500</td><td align="right">600</td><td align="right">600</td></tr>
<tr><td>固定資産（土地）</td><td align="right">550</td><td>当期純利益</td><td align="right">50</td><td></td><td></td></tr>
<tr><td></td><td align="right">810</td><td></td><td align="right">810</td><td></td><td></td></tr>
</table>

② 　平成×１年３月31日の CR は１ドル＝100円，また，HR は１ドル＝
110円，期中の平均相場は１ドル＝105円とする。

③ 　貨幣資産の期首在高は100ドルであり，期中増加分は10ドルである。
貨幣負債の期首在高は230ドルであり，期中増加分は30ドルである。

④ 棚卸資産は取得原価で評価されている。期首在高は80ドル，当期仕入高は470ドルとする（このうちで現金仕入は440ドル，掛仕入は30ドルである。）

⑤ 費用および収益は期中平均相場で円換算する。

円 換 算 表

科　　　目	ドル表示	円換算	円表示
貨幣資産	110ドル	100円	11,000円
棚卸資産	150	105	15,750
固定資産	550	110	60,500
	810ドル		87,250円
貨幣負債	260ドル	100円	26,000円
本　　店	500	110	55,000
当期純利益	50		6,250
	810ドル		87,250円
売　　上	600ドル	105円	63,000円
売上原価	400		42,400※
その他の費用	150	105	15,750
為替差損益			1,400※※
当期純利益	50ドル		6,250円

※　期首在高80ドル×110円＋仕入470ドル×105円－期末在高150ドル×105円＝42,400円

※※ i）貨幣資産に関する為替換算差損：

{ 期首在高に関する部分：100ドル×（110円－100円）＝1,000円

期中の増加部分　　：10ドル×（105円－100円）＝　50円 }

合計(-)1,050円

ii）貨幣負債に関する為替換算差益：

{ 期首在高に関する部分：230ドル×（110円－100円）＝2,300円

期中の増加部分　　：30ドル×（105円－100円）＝150円 }

合計(+)2,450円

差額（換算差益）　1,400円

§4　在外子会社の財務諸表項目に関する換算

在外子会社の財務諸表項目については，決算日レート法によって換算する。その主な換算手続をあげると，次の通りである。

① 　資産および負債については，CR で換算する。

② 　資本に属する項目のうちで，親会社における株式取得時の項目については株式取得時の HR，またそれ以降に生じた項目については，当該項目が発生した時点の HR で換算する。したがって，資本金や留保利益に関しては HR で，当期純利益に関しては CR でそれぞれ換算する。

③ 　収益および費用については，CR あるいは期中平均レートで換算する。

〔設例〕

　ある在外子会社の平成×1年4月1日から平成×2年3月31日までの損益計算書および平成×2年3月31日現在の貸借対照表は次のとおりである。

損益計算書（単位：ドル）

売上原価	200	売上	300
その他の費用	80		
当期純利益	20		
	300		300

貸借対照表（期末）（単位：ドル）

貨幣資産	220	貨幣負債	50
棚卸資産	130	資本金	640
固定資産	370	留保利益	10
		当期純利益	20
	720		720

　ただし，CR は1ドル＝100円，期首以前のレートは1ドル＝120円，平均レートは1ドル＝110円とする。

1　決算日レート法を損益項目に用いる場合

損 益 計 算 書　　　　　　　　　　（単位：円）

売上原価	200ドル×100円＝20,000	売　　上	300ドル×100円＝30,000
その他の費用	80ドル×　100円＝　8,000		
当期純利益	20ドル×　100円＝　2,000		
	30,000		30,000

貸 借 対 照 表　　　　　　　　　　（単位：円）

貨幣資産	220ドル×100円＝22,000	貨幣負債	50ドル×100円＝　5,000
棚卸資産	130ドル×100円＝13,000	資本金	640ドル×120円＝76,800
固定資産	370ドル×100円＝37,000	留保利益	10ドル×120円＝　1,200
為替換算調整勘定	13,000※	当期純利益	20ドル×100円＝　2,000
	85,000		85,000

※　この為替換算調整勘定は，決算日レートで換算した資産および負債の
　金額と，資本項目（ただし当期純利益を除く。）を取得日または発生日
　のレートで換算した金額との差として生じたものである。

　　　　資本金　：640ドル×（120円－100円）＝12,800円
　　　　留保利益：　10ドル×（120円－100円）＝　　200円
　　　　　　　　　　　　　　　　　　　　　　　　13,000円

2　期中平均レートを損益項目に用いる場合

損 益 計 算 書　　　　　　　　　　（単位：円）

売上原価	200ドル×110円＝22,000	売　　上	300ドル×110円＝33,000
その他の費用	80ドル×110円＝　8,800		
当期純利益	20ドル×110円＝　2,200		
	33,000		33,000

貸 借 対 照 表　　　　　　　　　　（単位：円）

貨幣資産	220ドル×100円＝22,000	貨幣負債	50ドル×100円＝　5,000
棚卸資産	130ドル×100円＝13,000	資本金	640ドル×120円＝76,800
固定資産	370ドル×100円＝37,000	留保利益	10ドル×120円＝　1,200
為替換算調整勘定	13,200※	当期純利益	2,200
	85,200		85,200

※　この為替換算調整勘定13,200円は次のように計算される。

資　本　金：640ドル×（120円－100円）＝12,800円
留 保 利 益： 10ドル×（120円－100円）＝　　200円
当期純利益： 20ドル×（110円－100円）＝　　200円
　　　　　　　　　　　　　　　　　　　　13,200円

旧基準では，在外子会社の換算にあたって現地通貨による財務諸表自体を重視する考え方に基づいて，現地通貨による子会社等の資本の増減が認識された場合にのみ，換算後の当該子会社等の資本の増減を計上していた。このため，為替換算調整勘定は貸借対照表の資本の部ではなくて，資産の部または負債の部に記載されていた。「金融商品に関する会計基準」のなかでその他有価証券の時価評価に伴う評価差額について，損益計算書を経由せずに純資産の部に直接計上できるようになったので，為替換算調整勘定もこれと同様に貸借対照表の純資産の部の評価・換算差額等のなかに計上していた。連結財務諸表上ではこの評価・換算差額等に代えて，その他の包括利益累計額のなかで表示する。

なお，国際的な会計基準に準拠した財務諸表であっても，在外子会社の財務諸表項目が連結上の当期純損益に重要な影響を及ぼすときには，それを修正する（実務対応報告第18号）。

参 考 文 献

伊藤眞『外貨換算会計の実務』（第2版）中央経済社，1992年。
白木俊彦『外貨換算会計基準の国際的調和』中央経済社，1995年。
小谷融『改訂・外貨建取引等会計処理基準逐条解説』税務研究会出版局，1996年。
太田昭和監査法人編『外貨建取引の会計処理と税務』中央経済社，1997年。
森田哲彌・白鳥庄之助編『外貨建取引等会計処理基準詳解』中央経済社，1997年。
新日本有限責任監査法人『外貨建取引会計の実務』（第2版），2014年。

Ⅸ　デリバティブ取引会計

§1　デリバティブ取引の概要

　金融の自由化や国際化，さらには証券化の進展に伴い，従来とは異なるタイプの商品，たとえば先物・オプションなどに代表されるさまざまな金融派生商品あるいは**デリバティブ取引**(derivative financial instrument あるいは derivatives) が登場してきた。その取引は，最近において多様化し，しかも飛躍的に増大している。これは，一般にある特定商品の市場価格あるいは指標によって相対的にその価格が決定される金融取引である。ところが，伝統的な会計の枠組みでは，このような未履行契約について当事者の双方が契約をまだ履行せず，しかもその契約に伴う権利と義務が等しいかぎり，単にそれは偶発債務を示すにすぎず，その金融派生商品は資産または負債として貸借対照表に計上されなかった。その結果，それはオフバランス取引となった。従来の会計では，それが貸借対照表に計上されるのは（これをオンバランスという。），権利よりも義務のほうが大きい場合だけ，偶発損失引当金が設定されるにすぎない。

　けれども，さまざまな金融派生商品が企業の財務内容に与える影響は大きく，経済的便益やリスクの管理の面から，そのオンバランス化が要請されたのである。以下においては，そのうちで先物取引とオプション取引，それらに関係するヘッジ取引会計について，わが国の「金融商品に関する会計基準」(以下,「金融商品会計基準」という。) を中心に説明する。

§2　先 物 取 引

　先物取引とは，契約時の約定価格で将来の一定日に一定数量の商品を売買
する契約を意味する。金融派生商品としての先物取引には，たとえば金融先物
（通貨先物や金利先物など），債券先物（長期国債先物など），株式先物（株式
先物（株先50），株価指数先物（東証株価指数先物（TOPIX），日経平均株価
指数）など）がある。

　従来の伝統的な会計基準に従うと，先物取引に関しては契約が最終的に履行
され決済されるまでは，損益は認識されない。このような考え方を決済基準と
いう。しかし，この処理方法では先物取引自体がオフバランスとなり，しかも
決済されるまで先物取引に関する適切な財務情報が提供されない欠点がある。
そこで，これを是正するために，先物取引は日々完結しているという先物取引
に特有の値洗制度に着目して主張されるのが値洗基準である。この値洗基準に
よると，決済時点以前に先物相場の時価評価に伴い，損益が認識される。

〔設例1〕

①　平成×1年1月31日に国債先物額面1,000万円を単価90円で買建てて，
　証券会社に委託取引証拠金10万円を現金で差し入れた。
②　平成×1年3月31日の決算日に先物相場は95円であった。
③　平成×1年4月30日の先物相場は97円となり，反対売買による差金決
　済を行った。

〈決済基準〉　①　契約時：
（借）先物取引差入証拠金　100,000（貸）現　　　金　　100,000
②　決算日：　　　　　　　仕訳なし
③　決済日：（借）現金　800,000（貸）先物取引差入証拠金　100,000
　　　　　　　　　　　　　　　　　　先　物　利　益　700,000※

※ (97円−90円)×1,000万円÷100円＝700,000円

〈値洗基準〉

① 契約時：(借) 先物取引差入証拠金 100,000 (貸) 現金 100,000

② 決算日：(借) 先物取引差金 500,000 (貸) 先物利益 500,000※

※ (95円−90円)×1,000万円÷100円＝500,000円

③ 決済日：(借) 現金 800,000 (貸) 先物取引差入証拠金 100,000

先物取引差金 500,000

先物利益 200,000※

※ (97円−95円)×1,000万円÷100円＝200,000円

この二つの基準のうちで，「金融商品会計基準」では決済基準に代えて，値洗基準としての時価評価が制度化された。

§3 オプション取引

オプション取引とは，将来の一定の期間または日に一定の価格で通貨・債券・株式などの金融派生商品の購入あるいは売却に関する権利を売買する契約である。オプションにはコール・オプションとプット・オプションがある。前者は，あるものを買う権利の売買であり，後者は，売る権利の売買をそれぞれ意味する。いずれの権利の取得に際しても，その対価としてプレミアム（オプション料）を支払う。その結果，コールに関してコールの買建てと売建てとがあるのと同様に，プットに関してもプットの買建てと売建てとがある。

買建てコール・オプション ⟷ 売建てコール・オプション
(プレミアム支払) (プレミアム受取)
買建てプット・オプション ⟷ 売建てプット・オプション
(プレミアム支払) (プレミアム受取)

オプションの対象となるものには，上場オプションと店頭オプションがある。前者に属するのが株価指数オプション・国債先物オプション・ユーロ円金利オプションなどである。後者に属するのは，通貨オプションや債券オプショ

ンなどである。

　このようなオプション取引や先物取引などのデリバティブ取引に関しては，契約上の権利または義務が生じた時点で正味の金融資産または金融負債をまず計上する。そして，期末時点でデリバティブ取引によって生じた正味の債権および債務についてその時価で評価し，その評価差額を原則として当期の損益に計上する。

〔設例2〕

①　A社は債券オプションに関して平成×2年1月31日に11,000円で購入する権利をプレミアム1,000円の現金で購入した。（オプションの決済期日は同年7月31日である。）

②　平成×2年3月31日の決算日に，債券オプションの価格が10,200円であった。

③　1）決済期日に債券オプションの価格が10,600円であった。
　　2）決済期日に債券オプションの価格が11,500円であった。
　　3）決済期日に債券オプションの価格が12,800円であった。

---

①　(借) 前渡金（買建てオプション）1,000　　(貸) 現　　金　　　1,000

②　決算日にオプションを時価評価し，それを損益に計上する。

　　(借) 債券オプション差損　　　　　800 *　(貸) 前渡金　　　　　　800
　　　　　　　　　　　　　　　　　　　　　　　　　　　（オプション負債）

　　　　*11,000円－10,200円＝800円

③　1）　この場合には，権利行使価格11,000円よりも価格が下落しているから，権利価格による行使は行われず，残額の前渡金200円（1,000円－800円）を債券オプション差損として費用に計上する。

　　　　(借) 債券オプション差損　　　　200　　(貸) 前渡金　　　　　　200

　なお，②で貸方科目を前渡金の代わりにオプション負債を計上し，また前渡金を権利行使（放棄）時点で支払プレミアム料（費用）に振り替えると，次のように仕訳される。

（借）オプション負債　　　　800　（貸）オプション決済差益　800

（借）支払オプション料　1,000　（貸）前渡金　　　　　　1,000

2）　債券オプションの価格が11,000円から12,000円までの間にあると
きには，権利を行使するが，支払プレミアムについての範囲で結果
的に損失500円（前期の債券オプション差損800円と当期の債券オプ
ション差益300円との差）が発生する。

（借）有価証券　　　　　11,500　（貸）前渡金　　　　　　　200
　　　　　　　　　　　　　　　　　　現　　金　　　　　　11,000 *
　　　　　　　　　　　　　　　　　　債券オプション差益　300

　　＊行使価格（11,000円）による支払

3）　この場合も権利を行使し，12,800円と12,000円（11,000円＋1,000
円）との間で結果的に差益800円（前期の債券オプション差損800円
と当期の債券オプション差益1,600円との差）が生じる。

（借）有価証券　　　　　12,800　（貸）前渡金　　　　　　　200
　　　　　　　　　　　　　　　　　　現　　金　　　　　　11,000
　　　　　　　　　　　　　　　　　　債券オプション差益　1,600

買建てコール・オプションの損益の範囲を示すと，次のようになる。

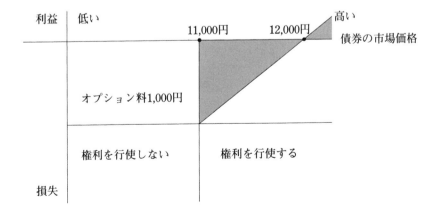

　1〔設例2〕においてコール・オプションを売り付けた場合には，債券オプション価格が11,000円以下のときにはプレミアム（オプション料）の受取金1,000円の利益が発生し，その価格が11,000円から12,000円の範囲のときには，権利の行使価格と行使された時点の債券の価格との間で，やはり1,000円以内における利益が生じる。逆に債券の価格が12,000円を超えると，損失が発生し，その損失は価格上昇いかんでは無限大となる。

　いま，コールの売建てに関する仕訳と，損益を図示すると次のとおりである。

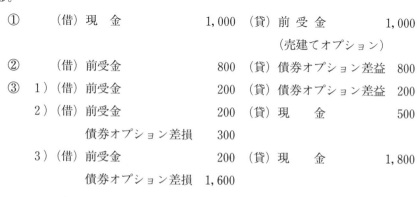

①	（借）現　金	1,000	（貸）前 受 金	1,000
			（売建てオプション）	
②	（借）前受金	800	（貸）債券オプション差益	800
③ 1)	（借）前受金	200	（貸）債券オプション差益	200
2)	（借）前受金	200	（貸）現　　金	500
	債券オプション差損	300		
3)	（借）前受金	200	（貸）現　　金	1,800
	債券オプション差損	1,600		

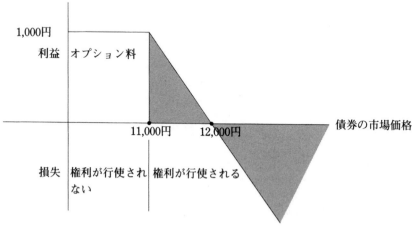

　2〔設例2〕に関してコール・オプションではなくて，プット・オプション

を買い付けた場合の仕訳および損益は次のようになる。

① （借）前渡金（買建てオプション）1,000 （貸）現 金 1,000
② （借）債券オプション差損 200 （貸）前渡金 200
③ 1)（借）現 金 400 （貸）前渡金 800
　　　　債券オプション差損 400

　2）および3）

　　（借）債券オプション差損 800 （貸）前渡金 800

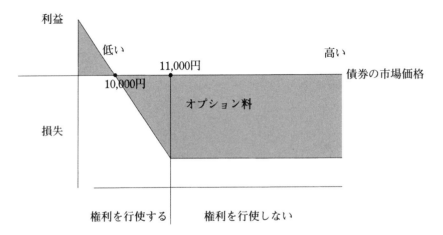

3 上記の〔設例2〕について、今度はプット・オプションを売り付けた場合の仕訳および損益（次頁参照）は次のようになる。

① （借）現 金 1,000 （貸）前受金（売建てオプション）1,000
② （借）前受金 200 （貸）債券オプション差益 200
③ 1)（借）前受金 800 （貸）現 金 400
　　　　　　　　　　　　　　債券オプション差益 400

　2）および3）

　　（借）前受金 800 （貸）債券オプション差益 800

コールの買建てにせよ、あるいはコールの売建てにせよ、権利の行使期間内に決算日が存する場合、すでに述べた先物取引と同様に、オプション・プレミ

アムに関する決算日の時価評価と，それに伴う評価差額を当期の損益に計上する。

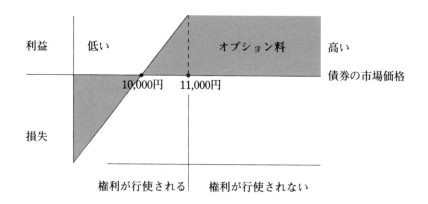

利益　低い　　　　　　　　オプション料　　高い

債券の市場価格

10,000円　11,000円

損失

権利が行使される｜権利が行使されない

(注)　先物取引やオプション取引を含め，デリバティブ取引には，次のものがある。

デリバティブ取引		取　　　　引	
	先物取引	有価証券先物取引・金融先物取引 商品先物取引	市場取引
	オプション取引	有価証券オプション取引・金融オプション取引・商品オプション取引 店頭オプション取引	
	先渡取引	為替予約取引・為替先渡取引 金利先渡取引・先物取引に類似する取引	市場取引以外の取引
	スワップ取引	通貨スワップ取引・金利スワップ取引・商品スワップ取引・これらに類似する取引	

これらのデリバティブ取引の内容，取引に対する取組方針，取引にかかわるリスク，取引にかかわるリスク管理体制等に関する取引の状況についての注記と，次に例示する取引の時価等の

注記が対象物の種類（通貨，金利，株式，債券など）ごとに要
求される。

種　類	平成×年×月×日現在				平成×年×月×日現在			
	契約額等	1年超	時価	評価損益	契約額等	1年超	時価	評価損益
市場取引　先物取引　売建　買建　オプション　売建　コール　プット　買建　コール　プット								
市場取引以外　先渡取引　売建　買建　為替予約取引　売建　買建　オプション取引　売建　コール　プット　買建　コール　プット　スワップ取引								
合　計					合　計			

　これとの関連で有価証券で時価（時価相当額も含む。）を合理的に算定できるものについては，前期と当期の時価情報の開示も要求されている。

有価証券の時価情報

種　　　　　類	貸借対照表計上額	時　　　価	評価差額
(1)　売買目的有価証券 　　　株　式 　　　債　券 　　　その他			
小計			
(2)　満期保有目的の債券で 　　　時価のあるもの			
(3)　子会社株式			
(4)　その他有価証券で時価の 　　　あるもの 　　　株　式 　　　債　券 　　　その他			
小計			
合計			

　アメリカの会計基準や国際会計基準と同様に，金融商品については，子会社株式や関連会社株式と満期まで保有する債券などを除き，企業の業績評価もしくはリスク管理の面から，時価評価と，それに伴う損益計上とが要求される。

§4　ヘッジ会計

　すでに説明した先物取引などは，将来の市場変動に伴うリスクにさらされている。そのため，そのリスクを回避することが必要となる。これをヘッジ（hedge）という。つまり，ヘッジ会計とは，ヘッジ対象物から生じる損益と，ヘッジ手段から生じる損益とを同一期間に計上し，前者を後者で相殺する会計

処理である。たとえば，ヘッジ対象物が保有する（現物の）債券であれば，これを債券先物取引というヘッジ手段によって，市場リスクによる損失を回避しようというわけである。それは，現物のポジション（または未履行の確定契約）と反対のポジションを組むことによって行われる。

　ヘッジ会計は，原則として時価評価されているヘッジ手段に関する損益または評価差額を，ヘッジ対象に関する損益が認識されるまで資産または負債として繰り延べる方法（繰延ヘッジ）による。たとえば，ヘッジ手段たる先物取引は時価評価され，それに伴う評価差額は損益に計上されるのに対して，ヘッジ対象物たる保有債券はその他有価証券に該当するので，時価で評価されるが評価差額は損益に計上されず，純資産の部に計上される。このため，繰延ヘッジではヘッジ対象物に関する損益が認識されるまで，先物損益を繰延べる。

　ヘッジ取引についてヘッジ会計を適用するには，ヘッジ対象が相場変動等による損失の可能性にさらされ，ヘッジ対象とヘッジ手段とのそれぞれの損益が互いに相殺されるか，またはヘッジ手段によりキャッシュ・フローが固定され，その変動が回避される関係になければならない。さらに，企業の利益操作を防止する観点から，ヘッジ取引時にはヘッジ取引が企業のリスク管理方針に基づくものであり，それ以降はその効果について定期的に確認しなければならないことがヘッジ適用の具体的要件である。

〔設例3〕

①　平成×1年1月31日に国債の現物1,000万円を単価100円で購入した。同年3月31日（決算日）の市場価格は90円であり，4月30日に85円でそれを売却した。これはその他有価証券として時価評価するが，評価差額を純資産の部に計上する。

②　平成×1年1月31日にこの有価証券をヘッジするため，債券先物を売り付けた。この先物価格はそれぞれ1月31日には95円，決算日の3月31日には92円，決済日の4月30日には85円であった。決済日に反対売買で決済した。なお，ヘッジ会計の適用には繰延ヘッジを用いる。

③　税効果の適用には法定実効税率30％を用いる。

〈現物のその他有価証券に関する処理〉

1月31日：（借）投資有価証券　　　　10,000,000　（貸）現　　　金　10,000,000

3月31日：（借）その他有価証券評価差額金　700,000　（貸）投資有価証券　1,000,000

　　　　　　　　繰延税金資産　　　　　300,000

4月1日：翌期首に評価差額を振り戻す。

　　　　　（借）投資有価証券　　　　1,000,000　（貸）その他有価証券評価差額金　700,000

　　　　　　　　　　　　　　　　　　　　　　　　　繰延税金資産　　　300,000

4月30日：（借）現　　　金　　　　　8,500,000　（貸）投資有価証券　10,000,000

　　　　　　　　投資有価証券売却損　1,500,000

〈先物取引に関する処理〉

1月31日：　　　仕訳なし

3月31日：（借）先物取引差金　　　　300,000※　（貸）繰延ヘッジ損益　210,000

　　　※　950万円－920万円＝30万円　　　　　　繰延税金負債　　90,000

4月30日：（借）先物取引差金　　　　700,000※　（貸）損　　　益　1,000,000

　　　　　　　　繰延ヘッジ損益　　　210,000

　　　　　　　　繰延税金負債　　　　90,000

　　　　　　　　現　　　金　　　　1,000,000　　　先物取引差金　1,000,000

　　　※　920万円－850万円＝70万円

　なお，ヘッジ会計を実施するにあたって，先物取引がヘッジ取引であること
が明瞭に識別できなければならない。また，先物取引とそのヘッジ対象物との
対応関係が個別的に特定可能な個別ヘッジではなくて，先物取引が複数の対象
物をヘッジの対象とする包括ヘッジの場合には，先物取引の相場変動額を個々
のヘッジ対象物に個別的に関係づけられない。そこで，先物取引の相場変動額
を，適切な基準で個々のヘッジ対象物に合理的に配分する必要がある。

　ヘッジ会計では，ここで説明した繰延ヘッジによる方法のほかに，ヘッジ対
象である資産または負債に関する相場変動を損益に反映できる場合には，その

損益とヘッジ手段に関する損益とを同一期間に計上する。時価評価による方法（時価ヘッジもしくは公正価値ヘッジ）も認められる。この方法によると，〔設例3〕における現物のその他有価証券は次のように処理される。

1月31日：（借）投資有価証券　　10,000,000　（貸）現　　　金　10,000,000

3月31日：（借）投資有価証券評価損益　700,000　（貸）投資有価証券　1,000,000
　　　　　　　　繰延税金資産　　　300,000

4月1日：翌期首に評価差額を振り戻す。

　　　　（借）投資有価証券　　1,000,000　（貸）投資有価証券評価損益　700,000
　　　　　　　　　　　　　　　　　　　　　　繰延税金資産　　300,000

4月30日：（借）現　　　金　　8,500,000　（貸）投資有価証券　10,000,000
　　　　　　　　投資有価証券売却損　1,500,000

次に先物取引は次のように処理される。

1月31日：仕訳なし

3月31日：（借）先物取引差金　　300,000　（貸）ヘッジ損益　　210,000
　　　　　　　　　　　　　　　　　　　　　繰延税金負債　　90,000

4月30日：（借）先物取引差金　　700,000　（貸）ヘッジ損益　　790,000
　　　　　　　　繰延税金負債　　90,000
　　　　　　　　現　　　金　　1,000,000　　先物取引差金　1,000,000

(注) 「金融商品会計基準」の主な概要を示す。

1　金融商品の範囲は以下の通りである。

金融商品 ┤
　金融資産 ┤現金預金，金銭債権（受取手形，売掛金，貸付金など）
　　　　　　有価証券
　　　　　　デリバティブ取引により生じる正味の債権
　金融負債 ┤金銭債務（支払手形，借入金，社債など）
　　　　　　デリバティブ取引により生じる正味の債務

2　金融商品の認識および消滅に関する事項は次の通りである。

①　金融資産または金融負債の発生は，発生に関する価格変動

リスクや，契約の相手方の財政状態に基づく信用リスクの面から，契約締結時に認識する。デリバティブ取引の契約締結時には企業にとってのデリバティブ取引の価値が純額であるため，その権利と義務を資産または負債に計上する。

②　金融資産の消滅の認識要件は，㋑　当該金融資産の契約上の権利を行使した場合，㋺　当該金融資産の契約上の権利を喪失した場合，㋩　当該金融資産の権利に対する支配が他に移転した場合である。

③　金融負債の消滅の認識要件は，㋑　当該金融負債の契約上の義務を履行する場合，㋺　当該金融負債の契約上の義務が消滅した場合，㋩　当該金融負債の契約上の第一次債務者の地位から免責された場合である。

なお，金融資産の譲渡については，金融資産のリスクと経済価値のほとんどすべてが他に移転した場合に当該金融資産の消滅を認識する考え方（リスク・経済価値アプローチ）がある。しかし，これは財務構成要素に分解して支配の移転を認識できず，取引の実質的な経済効果を示さない。そこで，それに代えて金融資産を構成する財務的要素の消滅を認識し，留保される財務構成要素の存続を認識する考え方（財務構成要素アプローチ）が採用される。

3　金融商品は以下のように評価される。

A　時価評価し，評価差額を損益計算書に計上する。
①　売買目的の有価証券および運用目的の有価証券（特定金銭信託・指定金外信託等の信託財産として保有されているもの）
②　デリバティブ取引による債権
B　原価で評価する。
①　市場価格のない有価証券，ただしその実質価額が著しく減少したときには，それを減額する。
②　満期保有目的の社債その他の債券
③　子会社株式および関連会社株式

金融資産	なお，②および③のなかで市場価格のあるものについて時価が著しく下落したときには評価損失を計上する。 C　時価評価するが，評価差額を損益計算書に計上するのが適当でないもの（売買目的有価証券，満期保有目的の債券，子会社株式および関連会社株式以外の有価証券（たとえば長期保有目的債券や投資株式などのその他有価証券） 　評価差額（但し，税効果を控除後の金額とする。）は，損益及び包括利益計算書または包括利益計算書のなかにその他の包括利益への計上を通じてその他の包括利益累計額に表示する。 D　金銭債権の取得原価と債権金額とが相違し，この差異が金利の調整としての性格をもつときには，償却原価法で評価する。
金融負債	A　原則として債務額で計上し，時価で評価しない。（支払手形などの金銭債務） B　ただし，金銭債務の収入額と債務額との間で差異があり，当該差額が一般に金利の調整という性格をもつときには，償却原価法で評価する。 C　時価で計上し，その評価差額を当期の損益に計上する。（デリバティブ取引）

　なお，平成20年10月に公表された実務対応報告第25号「金融資産の時価の算定に関する実務上の取扱い」では，金融資産の時価評価に際して，取引が活発でかつ流動性の高い市場で取引されているときにはその市場価格が公正な評価額となる。しかし，市場における取引が活発でなく，あるいは市場が十分に確立・装備されておらず，市場価格が公正な評価額を示さないケースがある。また，市場価格があっても入手不可能なケースなどにおいては，合理的に算定された価額を公正な評価額とみなす。

参　考　文　献

新井清光・白鳥庄之助『先物・オプション取引等会計基準詳解』中央経済社，1990年。
田中建二『金融商品取引会計』新世社，2007年。
古賀智敏『デリバティブ会計』（第2版），森山書店，1999年。

弥永真生『デリバティブと企業会計法』中央経済社，1998年。

小宮山賢『金融商品会計の基礎』税務経理協会，2015年。

石川純治『時価会計の基本問題』中央経済社，2000年。

古賀智敏編『ファイナンス型会計の探究』中央経済社，2003年。

伊藤邦雄編『時価会計と減損』中央経済社，2004年。

あずさ監査法人『金融商品会計の実務』第4版，東洋経済新報社，2013年。

荻茂生・長谷川芳孝『ヘッジ取引の会計と税務』（第5版），中央経済社，2014年。

X　リ　ー　ス　会　計

§1　リース取引の種類

　リース (lease) 取引とは，特定の物件（リース物件）の所有者たる貸手（レッサー）が，当該物件の借手（レッシー）に対して，一定期間（リース期間）にわたってこれを使用収益する権利を与え，また借手は一定のリース料を貸手に支払う取引である。わが国において，近年このリース取引の拡大が顕著で，リース取引の質および量とも増大の傾向にある。法形式的には，リース取引は賃貸借契約である。したがって，その面からいえば会計上は借手は賃借料という費用を，また貸手は賃貸料という収益をそれぞれ計上すればよい。その点では特に問題はない。しかし，リース取引のなかには，法形式的には賃貸借契約であっても，経済的にみて実質的に資産の購入とみなしうるものもある。その場合には法形式の側面を中心とした会計処理は妥当ではない。特に固定設備の調達方法としてのリース取引がそれに該当する。これは資金調達（金融）に基づいて固定設備を購入するのではなくて，まさに物融といわれる。

　リース取引には，ファイナンス・リース取引とオペレーティング・リース取引とがある。

§2　ファイナンス・リース取引

　ファイナンス・リース取引とは次の条件を満たす取引である。

①　リース契約に基づくリース期間の中途において，当該契約を解除するこ

とができない。（解約不能）

②　借手は，使用するリース物件からもたらされる経済的利益を享受することができ，しかも当該リース物件の使用に伴って生じるコストを実質的に負担するリース取引である。（フルペイアウト）

　この条件を満たすファイナンス・リース取引において，借手は当該資産の法的所有権をもたないが，しかし経済的にみて資産の購入と実質的に異ならないので，経済実質優先思考を基礎としてリース資産の計上が必要となる。わが国の「リース取引に関する会計基準」では，このようなファイナンス・リース取引は，リース物件の所有権が借手に移転するものと，そうでないものとに区別される。

1　所有権が移転するファイナンス・リース取引

　この場合には，借手も貸手も同様に通常の売買取引による方法に準じて会計処理する。リース資産の減価償却費は，自己保有の固定資産があるときには，それに適用する減価償却方法と同一の方法により算定する。

〔設例 1 〕

①　平成×1年4月1日に以下の物件を4年間リースする。リース期間終了時（平成×5年3月31日）に借手はリース物件（機械装置）を割安価額1,000千円で購入できる選択権が付与されている。借手はこの有利な購入選択権の行使を予定している。（決算日3月31日）

②　解約不能のリース期間4年

③　借手の見積現金購入価額40,000千円

④　リース料：月額1,000千円（計算の便宜上，支払は各期末に一括行うものとする。）（リース料総額：48,000千円）

⑤　リース資産と同種の自己保有の固定資産はなく，その経済的耐用年数5年

⑥　借手の減価償却法：定額法，残存価額10%

⑦　借手の追加借入利子率：年6％。ただし，貸手の計算利子率は借手に
は知りえない。

（1）　借手側（レッシー）の会計処理

イ　①により所有権移転型のファイナンス・リース取引に該当する。

ロ　リース総額（割安購入選択権の行使価額を含む。）を借手の追加利子率
年6％で現在価値に割り引く。

$$\frac{12,000千円}{1+0.06} + \frac{12,000}{(1+0.06)^2} + \frac{12,000}{(1+0.06)^3} + \frac{12,000+1,000}{(1+0.06)^4}$$

$$=42,373千円$$

リース料総額（48,000千円）の現在価値（42,373千円）よりも見積現金購入価額
のほうが低いので，リース資産およびリース債務の計上金額は40,000千円であ
る。この場合に，利息相当額の算定に必要な利子率は次のように計算される。

$$\frac{12,000千円}{1+r} + \frac{12,000}{(1+r)^2} + \frac{12,000}{(1+r)^3} + \frac{13,000}{(1+r)^4} = 40,000千円$$

$$r = 8.532\%$$

したがって，リース期間中における元本および利息は次のように計算される。

返済日	期首元本	返済合計	元本	利息	期末元本
1年末	40,000千円	12,000千円	8,587千円※	3,413千円 a)	31,413千円 1)
2年末	31,413	12,000	9,320　　※※	2,680　　 b)	22,093　　 2)
3年末	22,093	12,000	10,115	1,885	11,978
4年末	11,978	12,000	10,978	1,022	1,000
	1,000	1,000	1,000	0	0
合計		49,000千円	40,000千円	9,000千円	0

a）40,000×8.532％＝3,413千円

※　12,000−3,413＝8,587千円

1）40,000−8,587＝31,413千円

b）31,413×8.532％＝2,680千円

※※　12,000−2,680＝9,320千円

2）31,413−9,320＝22,093千円

〈仕訳〉

　　イ　平成×1年4月1日（リース開始日）

　　　（借）リース資産　　　40,000千円　　　（貸）リース債務　　　40,000千円

　　ロ　平成×2年3月31日（リース期間1年経過後）

　　　（借）リース債務　　　 8,587千円　　　（貸）現金預金　　　12,000千円

　　　　　支払利息　　　　　 3,413

　　　　　減価償却費　　　　 7,200※　　　　　　減価償却累計額　　 7,200

　　　　　　※　　（40,000−4,000）÷5年＝7,200千円

　　ハ　平成×3年3月31日（リース期間2年経過後）

　　　（借）リース債務　　　 9,320千円　　　（貸）現金預金　　　12,000千円

　　　　　支払利息　　　　　 2,680

　　　以下，リース期間3年経過後も同様に処理する。

（2）　貸手側（レッサー）の会計処理

　　イ　平成×1年4月1日（リース開始日）

　　　（借）リース債権　　　40,000千円　　　（貸）買掛金　　　　40,000千円

　　　この取引は次の2つの取引を相殺したものである。

　　　（借）機械装置　　　　40,000千円　　　（貸）買掛金　　　　40,000千円

　　　（借）リース債権　　　40,000千円　　　（貸）機械装置　　　40,000千円

　　ロ　平成×2年3月31日（リース期間1年経過後）

　　　（借）現金預金　　　12,000千円　　（貸）売上高　　　　12,000千円

　　　　　売上原価　　　 8,587　　　　　　　リース債権　　　 8,587

　　ハ　平成×3年3月31日（リース期間2年経過後）

　　　（借）現金預金　　　12,000千円　　（貸）売上高　　　　12,000千円

　　　　　売上原価　　　 9,320　　　　　　　リース債権　　　 9,320

　　　以下，リース期間3年経過後についても同様に処理する。

　　上記のように，リース物件の売上高と売上原価を総額法で処理する方法のほかに，リース物件の売買益を純額法で処理すると，以下のようになる。

　　平成×2年3月31日

（借）現金預金　　　12,000千円　　（貸）リース債権　　　　8,587千円

リース物件売買益　　3,413千円

2　所有権が移転しないファイナンス・リース取引

　ファイナンス・リース取引のうちで，リース物件の所有権が借手に移転すると認められるもの以外の取引についても，所有権が移転するファイナンス・リース取引と同様に，通常の売買取引に関する方法に準じて会計処理する。但し，リース資産の減価償却費は原則としてリース期間を耐用年数とし，残存価額をゼロとして算定する。

〔設例2〕

①　以下のリース物件を平成×1年4月1日に4年間リースする。リース期間終了時に借手はリース物件（機械装置）について所有権移転条項はなく，また割安購入選択権もない。（決算日3月31日）

②　解約不能のリース期間4年

③　借手の見積現金購入価額40,000千円

④　リース料：月額1,000千円（計算の便宜上，支払は各期末に一括行うものとする。）

　　リース料総額：48,000千円

⑤　リース物件の経済的耐用年数5年

⑥　借手の減価償却法：定額法，残存価額0

⑦　借手の追加借入利子率：年6％

⑧　貸手の見積残存価額：0

（1）借手側の会計処理

　①により所有権移転型のファイナンス・リース取引には該当しない。まず，リース料総額を借手の追加借入利子率を用いて現在価値に割り引く。

$$\frac{12,000千円}{1+0.06} + \frac{12,000}{(1+0.06)^2} + \frac{12,000}{(1+0.06)^3} + \frac{12,000}{(1+0.06)^4} = 41,581千円$$

イ この現在価値41,581千円は，見積現金購入価額40,000千円との比率でいえば，104%であり，これはファイナンス・リース取引の基準となる90%を超えている。

ロ また経済的耐用年数においてもリース期間4年とその経済的耐用年数5年との比率も80%であり，ファイナンス・リース取引の基準となる75%を超えている。

したがって，イとロにより，いずれの条件も満たしているので（事実上はどちらかの基準を満たせばよい。），所有権が移転しないファイナンス・リース取引に該当する。この場合，リース料総額の現在価値41,581千円よりも借手の見積現金購入価額40,000千円のほうが低いので，この40,000千円がリース資産およびリース債務の計上金額となる。利子相当額の算定に必要な利子率は次のように計算される。

$$\frac{12,000千円}{1+r} + \frac{12,000}{(1+r)^2} + \frac{12,000}{(1+r)^3} + \frac{12,000}{(1+r)^4} = 40,000千円$$

r = 7.714%

したがって，リース期間の元本および利息の計算は次のようになる。

返済日	期首元本	返済合計	元本	利息	期末元本
1年末	40,000千円	12,000千円	8,914千円※	3,086千円a)	31,086千円1)
2年末	31,086	12,000	9,602	2,398	21,484
3年末	21,484	12,000	10,343	1,657	11,141
4年末	11,141	12,000	11,141	859	
合計		48,000千円	40,000千円	8,000千円	0

a）40,000円×7.714%＝3,086千円
※ 12,000千円－3,086千円＝8,914千円
1）40,000千円－8,916千円＝31,086千円

〈仕訳〉
イ 平成×1年4月1日（リース開始日）
（借）リース資産 40,000千円 （貸）リース債務 40,000千円
ロ 平成×2年3月31日（リース期間1年経過後）

```
(借) リース債務      8,914千円  (貸) 現金預金      12,000千円
    支払利息        3,086
    減価償却費      10,000※     減価償却累計額   10,000
```
　　　※　40,000千円÷4年＝10,000千円

ハ　平成×3年3月31日（リース期間2年経過後）
```
(借) 支払利息      2,398千円※(貸) 現金預金      12,000千円
    リース債務     9,602※※
```
　　　※　支払利息：（40,000千円－8,914千円）×7.714％＝2,398千円
　　　※※　リース債務：12,000千円－2,398千円＝9,602千円

以下，リース期間3年経過後についても同様に処理する。

　なお，ファイナンス・リース取引のうちで，これまではリース契約上の諸条件に照らしてリース物件の所有権が借手に移転しない取引については，借手側は通常の賃貸借取引に関する方法に準じて会計処理することができた。平成19年に改訂された「リース取引に関する会計基準」ではこの処理は認められなくなった。

（2）　貸手側の会計処理

　貸手側においてファイナンス・リース取引と解する場合（この条件は，借手側のファイナンス・リース取引と同様である。），次のように処理する（ここではリース物件の売上高と売上原価とに区分して処理する方法を用いる。）。

イ　平成×1年4月1日（リース開始日）
```
(借) リース投資資産 40,000千円  (貸) 買掛金       40,000千円
```
ロ　平成×2年3月31日（リース期間1年経過後）
```
(借) 現金預金      12,000千円  (貸) 売上高       12,000千円
    売上原価       8,914          リース投資資産  8,914
```
ハ　平成×3年3月31日（リース期間2年経過後）
```
(借) 現金預金      12,000千円  (貸) 売上高       12,000千円
    売上原価       9,602          リース投資資産  9,602
```
以下，リース期間3年経過後についても同様に処理する。

所有権が移転しないファイナンス・リース取引については，例外的に貸手側も同様に通常の賃貸借取引に関する方法に準じて会計処理することができなくなった。

§3　オペレーティング・リース取引

　オペレーティング・リース取引とは，ファイナンス・リース取引以外のリース取引である。これについては，借手側も貸手側も通常の賃貸借取引に関する方法に準じて会計処理し，かつリース期間の中途において当該契約を解除することができるオペレーティング・リース取引を除き，以下の事項について財務諸表に注記する必要がある。たとえば，借手側についていえば，次の事項がこれにあたる。

　①　貸借対照表日後1年内のリース期間に関する未経過リース料
　②　貸借対照表日後1年を超えるリース期間に関する未経過リース料

　国際財務報告基準は，2019年度からオペレーティング・リース取引の賃貸借取引による処理法を廃止し，リース取引すべてにファイナンス・リース取引として同様の処理に統一する。わが国でも目下，この点に関する検討が進められている。

> **(注)**　リース取引のなかには，セール・アンド・リースバック
> （sale and leaseback）とよばれるものがある。これは，企業が所
> 有する固定資産等をいったん賃貸人に売却し，その後に同じ物
> 件をリースする取引である。これは，経済的には当該固定資産
> の売却代金によって融資を受けたのと同じ効果をもつ。そこ
> で，これについては，当該リース契約がファイナンス・リース
> に該当する場合には，賃貸人も賃借人もファイナンス・リース
> 取引として処理し，それ以外はオペレーティング・リース取引
> として処理する。前者のケースでは，賃借人は，売買処理に関

する損益を長期前払費用または長期前受収益等として繰延処理
し，リース資産の減価償却費の割合に応じて減価償却費に加減
して損益を計上する。

参 考 文 献

木下勝一『リース会計の論理』森山書店，1985年。

新井清光・加古宜士『リース取引会計基準詳解』中央経済社，1994年。

秋山正明『リース会計の実務』（第3版）中央経済社，1994年。

中央監査法人編『リース取引の会計と税務』税務研究会出版局，2004年。

佐藤信彦・角ヶ谷典幸編『リース会計基準の論理』税務経理協会，2009年。

XI　物価変動会計

§1　取得原価主義会計の特徴と問題点

現行の制度会計においては，原価主義を前提としている。その特徴は，次のとおりである。

① 貸借対照表における非貨幣資産について，取得原価で評価する。

② 収益および費用の測定基準について，収入および支出を基礎とする。特に，消費した財貨および用役を取得原価に基づいて費用を測定する。

③ 一般物価にせよ，あるいは個別物価にせよ，物価変動の事実を財務諸表上に反映させず，それを考慮せずに無視する。

物価変動が生じても，それがそれほど大きくなければ，あまり問題とはならない。しかし，それが著しいときには当然，適切な会計情報の面から問題が生じる。そこで，その物価変動を会計計算に反映させるための考え方がいくつか提案されている。その典型は，一般物価の変動を考慮した一般物価変動会計（accounting for changes in general price level）もしくは修正原価会計と，個別物価の変動を考慮した現在原価会計（current cost accounting）である。以下，この2つを中心に説明する。

§2　一般物価変動会計

　一般物価変動会計は貨幣価値の変動，つまり貨幣の購買力維持を目的とした会計システムである。したがって，そこでは次の点が重要となる。

① 貨幣の購買力を何に基づいて把握するのか。

② それを用いて，どの時点における貨幣の購買力を財務諸表のうえで示すのか。

③ 維持すべき資本として貨幣の名目額ではなくて，その実質額を想定したときに貨幣項目から生じる貨幣購買力損益をどのように算定するのか。

①に関しては，ごく一般的に何にでも購入できることを想定したGNPインプリシット・デフレーター，消費財を中心とした小売物価指数，投資財を中心とした卸売物価指数などがある。②に関しては，たとえばある過去の一定時点の貨幣購買力で測定する遡及法と，期末現在の貨幣購買力で測定する前進法があり，後者が一般的である。③に関しては，貨幣項目から生じる購買力損益をすべて当期の損益に計上して処理する方法と，短期貨幣項目から生じる貨幣購買力損益は当期の損益に計上するが，しかし長期貨幣項目から生じる貨幣購買力損益は当期の損益に計上しない方法とがある。

次に簡単な例で説明する。

〔設例1〕

ある企業の期首貸借対照表および期中取引は次のとおりである。

貸借対照表（期首）（単位：円）

現金	700	借入金	800
商品	1,100	資本金	3,000
（11個＠100円）			
備品※	2,000		
	3,800		3,800

※ 備品は取得原価2,000円，耐用年数5年，残存価額0，定額法で償却する。

〈期中取引〉

1) 期央に商品6個＠200円を掛けで販売した。

2) ただちに商品6個＠120円を掛けで仕入れた。

3) 期末近くに支払利息50円を現金で支払った。

〈物価指数のデータ〉

期首の一般物価指数（GPI）を100，期末のGPIを110，期中の平均GPIを105とする。なお，期中取引1）および2）はGPIが105の時点で，また3）は110の時点で行われたと仮定する。

（1）　原価主義に基づく貸借対照表と損益計算書

期末貸借対照表

現金	650	買掛金	720
売掛金	1,200	借入金	800
商品	1,220	資本金	3,000
(1,100−600+720)		当期純利益	150
備品	1,600		
(2,000−400)			
	4,670		4,670

損益計算書

売上原価	600	売上	1,200
（6個×@100円）			
減価償却費	400		
支払利息	50		
当期純利益	150		
	1,200		1,200

（2）　一般物価変動会計（前進法）に基づく貸借対照表と損益計算書

貸借対照表

現金	650	買掛金	720
売掛金	1,200	借入金	800
商品	1,304※	資本金	3,300※※※
備品	1,760※※	当期純利益	94
	4,914		4,914

現金・売掛金・買掛金・借入金は期末時点の貨幣購買力を示しているから，修正する必要がないが，その他の非貨幣項目は期末時点の貨幣購買力を示すために，次のように修正しなければならない。

※　商品：
期首から期末までに保有された分：$(1,100−600)×\dfrac{110}{100}=550$

期央に仕入れて期末まで保有された分：$720×\dfrac{110}{105}=754$

合計　$\underline{1,304}$

※※　備品：$(2,000−400)×\dfrac{110}{100}=1,760$

※※※　資本金：$3,000×\dfrac{110}{100}=3,300$

損益計算書

売上原価 $\left(600\times\frac{105}{100}\times\frac{110}{105}\right)$	660	売上	$\left(1,200\times\frac{110}{105}\right)$	1,257
減価償却費 $\left(400\times\frac{110}{100}\right)$	440			
支払利息	50			
貨幣購買力損失	13※			
当期純利益	94			
	1,257			1,257

　貨幣項目に関しては，一般物価の変動に伴って購買力損益を計算しなければならない。

〈貨幣購買力損失〉

現金：期首から期末まで保有することで蒙った貨幣購買力損失 $700\times\frac{110}{100}-700$ ＝70

売掛金：期央から期末までの貨幣購買力損失 $\quad\quad 1,200\times\frac{110}{105}-1,200=57$

$$\underline{127円}$$

〈貨幣購買力利得〉

借入金：期首から期末までの分： $\quad\quad 800\times\frac{110}{100}-800=80$

買掛金：仕入れた時点から期末までの分：$720\times\frac{110}{105}-720=34$

$$\underline{114円}$$

〔**純貨幣購買力損失13円**〕

§3　個別物価変動会計 —— 現在原価会計

　一般物価変動会計と対照的なのが個別物価変動会計である。これにはいくつかのタイプがあるが，ここではその典型的なものの1つである現在原価会計について説明する。

　その特徴は次のとおりである。

　①　利益の計算については，原価主義と同様に名目資本の維持が一般的であ

る。

② 資産および費用は現在原価を示す再調達原価に基づいて測定される。

> **(注)** 近年の現在原価会計では，資産の評価基準を再調達原価に限
> 定せず，「企業にとっての価値」(value to the business) を重視
> し，それよりも広く解釈する傾向にある。企業にとっての価値
> とは，所有主が当該資産を奪われたと仮定したときにこうむる
> であろう金額，つまり剥奪価値 (deprival value) を意味する。
> これにしたがうと，正味実現可能価額と現在価値（経済価値）
> とのいずれか大きい金額と，再調達原価とを比較して，いずれ
> か小さい金額が，企業にとっての価値となる。一般的には再調
> 達原価がそれを示すが，それ以外のケースもありうる。

③ 利益は，企業の主たる営業活動を通じてカレントな収益にカレントな費
　用との比較を通じて得られた営業利益 (operating profit) （これを操業利益
　ともいう。）と，財の保有活動の結果として実現された保有利得 (holding
　gain) とに分割される。

④ 期末の資産はカレントなコスト（時価）で評価され，まだ実現していな
　い保有利得（未実現保有利得）は貸借対照表に計上される。

このような現在原価会計は，近年において企業における財務内容の実態開示
の面から重視されている。

〔設例2〕

① 〔設例1〕において，商品の期末時点における再調達原価を1個あた
　り130円とする。

② 備品の期末時点における再調達原価を2,200円とする。

貸借対照表 （現在原価会計）

現　金		650	買掛金	720
売掛金		1,200	借入金	800
商　品		1,430※	資本金	3,000
備　品	2,200		未実現保有利得	370※※※
減価償却累計額	440	1,760※※	当期純利益	150
		5,040		5,040

※　　期末に残っている商品11個×時価@130円＝1,430円

※※　期末における備品の時価2,200円から，それに基づいて計算された1年経過後の減価償却費分（定額法）440円を差し引いた金額＝2,200円－(2,200円÷5年)

※※※　商品および備品に関する未実現保有利得は次のように計算する。

〈商品に関する部分〉

1)　期首から期末まで保有している分

　　5個（11個－6個）×（130円－100円）＝150円 ──┐

2)　期央に仕入れた分で期末までに保有している分　　210円─┐

　　6個×（130円－120円）＝60円 ──────┘

〈備品に関する部分〉

期末の時価に基づいて計上された備品の金額1,760円（※※参照）　〈合計370円〉

と，原価に基づいて計算された備品の簿価1,600円との差額，

すなわち160円 ──────

損益計算書

売上原価	720※	売　上		1,200
減価償却費	420※※			
支払利息	50			
営業利益	10			
	1,200			1,200
当期純利益	150	営業利益		10
		実現保有利得		140※※※
	150			150

※　期央に販売した6個×販売時点の現在原価@120円＝720円
　　　商品の販売時点における収益と費用との同一価格水準を用いる

ことによって，収益と費用との意味のある利益計算が可能となる。現在原価会計では，その他の費用は当期の現在原価を反映していると考えて，その金額がそのまま計上される。

※※　減価償却費は固定資産の期中平均における現在原価を用いて計算する。

（2,000円＋2,200円）÷2÷5年＝420円

ただし，この金額420円は，貸借対照表上で計算された金額440円とは異なる。後者は期中平均価格ではなくて，期末時点の現在原価に基づいて計算されるからである。

※※※　実現保有利得は商品および備品について次のように計算する。

1）商品：期央に6個売却した分：6個×（120円−100円）
　　＝120円

2）備品：※※で計算した420円と，取得原価で計上した400円との差額
　　　　　420円−400円＝20円

（合計 140円）

　このように，現在原価会計において名目資本維持を前提とするかぎり，結果的にその純利益150円は当然，285ページで示した原価主義会計におけるそれと金額的に一致する。後者においてトータルとして示された150円が，前者において営業利益10円と，実現保有利得140円とに分解されることがわかる。この意味で，現在原価会計は，利益の発生原因に対する有用な会計情報を提供する。

(注)　その他のインフレーション会計の一形態として取替原価会計（replacement cost accounting）がある。これは，維持すべき資本を貨幣（名目資本あるいは購買力資本）と解せずに，実体（実物）あるいは物財と解する見解である。この見解によると，期首に存在した物的資本を維持してはじめて企業の分配可能利益が算定される。この取替原価会計では，取替原価（再調達原価）による費用が計上されると同時に，期末の資産についても

> 取替原価による時価で評価される。〔設例１〕について取替原
> 価会計を適用すると，次のような結果になる。

(1) 資産の時価評価に基づく取替原価会計

貸借対照表

現金	650	買掛金	720
売掛金	1,200	借入金	800
商品	1,430 a)	資本金	3,000
備品	1,760 b)	資本修正	
当期純損失	10	商品：330 c)	
		備品：200 d)	530
	5,050		5,050

a) 期末に存在する11個×時価@130円＝1,430円
b) 期末の時価2,200円に対して１年経過後の未償却残高である。
   2,200円－(2,200円÷５年)＝1,760円
c) 期末に存在する11個分の価格上昇分（1,430円－1,100円＝330円）
d) 2,200円（時価）－2,000円（原価）＝200円

損益計算書

売上原価	720 a)	売上	1,200
減価償却費	440 b)	当期純損失	10
支払利息	50		
	1,210		1,210

a) 売上られた６個分についての取替原価の合計（６個×120円＝720円）
b) 2,200円÷５年＝440円
   原価主義では減価償却費は400円であり，両者の差額40円は建物の物
   的維持に不可欠な償却費である。ただし，この償却費は，現在原価
   会計で計算された償却費420円と20円だけ相違する。というのは，そ
   こでは期中の平均現在原価に基づいて計算されるからである。取替
   原価会計では，物的資本維持の観点からそれを期末の時価に基づい
   て計算する必要がある。その結果，20円だけ差異が生じる。

なお，物的資本維持だけを目的とするのであれば，必ずしも期末の資産につ

いて時価で評価する必要はない。資産を原価で評価しても，それは可能である。その場合には，貸借対照表は次のようになる。

(2)　**資産の原価評価に基づく取替原価会計**

貸借対照表

現金	650	買掛金	720
売掛金	1,200	借入金	800
商品	1,220	資本金	3,000
（11個）		資本修正	
備品	1,600	商品：	120 a)
当期純損失	10	備品：	40 b)
	4,680		4,680

a)　1,220円－1,100円＝120円
b)　440円－400円＝40円

取替原価会計では，(1)および(2)のいずれの場合にも，固定資産の費用に関して期末の取替原価が用いられる。固定資産の取替原価が時の経過とともに上昇するときには，過去の減価償却費の不足額が生じる。例えば上記の例で第2年度における備品の期末時価が2,400円であれば，当期には480円（2,400円÷5年）の減価償却費のほかに，前期の償却費の不足額40円（480円－440円）をさらに追加計上する必要がある。これを遡及償却（バックログ償却）という。

参 考 文 献

片野一郎『貨幣価値変動会計』（第3版）同文舘，1977年。
森田哲彌『価格変動会計論』国元書房，1979年。
森田哲彌編『インフレーション会計』（体系近代会計学）中央経済社，1982年。
田中茂次『物価変動会計の基礎理論』中央経済社，1989年。
斉藤静樹編『企業会計における資産評価基準』第一法規，1994年。
醍醐聰編『時価評価と日本経済』日本経済新聞社，1995年。
火原克二『物価変動会計の利益概念』森山書店，1995年。
高山清治訳『ハックス経営実体維持論』同文舘，1997年。
上野清貴『公正価値会計と評価・測定』中央経済社，2005年。
上野清貴編『会計利益計算の構造と倫理』創成社，2006年。

XII 財務会計の動向

　これまで貸借対照表および損益計算書を中心に，財務会計における基本的な考え方について説明した。それによって，財務会計の概要はかなりの程度理解されるはずである。しかし，それは財務会計の全容ではもちろんない。そこで，最後に財務会計の動向のなかで重要なものについて指摘する。ここでは，特に財務会計の国際化および社会化という側面と，財務会計における行動学的研究及びその他の財務会計制度について説明する。

§1　財務会計の国際化

1　諸外国の会計基準と国際会計基準・国際財務報告基準

　アメリカにおいて会計基準を形成するのが財務会計基準審議会 (Financial Statement Standards Board ; FASB) によって公表される一連のステートメントである。これは，一方では1973年以降に主に財務会計上の個別問題に対する指針を示した財務会計基準書 (Statements of Financial Accounting Standards ; SFAS) 第1号「外貨換算情報の開示」をはじめとして今日まで多数公表されてきている。外部報告目的の財務諸表はこれに準拠して作成されなければならない。アメリカにおいて，それは事実上「一般に認められた会計原則」(generally accepted accounting principles ; GAAP) の中心をなすものである。それ故に，この財務会計基準書は公認会計士だけでなく，証券取引委員会 (Securities Exchange Commission ; SEC) によっても実質的にその権威ある支持が認められている。他方で，財務会計基準審議会は，理論的に体系的な会計原則を形成するために，財務会計概念ステートメント (Statements of Financial Accounting Concepts ;

SFAC) をも，1978年以降において第1号「営利企業の財務報告の目的」をは
じめとして公表している。

　イギリスにおいては，従来は会計基準委員会（Accounting Standards Commi-
ttee; ASC) が公表する勧告書などが事実上会計基準であった。1990年に会計基
準審議会（Accounting Standards Board; ASB) が設置され，ここで公表される基
準書が会計基準の中心となっている。

　フランスでは，古くから会計に対して商法規定とともに，戦後（1947年）に
制定されたプラン・コンタブル・ジュネラル（Plan Comptable Général）がフラ
ンスの会計実務に対する指導的役割を果たしている。1999年に改訂された現行
のプラン・コンタブル・ジュネラルは，個別会計基準及び連結会計基準から成
り，個人企業を含む商工企業に対して適用される。そのなかで示されている勘
定組織や勘定の枠組みは特に有名である。

　ドイツでは，商事貸借対照表法（Handelsbilanzrecht）および税務貸借対照表
法（Steuerbilanzrecht）を中心にした，いわゆる貸借対照表法（Bilanzrecht）が会計
基準の重要な根幹をなすのである。ここでは債権者保護思考の見地から株主に
対する配当可能利益計算と税務上の利益測定を規制する GoB が伝統的な会計
基準である。最近，資本市場の自由化及び国際化の面から，連結財務諸表の作
成にあたっては，ドイツの会計基準のほかに国際的に認められた会計基準（例
えばアメリカの会計基準および後述する国際会計基準（International Accounting
Standards; IAS) などに基づく作成も認められることになった。さらに，連結財
務諸表の作成に関して国際的な会計基準との調整面から新たにドイツ会計基準
委員会（Deutsches Rechnungslegungs Standards Committee; DRSC) が1998年に設立
され，種々の会計基準の勧告を行っている。なお，2010年1月からは，既述の
伝統的な GoB を基本的に堅持しつつ，会計の国際化及び会計規制の一部緩和
を企図して改正された新商法（貸借対照表法現代化法；Bilanzrechtsmodernisierungs-
gesetz; BilMoG) が施行される。

　また，ヨーロッパにおいて欧州共同体（European Union; EU) に加盟する諸国
では，EC 会社法指令，なかでも個別財務諸表を中心とした第4号指令

（Accounting Directives；1978年）と連結財務諸表を中心とした第7号指令（1983年）に基づいて加盟国間の会計基準に対する統一化の方向が示され，その調整がすでに図られてきた。しかし，第4号指令および第7号指令と後述するIASとの間には会計基準の相違がある。このため，一方で金融商品の公正価値評価を中心とした指令の改正案が提出され，他方でEU域内の全株式公開企業に対して2005年以降から連結財務諸表をIASで作成するように義務づけられる。

　各国はこれまでそれぞれの国の特殊事情を背景にそれぞれの会計基準を設定している場合が多かった。その結果，各国の基準でそれぞれ作成される財務諸表は，その比較可能性の面で問題となってきたのである。また，企業活動の国際化と資本市場の拡大に伴い，国際的な会計処理に対する必要性も急務となってきたのである。そのような事情から各国の会計基準の国際的な調和または統一の方向をめざして設定されたのが，国際会計基準委員会（International Accounting Standards Committee；IASC）である。この国際会計基準委員会は，これまで数多くのIASを1975年以降に公表してきている。このIASに加えて，それと一定の関係をもちながら，各国における証券監督当局の国際化を目指す証券監督者国際機構（International Organization of Securities Commissions；IOSCO）の役割もまた特に重要となってきている。IOSCOはIASを承認したため，事実上IASに基づく財務諸表が世界各国の証券取引所で受理されることになった。なお，2001年からIASCに代わって，新たに国際会計基準審議会（International Accounting Standards Board；IASB）が活動を開始し，主要国の会計基準設定主体と一緒に国際財務報告基準（International Financial Reporting Standards；IFRS）を作成することになった。なお，従来のIASはこれまで通り適用され，IFRSとIASを総称してIFRSs（イファース）と呼ばれる。

　それに伴い，国際財務報告基準と各国・EUの会計基準の差異を解消し，収斂（コンバージェンス（convergence））に向けた動きが急速に活発化している。

　(注)　財務会計における動向として注目すべきは以下の諸点である。
　　　　第1は金融商品の時価評価をきっかけとして資産および負債

のストック計算を重視する傾向が強まった点にある。市場性ある投資有価証券の時価による変動などのように，出資者以外の者との取引から生じる持分変動を包括利益（comprehensive income）として開示させる方向である。その結果，イギリスでは，当期の損益（実現可能なものも含む。）に加えて，さらに株主に帰属するすべての利得および損失を含む総認識利得・損失計算書（statement of total recognised gains and losses）が主要財務諸表として重視される。同じくアメリカでは稼得利益および包括利益計算書（statement of earnings and comprehensive income）が展開されている。前者の稼得利益は実現原則に基づいた財務実績を示し，後者の包括利益はさらにそれに加えて実現可能な損益および未実現の損益をも示す。現行の IAS 第 1 号は，包括利益を一つの計算書に表示する方法と，当期損益と包括利益を二つの計算書に分けて表示する方法を例示している。

　第 2 は，FASB と同様に，わが国でも民間の会計基準設定となる企業会計基準委員会（Accounting Standards Board of Japan; ASBJ）が2001年 7 月に財団法人財務会計基準機構のもとで新たに設立され，これが現在ではわが国の会計基準設定の中心である。

　第 3 は，平成16年 7 月に企業会計基準委員会の基本概念ワーキング・グループは討議資料「財務会計の概念フレームワーク」を公表し，同年10月にはその一部の文言を修正した。これは，「財務報告の目的」，「財務諸表の質的特性」，「財務諸表の構成要素」，「財務諸表における認識と測定」という 4 つのセクションから成る。「財務報告の目的」に関しては，投資家による企業成果の予測と企業価値の評価に役立つ財務状況の開示が重視される。「会計情報の質的特性」に関しては意思決定有用性が一義的であり，これは，①情報価値の存在と情報ニーズの充足，②内的な整合性（これは，個別の会計基準が会計基準全

体を支える基本的な考え方と矛盾しないことを意味する。），③
信頼性の3つから構成される。「財務諸表の構成要素」に関し
ては，資産・負債・純資産・収益・費用・純利益・包括利益の
7つから成る。このうちで資産負債アプローチを重視する国際
的な動向を踏まえて，まず資産および負債を定義し，負債に該
当しないすべての項目を純資産に分類するのが特徴である。ま
た包括利益は純利益に代替しうるものではないとされる。繰延
収益は純資産の「その他の要素」とみなされている。「財務諸
表の認識と測定」に関しては，資産および負債の測定方法に関
する多様性を容認している。また，純利益はリスクから解放さ
れた投資の成果という面に着目して，リスクが解放されている
か否かが重視されている。

　第4は，2008年10月にIASBとFASBはディスカッショ
ン・ペーパー「財務諸表の表示に関する予備的見解」を公表し
た。企業活動の一体化，将来のキャッシュ・フローの予測及び
企業の流動性及び財務弾力性の評価に役立つ財務諸表の様式を
以下のように改善することを提案する。

財務状態計算書	包括利益計算書	キャッシュ・フロー計算書
事業 ・事業資産および負債 ・投資資産および負債	事業 ・営業収益および費用 ・投資収益および費用	事業 ・営業キャッシュ・フロー ・投資キャッシュ・フロー
財務 ・財務資産 ・財務負債	財務 ・財務資産収益 ・財務負債費用	財務 ・財務資産キャッシュ・フロー ・財務負債キャッシュ・フロー
法人所得税	継続事業（事業および財務） に係る法人所得税	法人所得税
非継続事業	非継続事業（税金控除後）	非継続事業
	その他の包括利益 （税金控除後）	
所有者持分		所有者持分

　なお，このなかでは1計算書方式の包括利益計算書と，直接法に基づくキャッシュ・フロー計算書が提案されている。

　第5は，IASBとFASBは2010年6月に公開草案「顧客との契約における収益認識」を公表した。これによると，単一の収益認識モデルをめざしている。その結果，顧客との契約から生じる収益を，財またはサービスの顧客への移転時に，企業が顧客から受け取るかまたは受け取ると見込んでいる対価の金額（契約上の権利と履行義務との差額）で認識することを提案している。契約上の権利が履行義務を上回るときには契約上の資産（売掛金）を計上し，収益を認識する。契約上の権利が履行義務を下回るときには契約上の負債（前受金）を計上する。

　このような収益認識の考え方は，法的な債権債務に基づくストック計算を重視したドイツの静態論的会計思考と適合する。

　第6は，従来の伝統的な財務業績指標のほかに，企業の社会的責任（corporate　responsibility；CSR）及び企業の持続可能性（sustainability）といった非財務的業績指標を一つの報告書で示す統合報告（integrated reporting；IR）の構想が提案されている。

（注）　企業会計基準第29号「収益認識に関する会計基準」の概要

　IFRS第15号「顧客との契約における収益」が2014年5月に公表され，2017年1月1日以降に開始する事業年度から適用されている。これを踏まえて，2018年3月にわが国においても「収益認識に関する会計基準」が設定された。以下，その概要を示す。

　これは5つのステップから構成されている。

　第1ステップ：顧客との契約を識別する。

　第2ステップ：契約における履行義務を識別する。

第3ステップ：取引価格を算定する。

第4ステップ：契約における履行義務に取引価格を配分する。

第5ステップ：履行義務を充足した時または充足するにつれて収益を認識する。

その特徴は，財またはサービスを顧客に移転した事実に即して企業が権利を獲得と見込まれる対価で収益を認識する点にある。

この5つのステップについて具体的に図示して説明すれば次の通りである。

〔第1ステップ〕

顧客と合意し，かつ一定の要件を満たす契約に適用する。その契約とは，書面・口頭・商慣習などにより当事者間の法的強制力のある権利及び義務を発生させる取り決めをいう。

〔第2ステップ〕

顧客との契約において約束した財またはサービスを評価し，提供する履行義務を識別する。

① 別個の財またはサービスか，あるいは

② 一連の別個の財またはサービスかのいずれかを顧客に移転する約束のそれぞれについて，履行義務として識別する。

〔第3ステップ〕

① 取引価格とは，財またはサービスの顧客への移転と交換に企業が権利を得ると見込む対価の額をいう。この取引価格のうちで，履行義務を充足した時または充足するにつれて当該履行義務に配分した額について収益を認識する。例えば，取

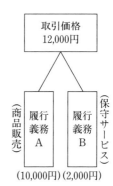

引価格12,000円のうち履行義務A（10,000円）は商品提供時点
で収益を認識し，2年間の保守サービスに該当する履行義務B
（2,000円）は，2年間にわたって収益を認識する。

②　値引きや割戻し等により対価のうちで変動
する可能性のある部分が含まれているときに
は，この変動対価を見積る。この変動対価の
見積りには，（ａ）発生しうると見込まれる
対価の額に最も可能性の高い単一の金額（最
頻値）による法と，（ｂ）発生しうると見込
まれる対価の額を確率で加重平均した金額
（期待値）による法とがある。

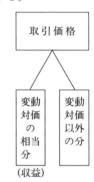

③　現金以外の対価は時価で算定する。

④　顧客に支払われる対価は取引価格から減額する。

〔第4ステップ〕

取引価格の配分基準は次の通りである。

①　履行義務のベースとなる財またはサービの独立販売価格の比
率に基づいて取引価格を配分する。

②　独立販売価格が把握できないときには，独立販売価格を見積
る。

③　契約における財またはサービスの独立販売価格の合計額が当
該契約の取引価格を上回るときには，顧客に対する値引きと
し，これをすべての履行義務に比例配分する。

④　取引価格の事後的な変動については，契約における取引開始
日後の独立販売価格を考慮せずに，契約における取引開始日と
同じベースの契約における履行義務に配分する。

〔第5ステップ〕

① 財またはサービスを顧客に移転し，履行義務の充足時点で収益を認識する。この時点で顧客は，資産に対する支配を獲得する。

② 資産に対する支配を顧客に一定期間にわたって移転するときには，以下の要件のいずれかを満たせば，履行義務を一定期間にわたって充足する場合に収益を認識する。

　1）企業が顧客との契約における義務を履行するにつれて顧客が便益を享受すること，

　2）義務履行に伴い，資産の発生または資産価値の増加について顧客が当該資産を支配すること，

　3）義務履行に応じて別の用途転用ができない資産が生じ，かつ義務履行の充足した部分について，対価として強制力ある権利を有すること，

　履行義務が一定期間にわたって充足されるときには，当該履行義務の充足に関して進捗度の見積り方法に関して，（a）アウトプット法（達成成果の評価や製造した単位による）かあるいは（b）インプット法（発生原価または実際労働時間による）のうちで企業の履行を忠実に表示する方法を選択する。

　この収益認識会計基準は2021年4月1日以降に開始する会計年度から原則適用となる。

2　国際財務報告基準の概要

（1）　国際財務報告基準の基本的立場

国際財務報告基準における財務諸表の目的は，財務諸表利用者に対する意思決定に役立つ企業の財政状態，経営成績及び財政状態の変動に関する有用な会計情報の提供にある。その際に財務諸表の質的特徴として重視されるのは，理解可能性（understandability），目的適合性（relevance），信頼性（reliability），比較可能性（comparability）の 4 つが指摘されている。

このうちで目的適合性は重要性（materiality），信頼性は表現の忠実性（faithful representation），実質優先主義（substance over form），中立性（neutrality），慎重性（prudence）及び完全性（completeness）といった副次的な特徴をそれぞれもつ。

（2）　財務諸表の体系

国際会計基準第1号では従来，財務諸表の構成として以下のものがある。

① 貸借対照表

② 損益計算書

③ 株主持分の変動に関する計算書（ a ）あるいは b ）のいずれか）

    a）　持分変動計算書（statement of changes in equity for the period）（株主すべての持分変動を示す計算書）（株主持分変動計算書）

    b）　認識収益費用計算書（statement of recognised income and expense）（これは株主と資本取引及び株主への分配以外の原因による株主持分の変動を示す計算書である。）

④ キャッシュ・フロー計算書（cash flow statement）

⑤ 注記（notes）

2009年 1 月 1 日以降においては，財務諸表の構成が以下のように変更となる。

①'　期末の財政状態計算書（statement of financial position as the end of period）（貸借対照表の呼称変更）

②'　包括利益計算書（statement of comprehensive income for the period）（ a ）また

は b) のいずれか)

a) 1つの計算書 (single statement)

　→包括利益計算書 (statement of comprehensive income)

b) 2つの計算書 (two statements)

　→損益計算書 (当期純損益) と包括利益計算書 (但し, これは損益計算書の当期純損益をベースとして, その他の包括利益を表示した計算書)

③' 持分変動計算書

④' キャッシュ・フロー計算書 (statement of cash flows for the period)

⑤' 注記

　なお, これ以外に会計政策の遡及適用, 財務諸表項目の遡及的な修正・表示, 財務諸表項目の再分類の場合に限り, 期首の財政状態計算書が追加的に必要となる。

(3) 主な財務諸表の様式

　① 財政状態計算書 (貸借対照表) の様式

　財政状態計算書 (貸借対照表) の様式は以下の通りである。その特徴は原則として流動・非流動 (わが国の固定に相当) 区分方式による。流動資産には正常営業循環過程に属するものや, 売買目的で保有しているもの, さらに12ヶ月以内に実現が予定されているものなどが計上される。

　配列については, わが国で一般的な流動性配列法 (IAS では流動・非流動区分配列法) のほかに, EU で一般的な固定性配列法 (IAS では非流動・流動区分配列法) も認められる。ここでは後者を例示する。

財政状態計算書 (Statement of Financial Position)

	20×9年 12月31日	20×8年 12月31日
資産 (Assets)		
非流動資産 (Non-current assets)		
有形固定資産 (Property, plant and equipment)	350,700	360,020

のれん（Goodwill）	80,800	91,200
その他無形固定資産（Intangible assets）	227,470	227,470
関連会社投資（Investments in associates）	100,150	110,770
売却可能金融資産（Available-for-sale financial assets）	142,500	156,000
非流動資産合計（Total non-current assets）	901,620	945,460
流動資産（Current assets）		
棚卸資産（Inventories）	135,230	132,500
営業債権（Trade receivables）	91,600	110,810
その他流動資産（Other current assets）	25,650	12,540
現金及び現金同等物（Cash and cash equivalents）	312,400	322,900
流動資産合計（Total current assets）	564,880	578,740
資産合計（Total assets）	1,466,500	1,524,200

	20×9年 12月31日	20×8年 12月31日
資本及び負債（Equity and liabilities）		
親会社株主に帰属する資本（Equity attributable to owners of the parent）	650,000	600,000
資本金（Share capital）	243,500	161,700
利益剰余金（Retained earnings）	10,200	21,200
その他の資本要素（Other components of equity）	903,700	782,900
	70,050	48,600
非支配持分（Non-controlling interests）	973,750	831,500
資本合計（Total equity）		
非流動負債（Non-current liabilities）		
長期借入金（Long-term borrowings）	120,000	160,000
繰延税金負債（Deferred income tax）	28,800	26,040
長期引当金（Long-term provisions）	28,850	52,240
非流動負債合計（Total non-current liabilities）	177,650	238,280
流動負債（Current liabilities）		
営業債務（Trade and other payables）	115,100	187,620
短期借入金（Short-term borrowings）	150,000	200,000
1年以内返済長期借入金（Current portion of long-term borrowings）	10,000	20,000
未払法人所得税等（Current tax payable）	35,000	42,000
短期引当金（Short-term provisions）	5,000	4,800
流動負債合計（Total current liabilities）	315,100	454,420

負債合計（Total liabilities）	492,750	692,700
資本及び負債合計（Total equity and liabilities）	1,466,500	1,524,200

② 包括利益計算書

　包括利益とは，所有者の出資・払戻及び分配といった資本取引を除く一期間における持分すべての変動をいう。これは基本的に営業活動から得られた稼得利益としての当期純利益と，それ以外の原因による利益としてのその他の包括利益とから成る。前者はわが国の損益計算書における当期純利益に相当する。後者の典型はその他有価証券評価差額金であり，下記に示すようにそれ以外のキャッシュ・フロー・ヘッジ等も含まれる。

　包括利益計算書の作成方法には次の2つのタイプがある。

ア　1つの計算書で作成する場合（広義）

包括利益計算書（Statement of Comprehensive Income）

	20×9年 12月31日	20×8年 12月31日
収益（Revenue）	390,000	355,000
売上原価（Cost of sales）	(245,000)	(230,000)
売上総利益（Gross profit）	145,000	125,000
その他の利益（Other income）	20,667	11,300
配送費（Distribution costs）	(9,000)	(8,700)
管理費（Administrative costs）	(20,000)	(21,000)
その他の費用（Other expenses）	(2,100)	(1,200)
財務費（Financial costs）	(8,000)	(7,500)
持分法損益（Share of profit of associates）	35,100	30,100
税引前当期利益（Profit before tax）	161,667	128,000
法人税（Income tax expense）	(40,417)	(32,000)
継続事業からの利益（Profit for the year from continuing operations）	121,250	96,000
廃止事業からの損失（Loss for the year from discontinuing operations）	–	(30,500)
当期利益（Profit for the year）	121,250	65,500

その他の包括利益 (Other comprehensive income)：		
外貨換算差額 (Exchange differences on translating foreign operations)	5,334	10,667
売却可能金融資産 (Available-for-sale financial assets)	(24,000)	26,667
キャッシュ・フロー・ヘッジ (Cash flow hedges)	(667)	(4,000)
固定資産再評価益 (Gains on property revaluation)	933	3,367
確定給付年金制度における数理計算上の損益 (Actuarial gans (losses) on defined benefit pension plans)	(667)	1,333
持分法適用会社のその他の包括利益 (Share of other comprehensive income of associates)	400	(700)
その他の包括利益要素の税効果 (Income tax relating to components of other comprehensive income)	4,667	(9,334)
当期その他の包括利益 (税効果後) (Other comprehensive income for the year, net of tax)	(14,000)	28,000
当期包括利益 (Total comprehensive income for the year)	107,250	93,500
帰属利益 (Profit attributable to)：		
親会社所有者 (Owners of the parent)	97,000	52,400
非支配持分 (Non-controlling interests)	24,250	13,100
	121,250	65,500
帰属包括利益 (Total comprehensive income attributable to)：		
親会社所有者	85,800	74,800
非支配持分	21,450	18,700
	107,250	93,500

　ロ　2つの計算書（損益計算書と狭義の包括利益計算書）で作成する場合

　　1）　損益計算書 (Income statement)

	20×9年 12月31日	20×8年 12月31日
収益	390,000	355,000
売上原価	(245,000)	(230,000)
売上総利益	145,000	125,000
その他の利益	20,667	11,300
配送費	(9,000)	(8,700)
管理費	(20,000)	(21,000)

その他の費用	(2,100)	(1,200)
財務費	(8,000)	(7,500)
持分法損益	35,100	30,100
税引前当期利益	161,667	128,000
法人税	(40,417)	(32,000)
継続事業からの利益	121,250	96,000
廃止事業からの損失	–	(30,500)
当期利益	121,250	65,500
帰属利益：		
親会社所有者	97,000	52,400
非支配持分	24,250	13,100
	121,250	65,500

2）（狭義の）包括利益計算書

	20×9年12月31日	20×8年12月31日
当期利益	121,250	65,500
外貨換算差額	5,334	10,667
売却可能金融資産	(24,000)	26,667
キャッシュ・フロー・ヘッジ	(667)	(4,000)
固定資産再評価益	933	3,367
確定給付年金制度による数理計算上の損益	(667)	1,333
持分法適用会社のその他の包括利益	400	(700)
その他の包括利益要素の税効果	4,667	(9,334)
当期その他の包括利益（税引後）	(14,000)	28,000
当期包括利益	107,250	93,500
帰属包括利益：		
親会社所有者	85,800	74,800
非支配持分	21,450	18,700
	107,250	93,500

　なお，上記のように費用の機能に即した様式のほかに，費用の性質に応じた損益計算書の様式もある。これによると，例えば例示した損益計算書（広義の包括利益計算書も同じ）の様式は以下のようになる。

1)′ 損益計算書

	20×9年 12月31日	20×8年 12月31日
収益	390,000	355,000
その他の収入	20,667	11,300
製品及び仕掛品の変動(Changes in inventories of finished goods and work in progress)	(115,100)	(107,900)
企業が実施した作業の資産計上額(Work performed by the entity and capitalised)	16,000	15,000
原材料の消費(Raw material and consumables used)	(96,000)	(92,000)
従業員費用(Employee benefits expense)	(45,000)	(43,000)
減価償却費(Depreciation and amortisation expense)	(19,000)	(17,000)
固定資産の減損(Impairment of property, plant and equipment)	(4,000)	–
その他の費用	(6,000)	(5,500)
財務費	(15,000)	(18,500)
持分法損益	35,100	30,100
税引前当期利益	161,667	128,000
法人税	(40,417)	(32,000)
継続事業からの利益	121,250	96,000
廃止事業からの損失	–	(30,500)
当期利益	121,250	65,500

③ 持分変動計算書

	資本金	剰余金	外貨換算差額	売買可能金融資産	キャッシュ・フロー・ヘッジ	再評価剰余金	合計	非支配持分	資本合計
20×8年1月1日	600,000	118,100	(4,000)	1,600	2,000	–	717,700	29,800	745,500
会計方針の変更	–	400	–	–	–	–	400	100	400
	600,000	118,500	(4,000)	1,600	2,000	–	718,100	29,900	748,000
20×8年の持分変動	–	(10,000)	–	–	–	–	(10,000)	–	(10,000)
包括利益合計額	–	53,200	6,400	16,000	(2,400)	1,600	74,800	18,700	93,500

20×8年 12月31日 の残高	600,000	161,700	2,400	17,600	(400)	1,600	782,900	48,600	831,500
20×9年 の持分変動									
株式の発行	50,000	-	-	-	-	-	50,000	-	50,000
配当	-	(15,000)	-	-	-	-	(15,000)	-	(15,000)
包括利益 合計額	-	96,600	3,200	(14,400)	(400)	800	85,800	21,450	107,250
留保利益 の振替	-	200	-	-	-	200	-	-	-
20×9年 12月31日 の残高	650,000	243,500	5,600	3,200	(800)	2,200	903,700	70,050	973,750

（4）　国際財務報告基準とわが国の会計基準との相違点

　これまでのさまざまな会計基準の設定によって，わが国の会計基準は国際財務報告基準と根本的な違いはない。基本的に両者の間ではコンバージェンスが進んでいる。ただ，現段階でその相違が全くないわけではない。その主なものは以下の通りである。

　第1に，損益計算書に関してわが国では営業利益及び経常利益を示すのが伝統である。これに対して，国際財務報告基準ではそれを示さない。

　第2に，わが国ではこれまでその他有価証券評価差額金を損益計算書に計上せずに，純資産の部に計上したのに対して，国際財務報告基準ではそれを包括利益計算書（その他の包括利益）に計上する。わが国でも新たに連結財務諸表ではその他の包括利益に計上することになった。

　第3に，企業結合会計に関してわが国ではこれまで持分プーリング法により承継会社の資産を簿価で引き継ぐ方法も例外措置として認められていた。これに対して，国際財務報告基準ではその例外措置は認められず，パーチェス法（取得）で処理し，その資産を時価評価する。そこで，平成20年12月に設定された企業会計基準第21号「企業結合に関する会計基準」でも，統一的に取得と

して処理することになり，両者の相違は解消した。

　第4に，のれんの処理に関してわが国では20年以内に定額法その他合理的な方法で償却するのが原則である。これに対して，国際財務報告基準では減損会計を適用し，のれんの価値が低下したときに減額処理し，それ以外は償却を要しない。

　第5に，年金債務に関してわが国の個別財務諸表ではその積み立て不足額については一定期間で費用処理することが認められている。これに対して，国際財務報告基準ではその処理は認められず，積み立て不足額を一括負債に計上する。このため，わが国でも連結財務諸表においては同様の処理が要求されることになった。

　第6に，棚卸資産の払出単価の計算に関して従来わが国では後入先出法の採用が認められていた。これに対して，国際財務報告基準ではこの採用が禁止される。平成20年9月に設定された企業会計基準第9号「棚卸資産の評価に関する会計基準」でも，棚卸資産の評価に関して，個別法・先入先出法・平均原価法・売価還元法のなかから選択適用し，後入先出法は国際財務報告基準へのコンバージェンスの観点から除外された。

　第7に，ヘッジ取引に関してわが国では繰延ヘッジが原則である。これに対して，国際財務報告基準では時価ベースの公正価値ヘッジが原則である。

　第8に，固定資産の評価についてわが国では取得原価による評価（但し，その他有価証券を除く。）が原則である。これに対して，国際財務報告基準ではこの取得原価による評価のほかに，公正価値（fair value）による再評価を行い，評価差額をその他の包括利益に計上する方法も認められている。

§2　会計の社会化

　このような会計の国際化と並んで無視できないのは，会計の社会化の方向である。特に1970年代における企業の公害問題を切っ掛けにクローズ・アップされたのが社会責任会計である。これは，従来見逃されがちであった企業の社会

的な責任に着目した会計で，企業活動の社会的な影響の測定と開示を目的とし，それを通じて企業の社会的な責任を果たしているか否かを問題としている。そこでは，従来とは違った社会的な立場から，新たな概念形成（たとえば社会的な収益および費用など）が重要となるのである。また，最近ではこれとの関係で注目されるのが環境会計である。ここでは企業が環境問題にどのように取り組んでいるかがテーマとなるのである。このような環境会計は，一般に貨幣的測定よりも，物量および非貨幣的測定を重視するのが特徴である。それらを環境コストと効果に関して表示した環境報告書の開示が注目されている。

§3　財務会計への行動学的アプローチ

　会計の国際化および社会化と並んで，財務会計における動向として注目すべきは，実証的会計理論（positive accounting theory）の一環として近年展開される行動学的アプローチである。たとえば，財務諸表データと企業の株価との関係を実証的に解明しようというものである。そこで論じられるのが効率的市場仮説（efficient market hypothesis；EMH）である。ここで市場で成り立つ証券価格がその時点における利用可能な関連情報をすべて反映するような市場を効率的市場といい，このような状態にある市場に関する仮定が効率的市場仮説とよばれる。この効率的市場仮説との関連で，投資家や経営者がどのように行動するかを解明するのがその関心事である。たとえば，経営者の会計政策が株価にどのような影響を与えるのか，また，それによって投資家はそれに対してどのような行動をとるのかを明らかにすることも重要となる。

　すでに触れたエイジェンシー（契約）関係を前提として，株主のエイジェンシーとしての経営者は，必ずしも依頼人たる株主の利益を優先せず，自己の利益を優先する可能性がある。そこで，会計報告や監査などを通じて経営者の行動を監視したり，あるいは成果分配に対して経営者のよりよい行動を動機づけるためのインセンティブな契約を締結する必要性を説くのが，エイジェンシー理論である。このエイジェンシー関係は，債権者と株主・経営者との間にも，

同様に見出すことができる。債権者は自己の利益が損なわれないように，与信にあたって経営者・株主に対して，配当の支払や新規の資金調達に関して財務制限条項を要求するのである。

　このような会計学に対する行動学的アプローチは，財務会計において注目すべき 1 つの動向を示している。

§4　その他の財務会計制度

　これまで述べてきた財務会計のほかに，実はわが国のなかで次のような財務会計制度も存在している。それは中小企業の会計基準設定に対する動向と，人的組織を中心とした組織形態に基づく事業，すなわち有限責任事業組合及び合同会社の展開である。

1　中小企業の会計

　これまで中小企業の会計をめぐって，さまざまな団体及び機関から検討が進められてきた。平成17年 8 月に日本税理士会連合会，日本公認会計士協会，日本商工会議所，企業会計基準委員会の 4 団体は「中小企業の会計に関する指針」（以下，指針という。）を合同で公表した。これは，中小企業が会社法で義務づけられている計算書類の作成にあたり，拠ることが望ましい会計処理や注記等に関する指針を示したものである。中小企業はこの指針により計算書類を作成することが推奨されていた。つまり，この指針は，取締役と新たに会社法で導入された会計参与（会社法第332条・第333条）とが，ともに共同して計算書類を作成するときに，拠るのに適当なものとも位置づけられていた。

　ところが，この指針が公開会社向けの会計基準を簡素化したアプローチであったために，それが望ましい形でなかなか普及してこなかった。そこで中小企業の実態に即した会計基準の設定が急務となった。これに対する新たな方向が示されることになった。

（1）　中小企業の会計に関する基本要領の概要

平成24年2月に中小企業庁及び金融庁は「中小企業の会計に関する基本要領」（以下，基本要領と略す。）を公表した。これは，中小企業が会社法上の計算書類等を作成する際に参照するための会社処理等を示したものである。この対象となる会社は，金融商品取引法の規制対象となる適用会社及び会社法上の会計監査人設置会社を除く株式会社で，約260万社近く存在するといわれる。

この基本要領は中小企業の実態に即した会計処理を目指す。つまり，地域金融機関による資金調達を中心とし，計算書類等の開示が限定的で，税法をベースとした会計処理のウェイトが大きい点を配慮している。ここでは IFRS の影響を受けない。

会計処理の総論における特徴は以下の通りである。第1に，記帳の重要性が前提である。この記帳は，すべての取引につき正規の簿記の原則に従い，適時に，整然かつ明瞭に，正確かつ網羅的に会計帳簿の作成が要求される。第2に，複数ある会計処理方法が認められているときには，企業の実態等に応じて適切な会計処理を選択適用する。第3に，会計処理は毎期継続して適用する。これを変更するには合理的な理由が必要であり，変更した理由及びその影響の内容を注記する。

（2）　基本要領の具体的な会計処理

具体的な会計処理は次の通りである。

①　収益は原則として商製品の販売またはサービスの提供に伴い，それに対する現金預金及び受取債権を取得したときに計上する。

②　費用は原則として費用の発生原因となる取引が発生した時点またはサービスの提供を受けた時点に計上する。

③　資産は原則として取得価額で計上する。

④　負債のうち債務は原則として債務額で計上する。

⑤　貸倒引当金については原則的処理のほかに，法人税法上の中小法人で認められている法定繰入率による方法も認められる。

⑥　売買目的有価証券は時価で計上し，それ以外の有価証券は取得原価で計

上する。

⑦　棚卸資産は原則として取得原価で計上し，但し法人税法上認められる最終仕入原価法も適用できる。

⑧　退職給付引当金について退職一時金制度を採用しているときには，期末における自己都合要支給額に基づいて計上する。

⑨　税効果会計の適用はない。

2　有限責任事業組合と合同会社

人的組織を中心とした事業形態が近年において諸外国，特にアメリカを中心に活発化してきている。これを受けて経済産業省により提出された「有限責任事業組合契約に関する法律」は平成17年5月に民法の特別法として制定された。これは日本版の有限責任事業組合（limited liability partnership：LLP）と呼ばれる。また，会社法の制定により，人的組織会社としての持分会社のなかに合同会社が新たに制定された。これは人的会社における日本版の有限責任会社（limited liability company：LLC）である。両者とも出資者の有限責任を前提とするのがその特徴である。

両者を比較するため，その特徴を図示すれば以下の通りである。

	有限責任事業組合	合　同　会　社
法人格の有無	な　　し	あ　　り
パススルー課税の可否※	可　　能	不　　能
構成員の数が1人	否　　定	肯　　定
出資者の責任	有限責任（出資額）	有限責任（出資額）
損益分配のルール	出資割合にかかわりなく自由に定められる。	出資割合にかかわりなく自由に定められる。
決算公告の義務	な　　し	な　　し

※パススルー（pass through）課税とは，有限責任事業組合（LLP）自体は法人格がないため，法人課税がなされずに，出資者に対して直接的に課税される仕組みである。この理由から，それには，法人課税と出資者に対する所得課税との二重課税を回避できるメリットがある。また，このパススルーではLLPで生じた損失について出資者

は出資額を限度として他の所得と相殺でき，課税所得の節約になる。

これに対して，合同会社（LLC）の場合には法人格があるので，パススルー課税は現段階では適用されないが，将来については付帯決議がなされている。

簡単な例を用いて LLP の会計処理を示せば，以下の通りである。

	LLP	A 組合員
1 A・Bの組合員がそれぞれ現金1000を出資[1]してLLPを設立した。（損益分配の割合[2]は出資比率による）	（借）現金 2,000 　（貸）A出資金 1,000 　　　 B出資金 1,000	（借）LLP出資金[3] 1,000 　（貸）現金 1,000
2 LLPが利益100を計上する。	（借）損益 100 　（貸）LLP利益 100	―
3 LLP利益を組合員に利益分配する。	（借）LLP利益 100 　（貸）A出資金 50 　　　 B出資金 50	（借）LLP出資金 50 　（貸）LLP利益 50
4 利益分配40の支払	（借）A出資金(引出金)20 　　　 B出資金(引出金)20 　（貸）現金 40	（借）現金 20 　（貸）LLP出資金 20
5 LLPの損失30を計上する。	（借）LLP損失 30 　（貸）損益 30 （借）A出資金 15 　　　 B出資金 15 　（貸）LLP損失 30	（借）LLP損失 15 　（貸）LLP出資金 15
6 AはLLPから脱退する。LLPの純資産価値を2,400とする。	（借）A出資金 1,015 　　　 のれん[4] 185 　（貸）現金 1,200	（借）現金 1,200 　（貸）LLP出資金 1,015 　　　 LLP利益 185

1) 出資については，金銭その他の財産による。なお，わが国では労務出資及び信用出資は認められていない。
2) 原則として各組合員の出資額に応じて定める。但し，総組合員の同意があり，別段の定めがあれば，この限りではなく，損益分配の割合を自由に定めることができる。
3) 有限責任事業組合であっても，業務の一部を委任できるので，投資者保護の見地から，これを金融庁は証券取引法上のみなし有価証券に該当すると捉えている。
4) LLPの純資産額のうちでA組合員が有する持分は2,400×1/2＝1,200である。したがって，のれんの金額は，この1,200からA出資金残高1,015を差し引いて計算される。な

お，このののれんの計算については，A組合員ののれんだけではなくて，B組合員に相当するのれんも含めて計上する方法もある。しかし，これによると，自己創設のれんの計上につながり，制度上は認められない。

3　信　託　の　会　計

信託とは，委託者が信託行為により受託者に自己の財産権を移転し，受託者は信託目的に従い受益者のために信託財産の管理または処分を拘束する法律関係である（信託法第2条1項）。委託者が当初の受益者を兼ねる場合を前提として，平成19年8月に企業会計基準委員会が公表した実務対応報告第23号「信託の会計処理に関する実務上の取扱い」に即した信託の会計処理は以下の通りである。

① 委託者で当初受益者を兼ねる者が単独で，金銭信託（合同運用を除く。）に該当する場合

このケースでは，一般に運用を目的としているので，信託設定時には受益者は信託財産を直接保有している場合と同様に処理し，損益は計上されない。期末時にはその信託財産である金融資産及び金融負債の損益は時価で評価し，評価差額は当期の損益に計上する。

② 委託者で当初受益者を兼ねる者が複数（合同運用を含む。）で，金銭信託に該当する場合

このケースでは，信託となる金銭を個別財務諸表では有価証券（または合同運用の金銭信託）として処理をする。ただし，連結財務諸表上において財産管理というよりはむしろ，例えばすべての受益者の一致によって受益者の意思決定がなされたり，また信託行為に受益者集会による多数決による定めがあるときには子会社として取り扱い，あるいは受益者の意思決定が行われる信託では関連会社と取り扱う。

③ 委託者で当初受益者を兼ねる者が単独で，金銭以外の信託（有価証券などの金融資産や不動産の信託等で合同運用を除く。）に該当する場合

このケースでは，原則として信託財産を直接所有する場合と同様に処理す

る。

④　委託者で当初受益者を兼ねる者が複数（合同運用を含む。）で，金銭以
　　外の信託（事業に該当しない資産の信託）に該当する場合

このケースでは，共同で現物出資により会社を設立したときの移転元におけ
る企業の会計処理（事業分離等に関する会計基準）に準じて処理する。

なお，信託法で新たに認められた自己信託については金銭の信託のときには
①，金銭以外の信託については③に準じてそれぞれ処理する。

参　考　文　献

1　諸外国の会計基準および国際会計基準に関するもの：

山田昭広『アメリカの会計基準』（第 4 版）中央経済社，2000年。

中央青山監査法人編『アメリカの会計原則』（2004年版）東洋経済新報社。

黒田全紀編『ドイツ財務会計の論点』同文舘，1993年。

古賀智敏『価値創造の会計学』税務経理協会，2000年。

佐藤信彦編『業績報告と包括利益』白桃書房，2003年。

佐藤信彦編『国際会計基準制度化論』第 2 版，白桃書房，2008年。

フランス会計規制委員会編，岸悦三訳『フランス会計基準』同文舘，2004年。

平松一夫監修『IFRS 国際会計基準の基礎』中央経済社，2011年。

アンスト・アンド・ヤング『International GAAP 2007/8』上巻・下巻，レクシス
　　ネクシス・ジャパン，2008年。

あずさ監査法人編『国際財務報告基準の適用ガイドブック』（第 3 版），中央経済
　　社，2008年。

デロイト・トウシュ・トーマツ編『国際財務報告基準の実務』（第 3 版），中央経済
　　社，2008年。

日本公認会計士協会編『収益認識』日本公認会計士協会出版局，2009年。

あずさ監査法人編『ケース・スタディ IFRS の収益認識』中央経済社，2009年。

五十嵐邦正『ドイツ会計制度論』森山書店，2012年。

2　社会会計に関するもの：

徳谷昌勇『企業社会会計論』白桃書房，1977年。

山上達人・菊谷正人編『環境会計の現状と課題』同文舘，1995年。

河野正男『生態会計論』森山書店，1998年。

河野正男編『環境財務会計の国際的動向と展開』森山書店，2009年。

3　資本市場と会計情報に関するもの：

ビーバー著，伊藤邦雄訳『財務報告革命』第3版，白桃書房，2010年。

香村光雄『現代企業会計と証券市場』同文舘，1987年。

ワッツ・ジマーマン著，須田一幸訳『実証理論としての会計学』白桃書房，1991年。

桜井久勝『会計利益情報の有用性』千倉書房，1991年。

岡部孝好『会計情報システム選択論』（増補版）中央経済社，1993年。

須田一幸『財務会計の機能』白桃書房，2000年。

青木茂男『要説経営分析』（4訂版）森山書店，2012年。

4　その他：

斎藤静樹編『財務会計の概念フレームワーク』第2版，中央経済社，2007年。

平野嘉秋『Q&AによるLLP/LLCの法務・税務・会計』税務研究会出版局，2005年。

角ヶ谷典幸『割引現在価値会計論』森山書店，2009年。

河﨑照行・万代勝信『詳解　中小企業の会計要領』中央経済社，2012年。

古庄修編『国際統合報告論』同文舘，2018年。

資産・負債・純資産に関する主な会計処理を示したのが次の表である。

主な資産

損益・資本項目 \ 資産・負債項目		流　動　資　産			固　　定
		当　座　資　産		棚卸資産：商品・製品・仕掛品等	有形固定資産：建物・構築物・機械・備品・土地等
		現金・受取手形・売掛金・未収金・短期貸付金等	売買目的有価証券：株式・債券等		
損	営業収益	受取手数料		売上	
	営業費用 — 売上原価			売上原価・製品原価・原価性のある棚卸減耗損・低価基準及び損傷等による商品評価損	工場用建物・機械等に関する製品コスト
	営業費用 — 販売費および一般管理費	給料・保険料・貸倒引当損・貸倒損失・租税公課			本店・支店等に属する償却性固定資産に対する正規の減価償却費
益	営業外損益	雑収入・雑損失・仕入割引・受取利息・為替差損益	有価証券売却損益・有価証券評価損益・有価証券利息	原価性のない棚卸減耗損	
	特別損益		強制的評価損	臨時損失（災害損失）低価基準による評価損（臨時かつ多額）	固定資産売却損益・臨時損失（災害損失）・減損損失
	法人税・住民税等	法人税等の支払			
純資産	払込資本	資本金・株式払込剰余金			現物出資
	留保利益	配当金の支払			減価償却費の過不足修正
	評価・換算差額等	繰越ヘッジ損益			土地再評価差額金

・負債の会計処理

資　　　産		繰延資産	負　　　債	
無形固定資産：特許権・実用新案権・借地権・のれん等	投資その他の資産：投資有価証券・出資金・長期貸付金等	創立費・開業費・社債発行費・株式交付費・開発費	流動負債：支払手形・買掛金・未払金・短期借入金・製品保証引当金・返金負債・契約負債	固定負債：長期借入金・社債・新株予約権付社債・退職給付引当金・特別修繕引当金等
		開発費償却		
正規の償却費		開発費償却	引当金の費用計上	引当金の費用計上
	受取利息・有価証券利息・受取配当金	創立費償却・開業費償却・株式交付費償却・社債発行費償却	支払利息	支払利息・社債利息
臨時的な評価減	投資有価証券売却損益・投資有価証券の強制的評価損		債務免除益	社債償還損益・債務免除益
			法人税の計上	
			債務の株式化	新株予約権付社債の新株予約権の行使・債務の株式化
			配当金の支払決定・引当金の過年度過不足修正損益	引当金の過年度過不足修正損益
	その他有価証券評価差額金			

索　　引

著 者 略 歴

1972年　一橋大学商学部卒業・同大学大学院商学研究科博士課程単
　　　　位取得後，福島大学経済学部専任講師・助教授及び日本
　　　　大学商学部助教授を経て
1988年　日本大学教授
1995年　一橋大学博士（商学）
1999年～2001年　第49回～第51回税理士試験委員
2002年～2019年　国税庁税務大学校講師
2008年～2014年　日本金属工業株式会社（社外）監査役
2011年～2020年　株式会社　モスフードサービス（社外）監査役
2020年　日本大学名誉教授

著 書

『静的貸借対照表論』森山書店，1989年
『静的貸借対照表論の展開』森山書店，1993年
『静的貸借対照表論の研究』森山書店，1996年
（日本会計研究学会太田・黒澤賞受賞）
『演習 財務会計』森山書店，1998年，〔第7版〕2013年
『現代静的会計論』森山書店，1999年
『現代財産目録論』森山書店，2002年
『会計理論と商法・倒産法』森山書店，2005年
『資本会計制度論』森山書店，2008年
『家計簿と会社の会計』森山書店，2012年
『ドイツ会計制度論』森山書店，2012年
『会計制度改革の視座』千倉書房，2014年
『会計制度の論点』森山書店，2020年

基礎 財務会計〔第19版〕
（き そ ざい む かいけい）

1997年 4月25日	初版第1刷発行	2007年11月30日	第11版第1刷発行
1998年12月15日	第2版第1刷発行	2009年 1月26日	第12版第1刷発行
1999年12月15日	第3版第1刷発行	2010年 3月30日	第13版第1刷発行
2001年 2月10日	第4版第1刷発行	2011年 7月11日	第14版第1刷発行
2002年 2月15日	第5版第1刷発行	2013年 2月20日	第15版第1刷発行
2002年 9月20日	第6版第1刷発行	2014年 9月25日	第16版第1刷発行
2003年 7月 5日	第7版第1刷発行	2017年 4月17日	第17版第1刷発行
2005年 5月25日	第8版第1刷発行	2019年 4月 3日	第18版第1刷発行
2005年12月20日	第9版第1刷発行	2022年 2月17日	第19版第1刷発行
2007年 2月 5日	第10版第1刷発行		

著　者　© 　五十嵐　邦　正
　　　　　　　（い が ら し）（く に）（ま さ）

発行者　　　菅　田　直　文

発行所　　有限　森山書店　　〒101　東京都千代田区神田司町
　　　　　　会社　　　　　　　-0048　2-17上田司町ビル
　　TEL 03-3293-7061 FAX 03-3293-7063　振替口座00180-9-32919

落丁・乱丁本はお取りかえします　　印刷／製本・シナノ書籍印刷

ISBN 978-4-8394-2191-5